乡村产业振兴概论

主　　　编　钱先国
常务副主编　胡　明
副　主　编　赵连军　王守柱　庄　超　庄　严
　　　　　　冷　明　郭石泉　李延国　孙建超
　　　　　　王认考　盛丹萍　钱方舟　韩　玲
　　　　　　刘向民　宋金甫　倪　进　张　韦
　　　　　　汪雪琴　秦　飞　胡家兴　董宏维

新华出版社

图书在版编目（CIP）数据

乡村产业振兴概论/钱先国主编．--北京：新华出版社，2022.9

ISBN 978-7-5166-6393-6

Ⅰ.①乡… Ⅱ.①钱… Ⅲ.①乡村-农业产业-产业发展-中国-概论 Ⅳ.①F323

中国版本图书馆 CIP 数据核字（2022）第 151658 号

乡村产业振兴概论

主　　编：钱先国

责任编辑：贾允河　　　　　　　　　　装帧设计：华　章

出版发行：新华出版社

地　　址：北京石景山区京原路 8 号　　　邮　　编：100040

网　　址：http：//www.xinhuapub.com

经　　销：新华书店

购书热线：010-63077122　　　　　　中国新闻书店购书热线：010-63072012

照　　排：北京秀声秀色文化传播有限公司

印　　刷：湖北画中画有限公司

成品尺寸：170mm×240mm

印　　张：22.5　　　　　　　　　　字　　数：281 千字

版　　次：2022 年 9 月第 1 版　　　　印　　次：2022 年 10 月第 1 次印刷

书　　号：ISBN 978-7-5166-6393-6

定　　价：99.00 元

图书如有印装问题，请与出版社联系调换：010-63077101

本书编委会

赵雯雯　尹彦友　刘　薇　林芳芳　廖　燕　王　敏　李明星　高尚亚
范永晶　伊西伟　吕永强　李学显　高　博　支　张　胡　麾　任丽君
吴　刚　何思化　李文玲　周润凯　刘　斌　杨社忠　杨　友　苏堂孝
杨建德　王巧玲　景素奇　李小丽　罗丹阳　郑尔平　李港业　王劲松
王　潋　李　岚　赵　华　刘　翀　唐茂国　刘　涛　徐友程　刘　钏
潘再枝　刘　帆　方乙芳　蒋红梅　梁皎月　朱媛媛　严立波　张玉婷
牛爱慧　杨　平　李　晋　郑永革　陈跃龙　马频晓　刘西增　李德甫
张仁江　张秀梅　周鹏华　武　表　王凤珍　韩　雪　胡志新　吴砚芳
郭锐林　乔志勇　吴彦蓉　宫　铭　陈必胜　牛秀清　肖振波　李　贺
李素英　何冉冉　谢福水　李德生　向金凤　邓清文　伍天宝　王　宇
陈政道　李　庆　张建超　崔文杰　陆华清　孟祥国　杨　茜　罗学琴
郭彦英　王丽顺　陶应奎　王　洪　侯金玉　余兴喜　江海平　李梦欣
何云缮　涂　涛　马贵福　韩志杰　闫　辉　沈江红　王　勇　赵道顺
刘　丽　张立辉　常仁祥　蒋吉华　朱建平　黄　炳　冯　骞　任　毅
孙保昌　陈圣樱　芮俊良　左　军　冀　颖　陈平庞　张先哲　赵中淇
朱中华　王立团　徐体龙　殷爱成　刘建成　衡伏喜　俞　萍　刘　斌
曾根林　吴敬呈　程　欢　刘　飞　侯永绘　周文栋　马士钧　李瑞辉
马黎明　相恒义　马曙光　魏　力　姜国和　王天佑　舒　娟　程　辉
柯　阳　王长湧　郭建华　李高乃军　朱玉科　刘先跃　李　芳　高天宏
方　杰　杨林松　纪朋良　薛万丽　严文学　范　哲　孙永清　林保清
王志龙　康承永　李竞生　张　瑞　叶维学　房艾军　马新彦　黄艳峻
王　刚　李增力　杜志琴　吴长琼　张业立　宋光明　李　喆　岳　梁
周　健　张文专　陶明禧　石冬冬　马学武　陈建军　胡大军　何业广
梁　飞　钮定良　刘　勇　王永芳　张　阳　林友雷　李存耀　岳　斌
余义伟　沈正余　何丽萍　韩　霜　陈峥安　胡宪友　石雅茹　余安春
黄昆泉　汪　兰　吴　中　钱小川　庄茂中　孙　凯　杨三顺　侯存祥
陈　利　王振威　张成霞　张帆慧　陈继伟　于　洋　吴一梅　侍行迅
王　岩　马新存　廖　彬　李韩英　李　革　王　梁　严雪峰　陈　勇
郭俊明　孙　超　祖继涛　李延英　李延英　陆茂华　蔡雪梅　刘菊平
张子龙　王　丽　刘佳星　李　韩　朱爱红　李　辉　董万芹　景书现
张稳学　曹雪凤　赵建斌　林朝利　袁长江　　　　高　梅　杨智勇
朱以振　梁晓晨　张爱民　慕容晨超　刘　勇
刘禹诚　龚文辉　邢越超

目　　录

序

翟虎渠

民族要复兴，乡村必振兴，而产业则是乡村振兴的基础与根本。实践证明，乡村产业振兴是推进新时代乡村全面振兴的基本手段与重要抓手。

党的十八大以来，中国农村经济发展环境不断改善，乡村产业快速发展，促进了农民就业增收和乡村繁荣发展。表现在：(1)乡村特色产业蓬勃发展；(2)乡村休闲旅游业快速发展；(3)乡村新型服务业加快发展；(4)农业产业化深入推进。但与此同时，中国乡村产业发展面临一些挑战。主要表现在：(1)资源要素瓶颈依然突出，发展方式较为粗放，创新能力总体不强，外延扩张特征明显。(2)资金、技术、人才向乡村流动仍有诸多障碍，资金稳定投入机制尚未建立；人才激励保障机制尚不完善，社会资本下乡动力不足。(3)第一产业向后端延伸不够，第二产业向两端拓展不足，第三产业向高端开发滞后；利益联结机制不健全，小而散、小而低、小而弱问题突出，乡村产业转型升级任务艰巨。

现阶段要促进乡村产业振兴，就要解决这些不足与问题，就必须进一步加强引导、加快发展与加强理论研究。

一方面，要大力振兴乡村产业，加快振兴乡村产业步伐。(1)发展乡村产业是乡村全面振兴的重要根基。乡村振兴，产业兴旺是基础。要聚集更多资源要素，发掘更多功能价值，丰富更多业态类型，形成城乡要素顺畅流动、产业优势互补、市场有效对接格局，乡村振兴的基础才牢固。(2)发展乡村产业是巩固提升全面小康成果的重要支撑。全面建成小康社会后,在迈向基本实现社会主义现代化的新征程中,农村仍是重点和难点。发展乡村产业,让更多的农民就地就近就业,把产业链增值收益更多地留给农民,农村全面小康社会和脱贫攻坚成果的巩固才有基础、提升才有空间。(3)发展乡村产业是推进农业农村现代化的重要引擎。农业农村现代化不仅是技术装备提升和组织方式创新,更体现在构建完备的现代农业产业体系、生产体系、经营体系。发展乡村产业,将现代工业标准理念和服务业人本理念引入农业农村,推进农业规模化、标准化、集约化,纵向延长产业链条,横向拓展产业形态,助力农业强、农村美、农民富。

另一方面,要加强乡村产业振兴的理论研究工作。既要加强乡村产业振兴的基本概念、基本原理与基本规律的基础性研究工作,更要加强乡村产业振兴的立法、规划、政策、方案等实践性的研究工作。既要加强乡村产业振兴的区域性、总体性与战略性侧重于规划、引领方面的研究工作,也要加强乡村产业振兴的行业、专项性与具体性侧重于程序、操作方面的研究工作。

钱先国先生近年来一直关注和比较重视乡村振兴研究工作,现在拿出了《乡村产业振兴概论》一书,可喜可贺,是为序。

（作者系中国农业科学院原院长，教授，博导）

前　言

乡村产业振兴——推进新时代乡村全面振兴的重要抓手

乡村产业振兴是乡村全面振兴的主要内容，乡村产业振兴与否事关乡村振兴战略的成败。乡村产业兴旺是乡村振兴的重要基础，是解决农村一切问题的基本前提。只有打好了乡村产业兴旺这个重要基础，才可以破解农村的诸多问题。因此，大力振兴乡村产业，加快振兴乡村产业步伐，对促进乡村全面振兴具有重要意义。

党的十八大以来，中国农村经济发展环境不断改善，乡村产业快速发展，促进了农民就业增收和乡村繁荣发展。表现在：（1）乡村特色产业蓬勃发展。建设了一批产值超 10 亿元的特色产业镇（乡）和超 1 亿元的特色产业村；发掘了一批乡土特色工艺，创响了 10 万多个"乡字号""土字号"乡土特色品牌。（2）乡村休闲旅游业快速发展。建设了一批休闲旅游精品景点，推介了一批休闲旅游精品线路。2019 年，休闲农业接待游客 32 亿人次，营业收入超过 8500 亿元。（3）乡村新型服务业加快发展。2019 年，农林牧渔专业及辅助性活动产值 6500 亿元，各类涉农电商超过 3 万家，农村网络销售额达 1.7 万亿元，其中农产品网络销售额 4000 亿元。（4）农业产业化深入推进。2019 年，农业产业化龙头企业 9 万家（其中，国家重点龙头企业 1542 家），农民合作社 220 万家，家庭农场 87 万家，带动 1.25 亿农户进入大市场。但与此同时，中国乡村产业发展面临一些挑战。主要是：（1）资源要素瓶颈依然突出，发展方式较为粗放，创新能力总体不强，外延扩张特征明显。（2）资金、技术、人才向乡村流动仍有诸多障碍，资金稳定投入机制尚未建立；人才激励保障机制尚不完善，社会资本下乡动力不足。(3)第一产业向后端延伸不够，第二产业向两端拓展不足，第三产业向高端开发滞后；利益联结机制不健全，小而散、小而低、小而弱问题突出，乡村产业转型升级任务艰巨。这些不足与问题，亟待加强引导、加快发展与加强理论研究。

一方面，要大力振兴乡村产业，加快振兴乡村产业步伐。(1)发展乡村产业是乡村全面振兴的重要根基。乡村振兴，产业兴旺是基础。要聚集更多资源要素，发掘更多功能价值，丰富更多业态类型，形成城乡要素顺畅流动、产业优势互补、市场有效对接格局，乡村振兴的基础才牢固。(2)发展乡村产业是巩固提升全面小康成果的重要支撑。全面建成小康社会后，在迈向基本实现社会主义现代化的新征程中，农村仍是重点和难点。发展乡村产业，让更多的农民就地就近就业，把产业链增值收益更多地留给农民，农村全面小康社会和脱贫攻坚成果的巩固才有基础、提升才有空间。(3)发展乡村产业是推进农业农村现代化的重要引擎。农业农村现代化不仅是技术装备提升和组织方式创新，更体现在构建完备的现代农业产业体系、生产体系、经营体系。发展乡村产业，将现代工业标准理念和服务业人本理念引入农业农村，推进农业规模化、标准化、集约化，纵向延长产业链条，横向拓展产业形态，助力农业强、农村美、农民富。

另一方面，要加强乡村产业振兴的理论研究工作。既要加强乡村产业振兴的基本概念、基本原理与基本规律的基础性研究工作，更要加强乡村产业振兴的立法、规划、政策、方案等实践性的研究工作。既要加强乡村产业振兴的区域性、总体性与战略性的侧重于规划、引领方面的研究工作，也要加强乡村产业振兴的行业、专项性与具体性的侧重于程序、操作方面的研究工作。

正是基于以上几个方面的原因，我们选择了乡村产业振兴这一理论研究课题，开展了尝试性的研究探讨工作。通过理论研究工作，提出若干基本思路、规划文本与政策建议，希望对进一步促进乡村产业振兴有所借鉴与启示，为乡村产业振兴的实际工作提供理论参考。

《乡村产业振兴概论》一书的编写只是一种出版尝试。其基本内容与框架结构主要有 4 个方面：

（一）基本理论，分为 2 章 5 节。

主要内容包括：（1）理论概说。具体包括：基本概念与研究对象；基本内容与本书结构体例。

（2）理论基础。具体包括：区域经济理论基本概念与基本原理；产业经济理论基本概念与基本原理；乡村振兴学理论基本概念与基本原理

（二）政策与规划篇，分为 3 章 8 节。

主要内容包括：（1）政策设计。具体包括：乡村振兴战略总体政策设计；乡村产业振兴宏观产业政策；乡村产业振兴特色产业政策。

（2）规划安排。具体包括：乡村振兴总体规划纲要；乡村振兴专项战略规划；乡村振兴专项产业发展规划。

（3）行动方案。具体包括：行动计划；实施方案。

（三）数字与财金篇，分为 2 章 5 节。

主要内容包括：（1）数字产业引领。具体包括：数字乡村政策；数字农业政策。

（2）财政金融支撑。具体包括：多元投入保障机制；金融服务支持体系；引导社会资本投资。

（四）借鉴与选择篇，分为 2 章 4 节。

主要内容包括：（1）域外借鉴。具体包括：日本、韩国与荷兰；美国、德国与法国。

（2）模式选择。具体包括：区域类模式与综合类模式；行业类模式与专项类模式。

　　本书在调查研究、查询资料与具体编写过程中，先后得到了国家财政、农业、文化、旅游、乡村振兴等部委，江苏、河南、安徽、陕西、重庆等省相关单位，财政部网站、农业部网站、发改委网站，国家图书馆、人民网、新华网、中国知识网、百度百科知识网等诸多单位及有关领导、同事、朋友的大力支持与帮助。在此，对以上单位及有关领导、同事、朋友表示感谢。

　　本书在编写过程中参考借鉴了诸多关于乡村振兴学、发展经济学、区域经济学、产业经济学等文献资料，由于时间仓促，引用文献资源未能一一注明，敬请原谅。加之研究水平所限，书中错误疏漏在所难免，恳请各位领导、专家、读者批评指正。

基本理论篇

第一章　理　论　概　说

第一节　基本概念与研究对象

一、乡村产业振兴理论与乡村产业振兴

（一）乡村产业振兴理论含义、对象与范围

什么是乡村产业振兴理论？乡村产业振兴理论又称乡村产业经济振兴理论，是指研究乡村振兴过程中产业经济的基本概念、基本原理与基本规律的一门应用学科。换言之，乡村产业振兴理论主要是研究乡村经济领域中产业的组织、结构、管理、政策与发展规律的一门应用经济学科。

与乡村产业振兴理论密切相关的概念有：乡村、乡村振兴、乡村产业、乡村产业振兴。重要的基本范畴主要有：乡村产业组织、乡村产业结构与乡村产业结构优化；乡村产业关联、乡村产业布局与乡村产业政策。

什么是乡村？乡村是指乡村地区人类各种形式的居住场所（即村落或乡村聚落）。乡村的概念包括乡镇和村庄。《乡村振兴法》第2条第2款规定："本法所称乡村，是指城市建成区以外具有自然、社会、经济特征和生产、生活、生态、文化等多重功能的地域综合体，包括乡镇和村庄等。"

什么是乡村振兴？乡村振兴是指大力发展乡村各项事业，使乡村兴旺强盛的一种社会经济活动。进一步而言，乡村振兴是指党和

政府及其有关机构按照乡村振兴的基本方针与政策法规，大力推进乡村的产业、人才、文化、生态与组织等系统振兴的一种行为活动。乡村振兴的内容主要包括：乡村产业、人才支撑、文化繁荣、生态保护、组织建设、城乡融合发展、扶持措施与监督检查。

乡村产业振兴理论的研究对象为乡村产业。乡村产业振兴理论的研究范围主要包括产业组织、产业结构、产业关联、产业布局、产业发展和产业政策等几个方面。

乡村产业振兴的理论渊源主要涉及6个方面：（1）产业组织理论。（2）产业结构理论。（3）产业关联理论（或称产业联系理论）。（4）产业布局理论。（5）产业发展理论。（6）产业政策理论。

（二）乡村产业与乡村产业振兴：含义、分类与对象

什么是乡村产业？乡村产业又称乡村产业经济，是指乡村经济中一种由利益相互联系的、具有不同分工的、由各个相关行业所组成的业态总称。

什么是乡村产业振兴？乡村产业振兴是指各级政府及工商企业大力发展乡村产业，使乡村产业兴旺强盛的一种经济活动。

根据经济学理论可知，乡村产业（或乡村产业经济）是指介于宏观经济与微观经济之间的中观经济。

乡村产业（或乡村产业经济）的研究对象是乡村经济领域中的各类产业。乡村产业（或乡村产业经济）的研究范围主要有：产业组织、产业结构、产业关联、产业发展、产业布局和产业政策。

乡村产业（或乡村产业经济）在产业经济学中有三个层次：第一层次是以同一商品市场为单位划分的产业，即产业组织，现实中的企业关系结构在不同产业中是不相同的。第二层次是以技术和工艺的相似性为根据划分的产业，即产业联系。第三层次是大致以经济活动的阶段为根据，将国民经济划分为若干大部分所形成的产业，即产业结构。

乡村产业（或乡村产业经济）分类：产业分类的方法很多，主

要有9种：(1)三次产业分类法；(2)关联方式分类法；(3)国家标准分类法；(4)国际标准分类法；(5)两大部类分类法；(6)农业轻工业重工业分类法；(7)生产要素分类法；(8)产业发展阶段分类法；(9)生产流程分类法。

根据关联方式分类法，乡村产业可划分为主导产业、先导产业、支柱产业、重点产业与先行产业。

根据生产要素分类法，乡村产业可划分为：劳动密集型产业、资本密集型产业与知识密集型产业。

根据产业发展阶段分类法，乡村产业可划分为：幼小产业、新兴产业、朝阳产业、衰退产业、夕阳产业与淘汰产业。

根据生产流程分类法，乡村产业可划分为：上游产业、中游产业与下游产业。

二、乡村产业振兴理论基本概念与基本范畴

(一)乡村产业组织、乡村产业结构与乡村产业结构优化

1.乡村产业组织

什么是乡村产业组织？乡村产业组织是指乡村经济领域中同一产业内企业间的组织或者市场关系。这里的组织是指产业内企业间的市场关系和组织形态。包括两层含义：一是产业内企业间的市场关系；二是产业内企业间的组织形态。这里的市场关系包括：交易关系、行为关系、资源占用关系和利益关系。对产业组织研究主要是以竞争和垄断及规模经济的关系和矛盾为基本线索，对企业之间的这种现实市场关系进行具体描述和说明。

产业组织，是产业的集合体，有一定的结构条件。就是说，作为一个产业部门有很多基本单元。这些基本单元根据一定的条件构成一个产业部门。这些条件就是集合体诸元素之间存在的共同性，归纳起来主要有：其一，生产性；其二，商品性；其三，求利性；其四，组织性。

产业组织与企业组织的关系：产业组织对应的是产业内、企业间关系，而企业组织主要指企业内部组织，包括科层组织（U 型结构、H 型结构、M 型结构、X 型结构）和法人治理结构等。企业组织包括企业科层组织与法人治理结构两个方面。

2. 乡村产业结构

什么是乡村产业结构？乡村产业结构是指乡村经济领域中产业内部各生产要素之间、产业之间、时间、空间、层次的五维空间关系。乡村产业结构包括产业结构本身，以及技术结构、产业布局、产业组织、产业链等五个要素。

乡村产业结构的内容包括：（1）供给结构。供给结构是指在一定价格条件下作为生产要素的资本、劳动力、技术、自然资源等在国民经济各产业间可以供应的比例，以及这种供给关系为联结纽带的产业关联关系。（2）需求结构。需求结构是指在一定的收入水平条件下政府、企业、家庭或个人所能承担的对各产业产品或服务的需求比例，以及以这种需求为联结纽带的产业关联关系。它包括政府（公共）需求结构、企业需求结构、家庭需求结构和个人需求结构，以及以上各种需求的比例。（3）国际贸易结构。国际贸易结构是指国民经济各产业产品或服务的进出口比例，以及以这种进出口关系为联结纽带的产业关联关系。国际贸易结构包括不同产业间的进口结构和出口结构，也包括同一产业间的进出口结构（即进口和出口的比例）。（4）国际投资结构。对外投资会导致本国产业的对外转移，外国投资则促使国外产业的对内转移。这两方面都会引起国内产业结构的变化。国际投资结构是指对外投资与外国投资的比例结构，以及对外投资在不同产业之间的比例和外国投资在本国不同产业之间的比例及其各种派生的结构指标。

乡村产业结构的影响因素：一切决定和影响经济增长的因素都会在不同程度上对产业结构的变动产生直接的或间接的影响。知识与技术创新、人口规模与结构、经济体制、自然资源禀赋、资本规模、需求结构、国际贸易等都是一国产业结构演变过程中的基本制约因素。

乡村产业结构的变化趋势，主要分为三个方面：(1)三次产业之间的结构变化趋势。(2)工业内部各产业的结构变化趋势。(3)农业内部结构各产业的结构变化趋势。随着农业生产力的发展，种植业的比重呈下降趋势，但其生产水平日益提高；畜牧业的比重逐渐提高；林业日益从单纯提供林产品资源转向注重其环境生态功能，保持和提高森林覆盖率越来越受到重视；渔业日益从单纯依靠捕捞转向适度捕捞、注重养殖，其比重稳步上升。

3. 乡村产业结构优化

什么是乡村产业结构优化？乡村产业结构优化是指乡村产业振兴过程中，通过产业调整，使各产业实现协调发展，并满足社会不断增长的需求的过程中合理化和高度化。乡村产业结构优化主要依据产业技术经济关联的客观比例关系，遵循再生产过程比例性需求，促进国民经济各产业间的协调发展，使各产业发展与整个国民经济发展相适应。

乡村产业结构优化遵循产业结构演化规律，通过技术进步，使产业结构整体素质和效率向更高层次不断演进的趋势和过程，通过政府的有关产业政策调整，影响产业结构变化的供给结构和需求结构，实现资源优化配置，推进产业结构的合理化和高度化发展。

乡村产业结构高度化是一国国民经济的产业结构由以劳动密集型产业为主的低级结构，向以知识、技术密集型产业为主的高级结构调整和转变的过程及趋势。乡村产业结构高度化以产业结构合理化为基础，脱离合理化的高度化只能是一种虚高度化。乡村产业结构合理化的过程，使结构效益不断提高，进而推动产业结构向高度化发展。

(二)乡村产业关联、乡村产业布局与乡村产业政策

1. 乡村产业关联

什么是乡村产业关联？乡村产业关联分析又称乡村投入产出分析。乡村产业关联是指在乡村经济活动中，各产业之间存在的广泛的、复杂的和密切的技术经济联系。包括：乡村产业关联方式与乡村产业关联效应。

乡村产业关联方式是指乡村产业部门间发生联系的依托或基础，以及产业间相互依存的不同类型。

乡村产业关联效应指的是乡村经济活动中一个产业的生产、产值、技术等方面的变化引起它的前向关联关系和后向关联关系对其他产业部门产生直接和间接的影响，从而可以分为前向关联效应和后向关联效应。

乡村产业关联可划分为三大分类：（1）根据乡村产业间供给与需求联系，可划分为前向关联和后向关联。前向关联是指某些产业因生产工序的前后，前一产业部门的产品为后一产业部门的生产要素，这样一直延续到最后一个产业的产品，即最终产品为止。后向关联是指后续产业部门为先行产业部门提供产品，作为先行产业部门的生产消耗。

（2）根据乡村产业间技术工艺的方向和特点，可划分为单向关联和多项循环关联。单向关联是指 A、B、C、D 等一系列产业部门间，先行产业部门为后续产业部门提供产品，以供其生产时直接消耗，但后续产业部门的产品不再返回先行产业部门的生产过程。多向关联是指 A、B、C、D 等产业部门间，先行产业部门为后续产业部门提供产品，作为后续产业部门的生产性直接消耗，同时后续部门的产品也返回相关的先行产业部门的生产过程。

（3）根据乡村产业间的依赖程度，可划分为直接联系和间接联系。所谓直接联系是指两个产业部门之间存在着直接提供产品、提供技术的联系。所谓间接联系，是指两个产业部门本身不发生直接的生产技术联系，而是通过其他一些产业部门的中介才有联系。产业关联是指在经济活动中，各产业之间存在的广泛的、复杂的和密切的技术经济联系。

2. 乡村产业布局

什么是乡村产业布局？乡村产业布局是指乡村经济活动中产业在一国或一地区范围内的空间分布和组合的经济现象。在静态上看是指形成产业的各部门、各要素、各链环在空间上的分布态势和地域上的组合。在动态上，产业布局则表现为各种资源、各生产要素甚至各产业和各企业为选择最佳区位而形成的在空间地域上的流动、转移或重新组合的配置与再配置过程。

产业布局的合理与否影响到该国或地区经济优势的发挥和经济发展速度。实施乡村产业布局要处理好三个方面的关系：（1）乡村产业发展与乡村产业布局的关系。对大中型企业的建设应在分清责权利的基础上报批，国家审批只对是否符合国家产业政策和投资规模负责，至于建设项目的产品适销、技术可行、经济效益均由企业经理或项目经理负责。对小型企业则从批量规定、技术规范和环保要求等方面来提高其进入行业的标准。（2）农业产业化与工业发展的关系。农业产业化必须注意与工业的发展结合在一起考虑。农业和工业在许多方面就是一个产业链条的前后道工序，过去分别在农村和城市发展。农业包括农、林、牧、副、渔。搞农业产业化应该把农村和城市结合起来，充分利用城市现有的生产能力，或就地联合，或异地转移，要加强统筹和协调。（3）主导产业与基础产业、设施的关系。农业是国民经济的基础，是根本，关系到整个经济能否正常运行。中国的农业比较脆弱，我们要吸取以往的教训，坚持把农业放在首位。中国基础产业建设成效显著，从持续发展的要求看，基础设施及基础产业建设适当超前是必要的，但不能忽视统筹规划、合理布局。要看到，能够形成新的经济增长点，带动结构优化升级，并获得巨大经济效益的是主导产业的快速成长，尤其是电子信息等高新技术企业的发展，并用高新技术来改造传统产业。这应是我国经济发展的战略方向。

3. 乡村产业政策

什么是乡村产业政策？乡村产业政策是政府为了实现一定的经济和社会目标而对乡村产业的形成和发展进行干预的各种政策的总和。换言之，乡村产业政策是国家制定的，引导国家乡村产业发展方向、引导推动产业结构升级、协调国家产业结构、使国民经济健康可持续发展的政策。

乡村产业政策的构成要素包括：政策对象、政策目标、政策手段、政策措施、政策实施机制、政策决策程序与政策决策方式。

乡村产业政策分类：（1）从纵的方向来看，包括产业政策调查（事前经济分析）、产业政策制定、产业政策实施方法、产业政策效果评估、产业政策效果反馈和产业政策修正等内容。（2）从横的方向来看，包括产业发展政策、产业组织政策、产业结构政策、产业布局政策和产业技术政策等几个方面的内容。（3）从政策的对象领域看，产业政策包括农业政策、能源政策、金融政策、环保政策等。（4）从其作用特征来看，包括秩序型（或称制度型）产业政策以及过程型（或称行为型）产业政策。

乡村产业政策主要通过制定国民经济计划（包括指令性计划和指导性计划）、产业结构调整计划、产业扶持计划、财政投融资、货币手段、项目审批来实现。

第二节　基本内容与本书结构体例

一、乡村产业振兴理论研究内容

乡村产业振兴理论的研究内容是一个新课题，目前理论界还没有定论。《乡村产业振兴概论》的研究内容主要有 4 个方面：

（一）基本理论，分为 2 章 5 节

主要内容包括：（1）乡村产业振兴理论概说：研究对象与结构

体例。具体包括：乡村产业振兴理论基本概念与研究对象；乡村产业振兴理论基本内容与本书结构体例。

（2）乡村产业振兴理论：理论基础。具体包括：区域经济理论基本概念与基本原理；产业经济理论基本概念与基本原理；乡村振兴学理论基本概念与基本原理

（二）政策与规划篇，分为3章8节

主要内容包括：（1）乡村产业振兴政策设计。具体包括：乡村振兴战略总体政策设计；乡村产业振兴宏观产业政策；乡村产业振兴特色产业政策。

（2）乡村产业振兴规划安排。具体包括：乡村振兴总体规划纲要；乡村振兴专项战略规划；乡村振兴专项产业发展规划。

（3）乡村产业振兴行动方案。具体包括：乡村产业振兴行动计划；乡村产业振兴实施方案。

（三）数字与财金篇，分为2章5节

主要内容包括：（1）乡村产业振兴之数字产业引领。具体包括：乡村产业振兴之数字乡村政策；乡村产业振兴之数字农业政策。

（2）乡村产业振兴之财政金融支撑。具体包括：乡村产业振兴之多元投入保障机制；乡村产业振兴之金融服务支持体系；乡村产业振兴之引导社会资本投资。

（四）借鉴与选择篇，分为2章4节

主要内容包括：（1）乡村产业振兴之域外借鉴。具体包括：乡村产业振兴借鉴：日本、韩国与荷兰；乡村产业振兴借：美国、德国与法国。

（2）乡村产业振兴之模式选择。具体包括：乡村产业振兴之区域类模式与综合类模式；乡村产业振兴之行业类模式与专项类模式。

二、本书结构体例

《乡村产业振兴概论》的研究只是一个初步的尝试，还不够成熟。其基本结构体例如下：

前言：乡村产业振兴——推进新时代乡村全面振兴的重要抓手

（一）基本理论篇

第一章　理论概说

第一节　基本概念与研究对象

第二节　基本内容与本书结构体例

第二章　理论基础

第一节　区域经济理论基本概念与基本原理

第二节　产业经济理论基本概念与基本原理

第三节　乡村振兴学理论基本概念与基本原理

（二）政策与规划篇

第一章　政策设计

第一节　乡村振兴战略总体政策设计

第二节　乡村产业振兴宏观产业政策

第三节　乡村产业振兴特色产业政策

第二章　规划安排

第一节　乡村振兴总体规划纲要

第二节　乡村振兴专项战略规划

第三节　乡村振兴专项产业发展规划

第三章　行动方案

第一节　行动计划

第二节　实施方案

（三）数字与财金篇

第一章　数字产业引领

第一节　数字乡村政策

第二章 理 论 基 础

第一节 区域经济理论基本概念与基本原理

一、区域经济与区域经济学概念与研究范围

1. 区域经济学概念与研究范围

什么是区域经济学？区域经济学也称地区经济学，是经济学与地理学交叉而形成的应用经济学。区域经济学是运用经济学的观点，研究国内不同区域经济的发展变化、空间组织及其相互关系的综合性应用科学。

进一步而言，区域经济学主要研究市场经济条件下生产力的空间分布及发展规律，探索促进特定区域而不是某一企业经济增长的途径和措施，以及如何在发挥各地区优势的基础上实现资源优化配置和提高区域整体经济效益，为政府的公共决策提供理论依据和科学指导。

概而言之，区域经济学主要研究范围包括：城市化与城市经济问题、空间结构理论、区域生产力布局、资源合理开发利用、农村经济、区域规划及管理、区域投融资等。

区域经济学是 20 世纪 50 年代在宏观区位论的基础上发展起来的一门经济学科。区域经济学隶属于一级学科应用经济学。区域经济的主要著作：杜能的《孤立国》（1850）、韦伯的《工业区位论》（1909）、埃德加·M·胡佛《区域经济学导论》（1970）。1978 年，

前苏联经济学家涅克拉索夫的著作《区域经济学》出版后，标志着这门学科发展到一个新水平。

区域经济学是与经济地理学密切联系的一门学科。它一方面对区域的自然资源和自然条件进行经济评价，对区域的经济、社会因素进行分析，更主要的是为制定区域发展纲要提出科学依据，并为区域经济建立计量经济模型。

2. 区域经济概念与研究范围

什么是区域经济？区域经济也称地区经济，是指分布于各个行政区域的那部分国民经济。可以从两个方面去理解：

一方面，区域经济是在一定区域内经济发展的内部因素与外部条件相互作用而产生的生产综合体。每一个区域的经济发展都受到自然条件、社会经济条件和技术经济政策等因素的制约。水分、热量、光照、土地和灾害频率等自然条件都影响着区域经济的发展，有时还起到十分重要的作用；在一定的生产力发展水平条件下，区域经济的发展程度受投入的资金、技术和劳动等因素的制约；技术经济政策对于特定区域经济的发展也有重大影响。

另一方面，区域经济是一种综合性的经济发展的地理概念。它反映区域性的资源开发和利用的现状及其问题，尤其是指矿物资源、土地资源、人力资源和生物资源的合理利用程度，主要表现在地区生产力布局的科学性和经济效益上。区域经济的效果，并不单纯反映在经济指标上，还要综合考虑社会总体经济效益和地区性的生态效益。

区域经济是国民经济的缩影，具有综合性和区域性的特点。区域经济的研究对象是不同区域经济发展及其相关关系。区域经济研究的内容主要包括：区域经济理论、生产力布局理论、生产力布局的经济调节机制、新地域的经济开发战略和经济规划等。

二、区域经济战略与区域经济规划

1. 区域经济战略

区域经济战略包括区域经济发展战略与区域经济开发战略。

什么是区域经济发展战略？区域经济发展战略是指对一定区域内经济、社会发展有关全局性、长远性、关键性的问题所作的筹划和决策。进一步而言，区域经济发展战略是指在较长时期内，根据对区域经济、社会发展状况的估量，考虑到区域经济、社会发展中的各方面关系，对区域经济发展的指导思想、所要达到的目标、所应解决的重点和所需经历的阶段以及必须采取的对策的总筹划和总决策。

区域经济发展战略包括战略依据、战略目标、战略方针、战略重点、战略措施等内容。区域经济发展战略基本特征体现在：全局性、战略性、长期性、稳定性、政策性等几个方面。

区域经济发展战略分类与选择：（1）分类。区域非均衡发展战略与区域协调发展战略；区域经济协调发展战略、多极增长发展战略与沿江经济带以互助互动为中心的协调发展战略；宏观的即国家的发展战略、中观的即区域的发展战略与微观的即企业的发展战略。（2）选择。新中国成立以来的区域经济发展战略经历了均衡——非均衡——均衡的演变。一国区域经济发展战略的选择，不能将均衡与非均衡的发展战略绝对化。因为无论从二者功能上的差异，还是从发展的本质而言，均衡与非均衡的相辅相成才能使经济健康、快速、协调的发展。

什么是区域经济开发战略？区域经济开发战略是指根据区域经济开发目标，对区域经济开发的方向、方式和策略等进行的总体构思和策划。

区域经济开发战略主要划分为 6 大类型。

（1）均衡开发战略。均衡开发战略依据区域经济均衡发展理论而制定，它的基本观点是：区域经济开发要推动所有产业部门同时发展，并保持各个地区之间平衡发展，由此实现区域经济的全面持续增长。均衡开发战略认为各个产业之间存在着互补性，一个产业的供给恰好是其他产业的需求，因此各产业之间保持平衡的发展关系，有助于突破不发达地区贫困的恶性循环，以推动不发达地区与发达地区以及各个产业之间的均衡发展。

（2）非均衡开发战略。非均衡开发战略是依据区域经济非均衡发展理论并总结实践经验教训而制定的。它的基本观点是：区域经济发展具有不平衡性，在经济发展的长期过程中，产业之间一直处于不平衡状态，产业间的短期均衡是一系列不平衡发展造成的，因此实现持续增长必须不断创造短期的不平衡，依靠重点发展某些产业来带动其他产业的发展。

（3）协调倾斜开发战略。协调倾斜开发战略是一种介于均衡开发与非均衡开发之间的协调——倾斜开发战略。该战略的基本观点是：在区域经济开发中，各产业之间和各地区之间应保持一种协调关系，同时在它们当中又必须有重点，依靠这些重点来带动其他产业或地区的发展。

（4）资源转换型开发战略。资源转换型开发战略的基本观点是开发利用本区域的优势自然资源，把资源优势转换为经济优势，从而推动区域经济增长。资源转换型开发战略常在自然资源富集、处于开发初期的区域采用，它强调在开发利用自然资源的基础上，形成区域的主导产业或优势产业，把优势资源集中分布的地区作为重点开发地区，依靠资源型主导产业和重点地区，来构建区域经济发展的核心和主导力量，围绕优势自然资源的开发与利用来组织区域经济的发展。

（5）技术导向型开发战略。技术导向型开发战略的基本观点是：以技术创新和应用来调整更新产业结构，从而强调区域经济的市场竞争力。

（6）市场导向型开发战略。市场导向型开发战略的基本观点是：以市场的需求变化为导向，根据市场的需求结构状况和变化趋势，结合本区域的发展条件，选择适合市场需求的开发方向，以此来选择和开发区域的主导产业，形成区域经济的发展优势，并在此基础上，构建或调整区域产业结构和空间结构，实现区域经济的快速发展。

2. 区域经济规划

什么是区域经济规划？区域经济规划是指在特定的区域空间范围内，对未来经济建设的总体部署。区域经济规划是经济、社会、科技和环境的空间统一形式，是区域经济发展战略、国民经济和社会发展计划在地域空间上的落实和体现。

根据区域经济规划理论，区域经济规划的内容主要包括：（1）自然条件和国土资源的综合评价；（2）社会、经济现状分析和远景预测；（3）国土开发整治的目标和任务；（4）自然资源开发的规模、布局和步骤；（5）城市布局以及交通、通讯、动力和水电等基础设施的安排；（6）国土整治和环境保护；（7）综合开发的重点区域；（8）宏观经济效益估价；（9）实施对策和措施等。改革开放以来，随着地方自主权的日益扩大，区域经济规划的内容不断丰富，并日益区域化。在区域经济规划中，具有主导意义、关键性的中心内容主要是区域经济发展的目标、主导产业结构配置、区域空间布局和调整等。

区域经济规划不同于区域经济发展战略和国民经济与社会发展计划，它具有自己独特的特征。主要有：一是区域经济规划具有地域性；二是区域经济规划具有战略性；三是区域经济规划具有综合性；四是区域经济规划具有动态性；五是区域经济规划具有群众性。

要科学合理地进行区域经济规划，必须遵守相应的原则。具体表现在以下各方面：一是坚持社会劳动地域分工的原则；二是坚持正确、全面分析和认识区情特点的原则；三是坚持区域经济增长与社会发展相结合的原则；四是坚持速度与效益统一的原则。

区域经济发展目标：区域经济规划的总目标是通过目标体系来体现的。它主要包括三个目标，即经济增长方面的目标、社会进步方面的目标和生态环境改善方面的目标。这些目标之间，既存在相辅相成、互相促进的一面，也存在相互矛盾和制约的一面。例如，经济增长与生态环境之间，如果注意到了二者协调发展，经济增长就有利于生态环境的保护和改善。如果忽视了生态环境，只顾经济的高速增长，生态环境就会遭到破坏，环境质量就会不断下降。

三、区域经济布局、区域经济结构与区域经济政策

1. 区域经济布局

区域经济布局是指一个区域内在一定时期内对社会物质生产部门基本建设的地区分布所作的部署；或指一个区域内社会物质生产部门如工业、农业、交通运输业等在地域上的分布。区域经济布局的特点取决于社会生产方式，并受自然、人口、历史、社会、技术等各方面条件的影响。

区域经济布局的基本原则为：在国家统一规划指导下，按照因地制宜、合理分工、各展所长、优势互补、共同发展的原则，促进地区经济的合理布局和健康发展。

20世纪90年代，中国区域经济布局的基本格局为：（1）东部沿海地区要大力发展外向型经济，重点发展附加值高、创汇高、技术含量高、能源和原材料消耗低的产业和产品，多利用一些国外资金、资源，求得经济发展的更高速度和更好的效益。（2）中部和西部地区资源丰富，沿边地区还有对外开放的地缘优势，发展潜力很大，国家要在统筹规划下给予支持。这些地方应当根据市场经济的要求，加快对内对外开放的步伐，加强基础设施的建设，促进资源的开发和利用，努力发展优势产业和产品，有条件的也要积极发展

外向型经济，以带动整个经济发展。（3）国家采取有效政策扶持老、少、边、穷地区。

2. 区域经济结构

区域经济结构是指一个区域内各经济单位之间的内在经济、技术、制度等组织联系和数量关系，是影响区域经济增长的重要因素之一，它决定了区域资源配置的基本模式。

区域经济结构包括了产业结构、所有制结构、企业结构、技术结构、要素结构等。

区域经济结构影响因素：区域经济结构不仅受自然资源条件、历史发展、生产力和科学技术发展、社会需求结构变化、社会生产关系和上层建筑等主、客观因素的影响，而且受国家经济社会发展战略和生产力布局规划、区域分工、区际利益分配机制、区域生产要素市场发育程度和国家生产要素分配机制、国家产业政策等国家宏观调控政策的影响。

区域经济结构与区域经济的相互关系：二者之间存在着密切的内在联系。经济结构与经济发展是互相影响和互为因果的。经济结构的合理化能够促进区域经济健康、稳定发展；反过来，区域经济的健康、稳定发展也有助于经济结构的进一步改善，促进经济结构的合理化。主要体现在：一是调整经济结构是促进区域经济发展的重要手段。二是区域经济稳定而持续的发展为经济结构的调整创造了更大的空间。三是区域经济发展必然会引起经济结构的变化，带动经济结构从低级向高级演变。

3. 区域经济政策

什么是区域经济政策？区域经济政策是指政府制定和实施的旨在协调、促进区域经济发展的各种法令、条例和措施。它是政府干预区域经济、规范区域经济主体的经济行为，是诱导和保证区域经济按既定目标发展的重要手段。

区域经济政策一般具有 4 大特征：一是区域经济政策差异性，

二是区域经济政策综合性，三是区域经济政策协调性，四是，区域经济政策阶段性。

区域经济政策有两种类型：（1）超国家层次的区域经济政策。超国家层次的区域经济政策是指区域性组织制定的涉及该组织内部成员国经济发展的相关政策，如美洲经济圈、欧盟、东盟经济圈等的有关政策。超国家层次的区域经济政策涉及关税、货币发行、外汇管制、移民限制等多方面的政策。（2）国家层次的区域经济政策。国家层次的区域经济政策是指一国各级政府为解决各区域体系之间经济发展的关系而制定的经济政策。国家层次的区域经济政策只涉及国家内部的区域公平发展、产业合理分布和地区利益协调等，并从全国各地区的发展需要，制定一系列指导性的产业、投资、科技、劳动、环保等方面的政策。

区域经济政策与国民经济发展宏观政策的关系：区域经济政策包含于国民经济发展的宏观政策体系之中，一般是通过国民经济和社会发展的各个五年计划予以体现。其相互关系主要有：一是制定区域经济政策要服从全国经济整体发展的需要，二是区域经济政策必须服从国际形势变化和国家安全战略的需要，三是区域经济政策必须服从全国社会发展的需要。

区域经济政策的基本功能主要有4个方面。区域经济政策主要是为了实现国家经济发展计划而制定的，其基本功能主要有：一是对全国区域经济发展进行统筹和协调，指导各个区域的经济发展，把每个区域都纳入到全国经济发展之中，充分发挥地区间的优势和潜力，为全国经济发展做贡献；二是根据局部利益服从全局利益、短期利益服从长远利益的原则，协调各个区域的经济发展与全国经济发展的关系，以及重点发展区域与其他区域发展的关系；三是根据平等互利、分工合作、共同发展的原则，协调区域之间经济发展关系，推动区域之间分工与合作；四是根据加强民族团结、增强国家凝聚力、经济发展和社会进步协调的原则，协调经济发达区域与经济欠发达之间的关系，促进欠发达区域的经济发展。

第二节　产业经济理论基本概念与基本原理

一、产业经济学与产业经济概念、对象与范围

1. 产业经济学概念、对象与范围

什么是产业经济学？产业经济学是指研究产业经济的基本概念、基本原理与基本规律的一门应用学科。进一步而言，产业经济学主要是研究经济领域中产业的组织、结构、管理、政策与发展规律的一门应用经济学科。

产业经济学以产业为研究对象，研究范围主要包括产业结构、产业组织、产业关联、产业发展、产业布局和产业政策等。

产业经济学的理论渊源主要涉及 6 个方面：一是产业组织理论。产业组织理论主要是为了解决马歇尔冲突的难题，即产业内企业的规模经济效应与企业之间的竞争活力的冲突。传统的产业组织理论体系主要是由张伯伦、梅森、贝恩、谢勒等建立的，即著名的市场结构、市场行为和市场绩效理论范式（又称 SCP 模式）。二是产业结构理论。产业结构理论主要研究产业结构的演变及其对经济发展的影响。产业结构理论一般包括：对影响和决定产业结构的因素的研究；对产业结构的演变规律的研究；对产业结构优化的研究；对战略产业的选择和产业结构政策的研究；产业结构规划和产业结构调整等应用性的研究等。三是产业关联理论。产业关联理论又称产业联系理论，侧重于研究产业之间的中间投入和中间产出之间的关系，这些主要由里昂惕夫的投入产出法解决，能很好地反映各产业的中间投入和中间需求。四是产业布局理论。产业布局理论主要研究影响产业布局的因素、产业布局与经济发展的关系、产业布局的基本原则、产业布局的基本原理、产业布局的一般规律、产

业布局的指向性以及产业布局政策等。五是产业发展理论。产业发展理论就是研究产业发展过程中的发展规律、发展周期、影响因素、产业转移、资源配置、发展政策等问题。对产业发展规律的研究有利于决策部门根据产业发展各个不同阶段的发展规律采取不同的产业政策，也有利于企业根据这些规律采取相应的发展战略。六是产业政策理论。

2. 产业与产业经济概念、分类与对象

什么是产业？产业的经济学含义包括：（1）产业是社会分工与社会生产力不断发展的必然结果；（2）产业是具有某种同类属性的企业经济活动的集合；（3）产业是介于宏观经济与微观经济之间的中观经济。

概而言之，产业是指由利益相互联系的、具有不同分工的、由各个相关行业所组成的业态总称。

产业的阶段性（或层次）。产业在产业经济学中有三个层次。（1）第一层次是以同一商品市场为单位划分的产业，即产业组织。现实中的企业关系结构在不同产业中是不相同的。（2）第二层次是以技术和工艺的相似性为根据划分的产业，即产业联系。一个国家在一定时期内所进行的社会再生产过程中，各个产业部门通过一定的经济技术关系发生着投入和产出，即中间产品的运动，它真实地反映了社会再生产过程中的比例关系及变化规律。（3）第三层次是大致以经济活动的阶段为根据，将国民经济划分为若干大部分所形成的产业，即产业结构。

产业分类：产业分类的方法很多，主要有：（1）三次产业分类法；（2）关联方式分类法；（3）国家标准分类法；（4）国际标准分类法；（5）两大部类分类法；（6）农业、轻工业、重工业分类法；（7）生产要素分类法；（8）产业发展阶段分类法；（9）生产流程分类法。

什么是产业经济？产业经济是指介于宏观经济与微观经济之间的中观经济。

产业经济的研究对象是经济领域的各类产业。产业经济是一门应用性质的学科,产业这个概念是满足产业分析的需要而产生的。

产业经济的研究范围主要有:产业结构、产业组织、产业关联、产业发展、产业布局和产业政策。

二、产业组织、产业结构与产业结构优化

1. 产业组织

什么是产业组织?产业组织是指同一产业内企业间的组织或者市场关系。

产业组织的市场关系包括:交易关系、行为关系、资源占用关系和利益关系。对产业组织研究主要是以竞争和垄断及规模经济的关系和矛盾为基本线索,对企业之间的这种现实市场关系进行具体描述和说明。

产业组织的"产业"范围较小,仅指生产具有密切替代产品或服务的企业集合。产业组织指产业内企业间的市场关系和组织形态。包括两层含义:一是产业内企业间的市场关系;二是产业内企业间的组织形态。

经济学中的组织概念是由英国著名经济学家马歇尔首先提出的。马歇尔在其1890年出版的《经济学原理》一书中,把组织列为一种能够强化知识作用的新的生产要素,其内容包括企业内部组织、同一产业中各种企业间的组织、不同产业间的组织形态以及政府组织等。

产业组织是产业的集合体,有一定的结构条件。就是说,作为一个产业部门有很多基本单元。这些基本单元根据一定的条件而构成一个产业部门。这些条件就是集合体诸元素之间存在的共同性,归纳起来主要有:其一,生产性;其二,商品性;其三,求利性;其四,组织性。

产业组织与企业组织的关系:产业组织对应的是产业内、企业

间关系，而企业组织主要指企业内部组织，包括科层组织（U 型结构、H 型结构、M 型结构、X 型结构）和法人治理结构等。企业组织包括企业科层组织与法人治理结构两个方面。

2. 产业结构

产业结构是指产业内部各生产要素之间、产业之间、时间、空间、层次的五维空间关系。产业结构包括产业结构本身，以及技术结构、产业布局、产业组织、产业链五个要素。

产业结构的内容包括：（1）供给结构。供给结构是指在一定价格条件下作为生产要素的资本、劳动力、技术、自然资源等在国民经济各产业间可以供应的比例，以及这种供给关系为联结纽带的产业关联关系。（2）需求结构。需求结构是指在一定的收入水平条件下政府、企业、家庭或个人所能承担的对各产业产品或服务的需求比例，以及以这种需求为联结纽带的产业关联关系。它包括政府（公共）需求结构、企业需求结构、家庭需求结构和个人需求结构，以及以上各种需求的比例。（3）国际贸易结构。国际贸易结构是指国民经济各产业产品或服务的进出口比例，以及以这种进出口关系为联结纽带的产业关联关系。国际贸易结构包括不同产业间的进口结构和出口结构，也包括同一产业间的进出口结构（即进口和出口的比例）。（4）国际投资结构。国际投资包括本国资本的流出，即本国企业在外国的投资（对外投资），以及外国资本的流入，即外国企业在本国的投资（外国投资或外来投资）。对外投资会导致本国产业的对外转移，外国投资则促使国外产业的对内转移。这两方面都会引起国内产业结构的变化。国际投资结构是指对外投资与外国投资的比例结构，以及对外投资在不同产业之间的比例和外国投资在本国不同产业之间的比例及其各种派生的结构指标。产业结构优化也要对国际投资结构进行优化。

产业结构的影响因素：一切决定和影响经济增长的因素都会不同程度上对产业结构的变动产生直接的或间接的影响。知识与技术创新、人口规模与结构、经济体制、自然资源禀赋、资本规模、需求结构、国际贸易等都是一国产业结构演变过程中的基本制约因素。

产业结构的变化趋势，主要分为三个方面：

（1）三次产业之间的结构变化趋势。第一，第一产业的增加值和就业人数在国民生产总值和全部劳动力中的比重，在大多数国家呈不断下降的趋势。直至 20 世纪 70 年代，在一些发达国家，如英国和美国，第一产业增加值和劳动力所占比重下降的趋势开始减弱。第二，第二产业的增加值和就业人数占国民生产总值和全部劳动力的比重，在 20 世纪 60 年代以前，大多数国家都是上升的。但进入 20 世纪 60 年代以后，美、英等发达国家工业部门增加值和就业人数在国民生产总值和全部劳动力中的比重开始下降。第三，第三产业的增加值和就业人数占国民生产总值和全部劳动力的比重各国都呈上升趋势。20 世纪 60 年代以后，发达国家的第三产业发展更为迅速，所占比重都超过了 60%。

（2）工业内部各产业的结构变化趋势。第一阶段，以轻工业为中心的发展阶段。像英国等欧洲发达国家的工业化过程是从纺织、粮食加工等轻工业起步的。第二阶段，以重化工业为中心的发展阶段。在这个阶段，化工、冶金、金属制品、电力等重、化工业都有了很大发展，但发展最快的是化工、冶金等原材料工业。第三阶段，工业高加工度化的发展阶段。在重化工业发展阶段的后期，工业发展对原材料的依赖程度明显下降，机电工业的增长速度明显加快，这时对原材料的加工链条越来越长，零部件等中间产品在工业总产值中所占比重迅速增加，工业生产出现迂回化特点。

（3）农业内部结构各产业的结构变化趋势。随着农业生产力的发展，种植业的比重呈下降趋势，但其生产水平日益提高；畜牧业的比重逐渐提高；林业日益从单纯提供林产品资源转向注重其环境生态功能，保持和提高森林覆盖率越来越受到重视；渔业日益从单纯依靠捕捞转向适度捕捞、注重养殖，其比重稳步上升。

3. 产业结构优化：合理化与高度化

什么是产业结构优化？产业结构优化是指通过产业调整，使各产业实现协调发展，并满足社会不断增长的需求的过程中合理化和高度化。主要依据产业技术经济关联的客观比例关系，遵循再生产过程比例性需求，促进国民经济各产业间的协调发展，使各产业发展与整个国民经济发展相适应。

产业结构优化遵循产业结构演化规律，通过技术进步，使产业结构整体素质和效率向更高层次不断演进的趋势和过程，通过政府的有关产业政策调整，影响产业结构变化的供给结构和需求结构，实现资源优化配置，推进产业结构的合理化和高度化发展。

产业结构高度化是一国国民经济的产业结构由以劳动密集型产业为主的低级结构，向以知识、技术密集型产业为主的高级结构调整和转变的过程及趋势。产业结构高度化以产业结构合理化为基础，脱离合理化的高度化只能是一种"虚高度化"。产业结构合理化的过程，使结构效益不断提高，进而推动产业结构向高度化发展。可见，合理化和高度化是构成产业结构优化的两个基点。

产业结构高度化表现为一国经济发展不同时期最适当的产业结构，其主要衡量标准是：一是收入弹性原则（所得弹性标准）。即每增加一个单位收入与增加对某商品需求量之比。如果由于收入扩大而增加的需求能转化为收入弹性高的商品，出口增长率则可随之提高，对整体经济增长则较为理想。二是生产率上升率原则（生产率上升原则）。为了使收入弹性高的商品能够出口，必须具备充分的国际竞争能力，因而最佳选择是把生产上升率高的产业或技术发展可能性大的产业作为重点。三是技术、安全、群体原则。即从长远观点看，经济发展的动力是技术革新，从而对于能成为将来技术革新核心部门的产业，目前虽然处于比较劣势地位，也不能轻易放弃；为了一国经济的稳定发展，事实上要求有某种程度的国家安全保障或能够保障国家威望的产业；为了产业部门之间的平衡发展，必须形成范围较广的产业群体。符合上述三条标准的产业结构状态，就可称之为一定时期一国产业结构的最适状态，同时也就表明该国阶段上产业结构高度化达到水准状况。

三、产业关联、产业布局与产业政策

1. 产业关联

什么是产业关联？产业关联分析又称投入产出分析。产业关联是指在经济活动中，各产业之间存在的广泛的、复杂和密切的技术经济联系。

产业关联方式是指产业部门间发生联系的依托或基础，以及产业间相互依存的不同类型。

产业关联效应指的是一个产业的生产、产值、技术等方面的变化引起它的前向关联关系和后向关联关系对其他产业部门产生直接和间接的影响，从而可以分为前向关联效应和后向关联效应。

产业关联分析由美国经济学家里昂惕夫在 20 世纪 30 年代提出，现已成为产业结构问题的重要方法。投入产出分析就是运用投入产出表从数量上分析产业之间的相互依存关系，其分析结果可以作为一国（或地区）制定经济社会发展战略与政策的重要依据。

产业关联有三大分类：（1）根据产业间供给与需求联系，可划分为前向关联和后向关联。前向关联是指某些产业因生产工序的前后，前一产业部门的产品为后一产业部门的生产要素，这样一直延续到最后一个产业的产品，即最终产品为止。后向关联是指后续产业部门为先行产业部门提供产品，作为先行产业部门的生产消耗。

（2）根据产业间技术工艺的方向和特点，可划分为单向关联和多项循环关联。单向关联是指 A、B、C、D 等一系列产业部门间，先行产业部门为后续产业部门提供产品，以供其生产时直接消耗，但后续产业部门的产品不再返回先行产业部门的生产过程。多向关

联是指 A、B、C、D 等产业部门间，先行产业部门为后续产业部门提供产品，作为后续产业部门的生产性直接消耗，同时后续部门的产品也返回相关的先行产业部门的生产过程。

（3）根据产业间的依赖程度，可划分为直接联系和间接联系。所谓直接联系是指两个产业部门之间存在着直接的提供产品，提供技术的联系。所谓间接联系，是指两个产业部门本身不发生直接的生产技术联系，而是通过其他一些产业部门的中介才有联系。

2. 产业布局

什么是产业布局？产业布局是指产业在一国或一地区范围内的空间分布和组合的经济现象。产业布局在静态上看是指形成产业的各部门、各要素、各链环在空间上的分布态势和地域上的组合。在动态上，产业布局则表现为各种资源、各生产要素甚至各产业和各企业为选择最佳区位而形成的在空间地域上的流动、转移或重新组合的配置与再配置过程。

产业布局是指一国或一地区的产业生产力在一定范围内的空间分布和组合结构，其合理与否影响到该国或地区经济优势的发挥和经济发展速度。

实施产业布局要处理好三个方面的关系：（1）产业发展与产业布局的关系。预防可能出现的过度重复建设，要提高进入第二产业的门槛。对大中型企业的建设应在分清责权利的基础上报批，国家审批只对是否符合国家产业政策和投资规模负责，至于建设项目的产品适销、技术可行、经济效益均由企业经理或项目经理负责。对小型企业则从批量规定、技术规范和环保要求等方面来提高其进入行业的标准。（2）农业产业化与工业发展的关系。农业产业化必须注意与工业的发展结合在一起考虑。农业和工业在许多方面就是一个产业链条的前后道工序，过去分别在农村和城市发展。农业包括农、林、牧、副、渔。搞农业产业化应该把农村和城市结合起来，充分利用城市现有的生产能力，或就地联合，或异地转移，要加强统筹和协调。(3)主导产业与基础产业、设施的关系。农业是国民经济的基础，是根本，关系到整个经济能否正常运行。中国的农业比较脆弱，我们要吸取以往的教训，坚持把农业放在首位。中国基础产业建设成效显著，从持续发展的要求看，基础设施及基础产业建设适当超前是必要的，但不能忽视统筹规划、合理布局。要看到，能够形成新的经济增长点，带动结构优化升级，并获得巨大经济效益的是主导产业的快速成长，尤其是电子信息等高新技术企业的发展，并用高新技术来改造传统产业。这应是我国经济发展的战略方向。

3. 产业政策

什么是产业政策？产业政策是政府为了实现一定的经济和社会目标而对产业的形成和发展进行干预的各种政策的总和。换言之，产业政策是国家制定的，引导国家产业发展方向，引导推动产业结构升级，协调国家产业结构，使国民经济健康可持续发展的政策。

产业政策的构成要素包括：政策对象、政策目标、政策手段、政策措施、政策实施机制、政策决策程序与政策决策方式。

产业政策的分类有：(1)从纵的方向来看，包括产业政策调查（事前经济分析）、产业政策制定、产业政策实施方法、产业政策效果评估、产业政策效果反馈和产业政策修正等内容。(2)从横的方向来看，包括产业发展政策、产业组织政策、产业结构政策、产业布局政策和产业技术政策等几个方面的内容。(3)从政策的对象领域看，产业政策包括农业政策、能源政策、金融政策、环保政策等。(4)从其作用特征来看，包括秩序型（或称制度型)产业政策以及过程型（或称行为型)产业政策。

产业政策主要通过制定国民经济计划（包括指令性计划和指导性计划)、产业结构调整计划、产业扶持计划、财政投融资、货币手段、项目审批来实现。

中国的产业政策极少以法律的形式出现，主要为"规划""目录""纲要""决定""通知""复函"之类的文件，如《船舶工业调整振兴规划》《船舶工业中长期发展规划》《国家产业政策指导目录》等等。中国的国有企业在很多重要的行业仍居主导地位，因此对企业进行扶持或者规制无须借助法律即可完成。

第三节　乡村振兴学基本概念与基本原理

乡村振兴学是乡村产业的理论基础或理论渊源，乡村产业理论则是乡村振兴学的主要内容之一，与乡村人才振兴理论、乡村文化振兴理论、乡村生态振兴理论与乡村组织振兴理论等共同构成乡村振兴学的基本理论体系。

一、乡村振兴学基本含义与研究对象

（一）乡村与乡村振兴基本含义

1. 乡村、振兴基本含义

什么是乡村？乡村是指乡村地区人类各种形式的居住场所（即村落或乡村聚落）。乡村的概念包括乡镇和村庄。

2018年《乡村振兴法》第2条第2款规定："本法所称乡村，是指城市建成区以外具有自然、社会、经济特征和生产、生活、生态、文化等多重功能的地域综合体，包括乡镇和村庄等。"这是乡村的法定概念。

《乡村振兴战略规划（2018—2022)》规定："乡村是具有自然、社会、经济特征的地域综合体，兼具生产、生活、生态、文化等多重功能，与城镇互促互进、共生共存，共同构成人类活动的主要空间。"这是乡村的规划概念。

根据乡村是否具有行政含义，可分为自然村和行政村。自然村是村落实体，行政村是行政实体。一个大自然村可设几个行政村，

一个行政村也可以包含几个小自然村。

什么是村庄？村庄是指城市之外的人类聚落地。村庄包括所有的村庄和拥有少量工业企业及商业服务设施，但未达到建制镇标准的乡村集镇。在农区或林区，村落通常是固定的；在牧区，定居聚落、季节性聚落和游牧的帐幕聚落兼而有之；在渔业区，还有以舟为居室的船户村。

什么是振兴？振兴的基本含义是指大力发展，使兴旺强盛。例如，振兴工业、振兴农业、振兴中华。清朝的刘大櫆在《江西吉南赣道副使方君墓志铭》中说："君所至以振兴学校为务。"鲁迅在《彷徨·高老夫子》中说："兄弟以为振兴女学是顺应世界的潮流。"

振兴的种类很多，主要有：乡村振兴与城市振兴；文化振兴、教育振兴与科技振兴；经济振兴、产业振兴与生态振兴等。

2. 乡村振兴基本含义

什么是乡村振兴？乡村振兴是指大力发展乡村，使乡村兴旺强盛的一种社会活动。进一步而言，乡村振兴是指党和政府按照乡村振兴的基本方针，大力开展促进乡村的产业、人才、文化、生态与组织等系统振兴的一种活动。

乡村振兴的内容主要有 8 个方面：乡村产业、人才支撑、文化繁荣、生态保护、组织建设、城乡融合发展、扶持措施与监督检查。

乡村振兴的基本功能主要有：一是保障农产品供给和粮食安全；二是保护生态环境；三是传承发展中华民族优秀传统文化。《乡村振兴法》第 3 条规定："要充分发挥乡村在保障农产品供给和粮食安全、保护生态环境、传承发展中华民族优秀传统文化等方面的特有功能。"

(二) 乡村振兴学基本含义与研究对象

1. 乡村振兴学概念与特征

什么是乡村振兴学？乡村振兴学是指研究乡村振兴的基本概念、基本原理与基本规律的一门科学。乡村振兴学包括：乡村产业振兴学、乡村人才振兴学、乡村文化振兴学、乡村生态振兴学与乡村组织振兴学。

乡村振兴学科是一门专门学科。什么是乡村振兴学科？乡村振兴学科是指具有相对独立特征的乡村振兴知识体系。乡村振兴学兼具管理学、农业经济学、法学的特征，属于一门综合性学科。进一步而言，乡村振兴学是一门理论与实践相结合的综合性学科。

2. 乡村振兴学研究对象与范围

乡村振兴学的研究对象与范围就是乡村振兴的基本概念、基本原理与基本规律。

（1）乡村振兴的基本概念。主要有：乡村振兴学、乡村振兴、乡村振兴政策、乡村振兴战略、乡村振兴规划、乡村振兴方针、乡村振兴目标、乡村振兴机构、乡村振兴原则、乡村振兴任务、乡村振兴实施、乡村振兴保障；产业兴旺、生态宜居、乡风文明、治理有效、生活富裕；乡村产业振兴、人才振兴、文化振兴、生态振兴、组织振兴；城乡融合发展。

（2）乡村振兴的基本种类。重点研究法定种类。乡村振兴的法定种类主要有：乡村产业振兴、人才振兴、文化振兴、生态振兴、组织振兴。

（3）乡村振兴的基本方针。乡村振兴的基本方针就是产业兴旺、生态宜居、乡风文明、治理有效、生活富裕。

（4）乡村振兴的主要内容。乡村振兴的内容主要有 8 个方面：乡村产业、人才支撑、文化繁荣、生态保护、组织建设、城乡融合发展、扶持措施与监督检查。

二、乡村振兴种类划分与总体要求

（一）乡村振兴种类划分

乡村振兴的分类有两大类：一类是理论分类，另一类是法定分类。

1. 乡村振兴理论分类

乡村振兴一般可划分为三大类：

（1）以时间长短为依据，可以划分为短期乡村振兴、中期乡村振兴与长期乡村振兴。

（2）以总体专项与否为依据，可以划分为总体乡村振兴、专项乡村振兴与详细乡村振兴。

（3）以全国局部与否为依据，可以划分为全国性乡村振兴战略、区域性乡村振兴战略与局部性乡村振兴战略。

（4）以行政隶属关系为依据，可以划分为全国乡村振兴、省级乡村振兴、地市州乡村振兴、县市区乡村振兴与乡镇乡村振兴。

2. 乡村振兴规划分类与法定分类

乡村振兴的规划种类主要有：乡村产业振兴、人才振兴、文化振兴、生态振兴、组织振兴。2018 年《乡村振兴战略规划（2018—2022)》前言强调指出：要科学有序推动乡村产业、人才、文化、生态和组织振兴。

乡村振兴的法定种类主要有：乡村产业振兴、人才振兴、文化振兴、生态振兴、组织振兴。《乡村振兴法》第 2 条第 1 款规定："全面实施乡村振兴战略，开展促进乡村产业振兴、人才振兴、文化振兴、生态振兴、组织振兴，推进城乡融合发展等活动，适用本法。"

乡村振兴，关键在人才振兴。如果没有人才的支撑，乡村振兴只能是一句空话。乡村人才振兴的关键，就是要让更多人才愿意来、留得住、干得好、能出彩，人才数量、结构和质量能够满足乡村振兴的需要。

生态振兴是乡村振兴的重要支撑。乡村振兴，生态宜居是关键。良好生态环境是农村的最大优势和宝贵财富。要坚持人与自然和谐共生，走乡村绿色发展之路，让良好生态成为乡村振兴的支撑点。

（二）乡村振兴总体要求与基本方针

乡村振兴的总体要求就是：产业兴旺、生态宜居、乡风文明、治理有效、生活富裕。乡村振兴的总体要求又称基本方针，俗称"20字方针"。

《乡村振兴法》第3条规定："促进乡村振兴应当按照产业兴旺、生态宜居、乡风文明、治理有效、生活富裕的总要求，统筹推进农村经济建设、政治建设、文化建设、社会建设、生态文明建设和党的建设，充分发挥乡村在保障农产品供给和粮食安全、保护生态环境、传承发展中华民族优秀传统文化等方面的特有功能。"

实施乡村振兴战略，产业兴旺是重点；生态宜居是关键；乡风文明是保障；治理有效是基础；生活富裕是根本。乡村振兴，关键是产业要振兴。乡村产业振兴，重点是要振兴现代农业。只有乡村经济发展了，才能富裕农民，繁荣乡村；也只有乡村"产业兴旺"，才能吸引更多外来资源和人才，集聚人气和财气。离开产业支撑，乡村振兴就是空中楼阁。

三、乡村振兴机构、原则与目标

（一）乡村振兴机构与职责

1. 乡村振兴机构

乡村振兴机构是指负责乡村振兴的管理与指导的一种管理机构。现阶段，中国乡村振兴机构就是各级乡村振兴局，也就是国家乡村振兴局、省（市、自治区）乡村振兴局、地市州乡村振兴局、县（市、区）乡村振兴局。

《乡村振兴法》第10条第1款规定："国务院农业农村主管部门负责全国乡村振兴促进工作的统筹协调、宏观指导和监督检查；国务院其他有关部门在各自职责范围内负责有关的乡村振兴促进工作。"

《乡村振兴法》第10条第2款规定："县级以上地方人民政府

农业农村主管部门负责本行政区域内乡村振兴促进工作的统筹协调、指导和监督检查；县级以上地方人民政府其他有关部门在各自职责范围内负责有关的乡村振兴促进工作。"

2. 乡村振兴职责

什么是乡村振兴职责？乡村振兴职责又称乡村振兴职能，是指乡村振兴管理机构所承担的关于乡村振兴的职责、作用等内容。

《乡村振兴法》第 11 条第 1 款规定："各级人民政府及其有关部门应当采取多种形式，广泛宣传乡村振兴促进相关法律法规和政策，鼓励、支持人民团体、社会组织、企事业单位等社会各方面参与乡村振兴促进相关活动。"

《乡村振兴法》第 11 条 2 款规定："对在乡村振兴促进工作中作出显著成绩的单位和个人，按照国家有关规定给予表彰和奖励。"

2021 年 5 月 28 日，河南省乡村振兴局正式挂牌成立。根据中央编办批复，经河南省委编委批准，河南省扶贫开发办公室重组为河南省乡村振兴局。河南省乡村振兴局为省政府直属机构，规格为正厅级，由省农业农村厅统一领导和管理，主要负责巩固拓展脱贫攻坚成果、统筹推进乡村振兴战略有关具体工作。

（二）乡村振兴基本原则与发展目标

1. 乡村振兴基本原则

乡村振兴基本原则种类主要有：政策性基本原则、战略性基本原则、规划性基本原则与法规性基本原则。

乡村振兴战略性基本原则主要体现在 2018 年《中共中央国务院关于实施乡村振兴战略的意见（2018 年中央 1 号文件）》之中。

乡村振兴规划性基本原则主要体现在 2018 年《中共中央国务院印发〈乡村振兴战略规划（2018—2022 年）〉》之中。

乡村振兴法规性基本原则主要体现在 2021 年《中华人民共和国乡村振兴法》之中。《乡村振兴法》规定了总的原则与具体原则。

乡村振兴总的原则为：全面实施乡村振兴战略，应当坚持中国共产党的领导，贯彻创新、协调、绿色、开放、共享的新发展理念，走中国特色社会主义乡村振兴道路，促进共同富裕。《乡村振兴法》第4条规定："全面实施乡村振兴战略，应当坚持中国共产党的领导，贯彻创新、协调、绿色、开放、共享的新发展理念，走中国特色社会主义乡村振兴道路，促进共同富裕。"

乡村振兴的具体原则有5个方面。《乡村振兴法》第4条规定乡村振兴必须遵循以下原则："（1）坚持农业农村优先发展，在干部配备上优先考虑，在要素配置上优先满足，在资金投入上优先保障，在公共服务上优先安排；（2）坚持农民主体地位，充分尊重农民意愿，保障农民民主权利和其他合法权益，调动农民的积极性、主动性、创造性，维护农民根本利益；（3）坚持人与自然和谐共生，统筹山水林田湖草沙系统治理，推动绿色发展，推进生态文明建设；（4）坚持改革创新，充分发挥市场在资源配置中的决定性作用，更好发挥政府作用，推进农业供给侧结构性改革和高质量发展，不断解放和发展乡村社会生产力，激发农村发展活力；（5）坚持因地制宜、规划先行、循序渐进，顺应村庄发展规律，根据乡村的历史文化、发展现状、区位条件、资源禀赋、产业基础分类推进。"

2. 乡村振兴基本目标

什么是目标？目标是指人们想要达到的境界或目的。目标一般具有主观性、方向性、现实性、社会性等基本特征。

按时间的长短跨度区分，目标通常可以分为三类：短期目标、中期目标和长期目标。短期目标是指期望在1年内达到的目标，短期目标通常全面又具体。中期目标是指期望在2~5年内达到的一些目标。长期目标是指期望在5~10年或更长的时间内达到的一些目标。

什么是乡村振兴目标？指各级政府及其相关部门想要达到或实现的关于乡村振兴的目的或标准。乡村振兴目标一般具有主观性、方向性、现实性、社会性等基本特征。

根据目标理论，乡村振兴目标常见的种类划分为：短期目标、中期目标与长期目标；总体目标、局部目标与分项目标。

实践中，乡村振兴的目标种类主要有：政策性文件基本目标、战略性文件基本目标、规划性文件基本目标与法规性文件基本目标。

乡村振兴战略性基本目标主要体现在 2018 年《中共中央国务院关于实施乡村振兴战略的意见（2018 年中央 1 号文件）》之中。

乡村振兴规划性基本目标主要体现在 2018 年《中共中央国务院印发〈乡村振兴战略规划（2018—2022 年）〉》之中。

乡村振兴有效衔接方面基本目标主要体现在 2020 年《中共中央国务院关于实现巩固拓展脱贫攻坚成果同乡村振兴有效衔接的意见》之中。该意见规定了两个阶段的基本目标：（1）到 2025 年，脱贫攻坚成果巩固拓展，乡村振兴全面推进，脱贫地区经济活力和发展后劲明显增强，乡村产业质量效益和竞争力进一步提高，农村基础设施和基本公共服务水平进一步提升，生态环境持续改善，美丽宜居乡村建设扎实推进，乡风文明建设取得显著进展，农村基层组织建设不断加强，农村低收入人口分类帮扶长效机制逐步完善，脱贫地区农民收入增速高于全国农民平均水平。（2）到 2035 年，脱贫地区经济实力显著增强，乡村振兴取得重大进展，农村低收入人口生活水平显著提高，城乡差距进一步缩小，在促进全体人民共同富裕上取得更为明显的实质性进展。

四、乡村振兴的政策、战略与规划

（一）乡村振兴政策

什么是政策？政策是指国家或政党为实现一定历史时期的路线和任务而制定的行动根据和准则。进一步而言，政策就是国家政权机关、政党组织和其他社会政治集团为了实现自己所代表的阶级、阶层的利益与意志，以权威形式标准化地规定在一定的历史时期内，应该达到的奋斗目标、遵循的行动原则、完成的明确任务、实行的工作方式、采取的一般步骤和具体措施。

什么是乡村振兴政策？乡村振兴政策是指党和政府为实现一定历史时期的乡村振兴的路线和任务而制定的行动根据和准则。

乡村振兴政策属于政策学的一种，具有全局性、总体性、权威性、综合性与时效性等特征。

根据政策学理论及其不同标准，乡村振兴政策可以进行多种分类划分。划分的方法有三种：第一种是学理分类，第二种是法定分类，第三种是实践分类。

实践中，乡村振兴政策可以划分为以下几类：

（1）以宏观微观与否为依据，可以划分为宏观乡村振兴政策、中观乡村振兴政策与微观乡村振兴政策。

（2）以时间长短为依据，可以划分为短期乡村振兴政策、中期乡村振兴政策与长期乡村振兴政策。

（3）以总体局部与否为依据，可以划分为总体乡村振兴政策、专项乡村振兴政策与详细乡村振兴政策。

（4）以全局局部与否为依据，可以划分为全局性乡村振兴政策、区域性乡村振兴政策与局部性乡村振兴政策。

（5）以行政隶属关系为依据，可以划分为全国乡村振兴政策、省级乡村振兴政策、地市州乡村振兴政策、县市区乡村振兴政策与乡镇乡村振兴政策。

资料显示，现阶段乡村振兴政策文件的形式一般有：乡村振兴"意见"、乡村振兴"决定"等。国家层面的乡村振兴政策主要有：2018年《中共中央国务院关于实施乡村振兴战略的意见（2018年中央1号文件)》；2020年《中共中央国务院关于实现巩固拓展脱贫攻坚成果同乡村振兴有效衔接的意见》。省层面的乡村振兴政策有30多部。例如，2018年《中共广西壮族自治区委员会关于实施乡村振兴战略的决定》等。

（二）乡村振兴战略

什么是战略？战略是指在一定历史时期指导全局的方略与策略。毛泽东《在省市自治区党委书记会议上的讲话》："调动一切积极力量，为了建设社会主义。这是一个战略方针。"邓小平《高级干部要带头发扬党的优良传统》："我们一定要认识到，认真选好接班人，这是一个战略问题。"战略一般具有全局性、方向性、预见性、谋略性等基本特征。

什么是乡村振兴战略？乡村振兴战略是指党和政府制定的在一定历史时期指导乡村振兴全局的计划和策略。乡村振兴战略从性质上看属于宏观战略、产业战略。

乡村振兴战略属于战略学的一种，具有全局性、总体性、权威性、综合性、方向性、预见性等特征。

根据战略学理论及其不同标准，乡村振兴战略可以进行多种分类划分。划分的方法有三种：第一种是学理分类，第二种是法定分类，第三种是实践分类。

实践中，乡村振兴政策战略可以划分为以下几类：

（1）以宏观微观与否为依据，可以划分为宏观乡村振兴战略、中观乡村振兴战略与微观乡村振兴战略。

（2）以时间长短为依据，可以划分为短期乡村振兴战略、中期乡村振兴战略与长期乡村振兴战略。

（3）以总体局部与否为依据，可以划分为总体乡村振兴战略、专项乡村振兴战略与详细乡村振兴战略。

（4）以全局局部与否为依据，可以划分为全局性乡村振兴战略、区域性乡村振兴战略与局部性乡村振兴战略。

（5）以行政隶属关系为依据，可以划分为全国乡村振兴战略、省级乡村振兴战略、地市州乡村振兴战略、县市区乡村振兴战略与乡镇乡村振兴战略。

资料显示，现阶段乡村振兴战略文件的形式一般有：乡村振兴战略"意见"、乡村振兴战略"决定"等。国家层面的乡村振兴政策主要有：2018 年《中共中央国务院关于实施乡村振兴战略的意见（2018 年中央 1 号文件）》；2020 年《中共中央国务院关于实现巩固拓展脱贫攻坚成果同乡村振兴有效衔接的意见》。省层面的乡村振兴政策有 30 多部，例如 2018 年《中共广西壮族自治区委员会关于实施乡村振兴战略的决定》；2018 年《中共贵州省委贵州省人民政府关于乡村振兴战略的实施意见（黔党发〔2018〕1 号）》。地市州层面有 300 多部。不少县（市区）也制定了乡村振兴战略文件。例如，2018 年《中共东至县委东至县人民政府关于推进乡村振兴战略的实施意见（东发〔2018〕18 号）》。

（三）乡村振兴规划

什么是规划？规划是指个人或组织制定的比较全面长远的发展计划，是对未来整体性、长期性、基本性问题的思考和考量，设计未来整套行动的方案。

规划与计划基本相似，不同之处在于：规划具有综合性、系统性、长远性、全局性、战略性、方向性与概括性等基本特征。

什么是乡村振兴规划？乡村振兴规划是指对乡村振兴进行比较全面的长远的发展计划。换言之，乡村振兴规划是对未来整体性、长期性、基本性问题的思考、考量和设计未来整套行动的方案。

制定乡村振兴规划分为三个阶段：第一个阶段确定目标。即乡村振兴在未来的发展过程中，要应对各种变化所要达到的目标。第二阶段制定规划。即当目标确定了以后，考虑使用什么手段、什么措施、什么方法来达到这个目标，这就是战略规划。最后阶段形成文本。即将战略规划形成文本，以备评估、审批，如果审批未能通过的话，那可能还需要多个迭代的过程，需要考虑怎么修正。

根据规划学理论及其不同标准，乡村振兴规划可以进行多种分类划分。划分的方法有三种：第一种是学理分类，第二种是法定分类，第三种是实践分类。

实践中，乡村振兴规划可以划分为以下几类：

（1）以宏观微观与否为依据，可以划分为宏观乡村振兴规划、中观乡村振兴规划与微观乡村振兴规划。

（2）以时间长短为依据，可以划分为短期乡村振兴规划、中期乡村振兴规划与长期乡村振兴规划。

（3）以总体局部与否为依据，可以划分为总体乡村振兴规划、专项乡村振兴规划与详细乡村振兴规划。

（4）以全局局部与否为依据，可以划分为全局性乡村振兴规划、区域性乡村振兴规划与局部性乡村振兴规划。

（5）以行政隶属关系为依据，可以划分为全国乡村振兴规划、省级乡村振兴规划、地市州乡村振兴规划、县市区乡村振兴规划与乡镇乡村振兴规划。

资料显示，现阶段乡村振兴规划文件的形式一般有：乡村振兴规划"意见"、乡村振兴规划"决定"等。国家层面的乡村振兴规划主要有：2018 年《中共中央国务院印发〈乡村振兴战略规划（2018—2022 年）〉》。省层面的乡村振兴政策有 32 部。例如，2018 年《中共安徽省委安徽省人民政府关于印发〈安徽省乡村振兴战略规划（2018—2022 年）〉的通知》。大多数地市州都制定了乡村振兴规划文件。例如，2018 年《中共池州市委池州市人民政府关于印发〈池州市乡村振兴战略规划（2018—2022 年）〉的通知》。部分县（市区）也制定了乡村振兴规划文件。例如，2019 年《安徽省东至县发展和和改革委员会关于印发〈东至县乡村振兴战略规划（2018—2022 年）〉的通知》。

五、乡村振兴的任务、实施与保障

（一）乡村振兴任务

什么是任务？任务是指上级部门交派的工作、担负的责任和下达的指令。任务具有交派性、责任性、下达性与强制性等基本特征。

什么是乡村振兴任务？乡村振兴任务是指党和政府交派的工作、担负的责任和下达的指令。

根据任务学理论，乡村振兴任务可以划分为：交派性乡村振兴任务、下达性乡村振兴任务与强制性乡村振兴任务。

实践中，乡村振兴任务可以划分为以下几类：

(1)以宏观微观与否为依据，可以划分为宏观乡村振兴任务、中观乡村振兴任务与微观乡村振兴任务。

(2)以时间长短为依据，可以划分为短期乡村振兴任务、中期乡村振兴任务与长期乡村振兴任务。

(3)以总体局部与否为依据，可以划分为总体乡村振兴任务、专项乡村振兴任务与详细乡村振兴任务。

(4)以全国局部与否为依据，可以划分为全局性乡村振兴任务、区域性乡村振兴任务与局部性乡村振兴任务。

(5)以行政隶属关系为依据，可以划分为全国乡村振兴任务、省级乡村振兴任务、地市州乡村振兴任务、县市区乡村振兴任务与乡镇乡村振兴任务。

乡村振兴任务主要体现在：乡村振兴意见、乡村振兴政策、乡村振兴战略、乡村振兴规划等政策文件之中。例如，2018 年《中共中央国务院关于实施乡村振兴战略的意见（2018 年中央 1 号文件)》规定了 9 项主要任务：一是提升农业发展质量，培育乡村发展新动能；二是推进乡村绿色发展，打造人与自然和谐共生发展新格局；三是繁荣兴盛农村文化，焕发乡风文明新气象；四是加强农村基层基础工作，构建乡村治理新体系；五是提高农村民生保障水平，塑造美丽乡村新风貌；六是打好精准脱贫攻坚战，增强贫困群众获得感；七是推进体制机制创新，强化乡村振兴制度性供给；八是汇聚全社会力量，强化乡村振兴人才支撑；九是开拓投融资渠道，强化乡村振兴投入保障。2021 年《福建省人民政府关于印发福建省"十四五"金融业发展专项规划的通知（闽政［2021］22号)》规定了6项宏观任务："十四五"金融业发展专项规划的宏观视角的主要任务有：一是完善金融机构体系，推动金融业自身高质量发展。二是提高金融服务水平，深度融入新发展格局。三是着力特色金融发展，提升区域金融发展新动能。四是深化闽台金融合作，建设两岸金融融合发展平台。五是推动金融更高水平开放合作，建设海丝金融合作平台。六是防范化解金融风险，优化金融生态环境。

（二）乡村振兴实施与保障

1. 乡村振兴实施

什么是实施？实施是指用实际行动去落实施行。"实施"一词语出明朝的李贽《序》："有德行而后有政事、文学，非德行则政事、文学亦不成矣。是德行者，虚位也；言语、政事、文学者，实施也。"

什么是乡村振兴实施？乡村振兴实施是指各级政府机关及其相关部门用实际行动去落实施行乡村振兴的政策、战略与规划。

根据乡村振兴实施的含义，其种类主要有：乡村振兴政策实施、乡村振兴战略实施与乡村振兴规划实施。

2. 乡村振兴保障

什么是保障？保障是指单位和个人用保护、保证等手段与起保护作用的事物构成的可持续发展支撑体系。毛泽东在《抗日时期的经济问题和财政问题》指出："发展经济，保障供给，是我们的经济工作和财政工作的总方针。"

什么是乡村振兴保障？乡村振兴保障是指各级政府机关及其相关部门用保护、保证等手段与起保护作用的事物构成的关于乡村振兴的可持续发展支撑体系。

乡村振兴保障的内容主要有：政治保障、制度保障、投入保障、人才保障、程序保障与营商环境保障。

实际工作中，乡村振兴实施与乡村振兴保障的文件规定并没有严格地分开，往往是规定在一起，实施中有保障，保障中有实施。

（1）2018年《中共中央国务院〈乡村振兴战略规划（2018—2022）〉》规定了"规划实施"。内容包括两个方面：一是加强组织领导，这是根本保障措施。保障措施包括：落实各方责任、强化法治保障、动员社会参与、开展评估考核。二是有序实现乡村振兴，这是必要的保障措施。保障措施包括：准确聚焦阶段任务、科学把握节奏力度、梯次推进乡村振兴。

（2）2019年国家《数字乡村发展战略纲要》》规定了"组织保障与推进措施"。内容包括5个方面：1）加强组织领导。建立数字乡村建设发展统筹协调机制，做好整体规划设计，研究重大政策、重点工程和重要举措，督促落实各项任务，形成工作合力。各地区要将数字乡村工作摆上重要位置，抓好组织推动和督促检查。深化"放管服"改革，处理好政府与市场的关系，充分调动各方力量和广大农民参与数字乡村建设。加强数字乡村理论研究，开展数字乡村发展评价工作，持续提升数字乡村发展水平。2）完善政策支持。各地区各有关部门要依据本纲要，将数字乡村建设融入信息化规划和乡村振兴重点工程，完善产业、财政、金融、教育、医疗等领域配套政策措施，持续推进落实。充分发挥财政资金与国家级投资基金的引导作用，撬动金融和社会资本支持数字乡村战略实施。3）开展试点示范。选择部分地区按照统筹规划、整合共享、集聚提升的原则，统筹开展数字乡村试点示范工作，边试点、边总结、边推广，探索有益经验。4）强化人才支撑。开展信息化人才下乡活动，加强对农村留守儿童和妇女、老年人网络知识普及。充分发挥第一书记、驻村工作队员、大学生村官、科技特派员、西部计划志愿者等主体作用，加强农民信息素养培训，增强农民网络安全防护意识和技能。5）营造良好氛围。创新宣传方式，及时宣传党的路线方针政策，营造全社会关注农业、关心农村、关爱农民的浓厚氛围。充分发挥主流媒体和重点新闻网站作用，讲好乡村振兴故事，做好网上舆情引导，为全面实施乡村振兴战略凝聚共识，汇聚力量。

政策与规划篇

第一章 政 策 设 计

第一节 乡村振兴战略总体政策设计

乡村产业振兴战略是乡村振兴战略的主要内容之一。乡村振兴战略是一种战略规划、设计与布局，是关于乡村振兴全局的、系统的计划和策略。

研究探讨乡村振兴战略具有两方面意义：一方面，有助于从战略的视角规划乡村产业振兴；另一方面，有助于从全局的视角推进乡村产业振兴。

一、乡村振兴战略政策设计

（一）乡村振兴战略政策设计含义与分类

什么是政策设计？所谓政策设计是指政府或部门为了解决相关问题，采取科学的方法，广泛收集各种信息，设定一套未来行动选择方案的动态过程。政策设计内容与程序包括政策问题的提出、分析、议程和政策制定的过程。

根据政策设计基本原理，政策设计一般可以划分为总体政策设计与专项政策设计，也可以划分为短期政策设计、中期政策设计与长期政策设计。从城乡振兴发展视角，政策设计可以划分为城市振兴政策设计与乡村振兴政策设计。

什么是乡村振兴战略政策设计？乡村振兴战略政策设计是从战略的视角、全局的视角对乡村振兴所进行的一种政策设计。

根据不同的标准或依据，可以对乡村振兴战略政策设计进行不同的分类：

（1）根据总体还是专项的特征，乡村振兴战略政策设计可以划分为总体政策设计与专项政策设计。

（2）根据综合还是专门的特征，乡村振兴战略政策设计可以划分为综合政策设计与专门政策设计。

（2）根据规划时间长短的特征，乡村振兴战略政策设计可以划分为短期政策设计、中期政策设计与长期政策设计。

根据《乡村振兴促进法》规定，乡村振兴战略政策设计可以划分为：乡村产业振兴战略政策设计、乡村人才振兴战略政策设计、乡村文化振兴战略政策设计、乡村生态振兴战略政策设计与乡村组织振兴战略政策设计。

（二）乡村振兴战略政策设计政策含义与政策文件体系

乡村振兴战略总体政策设计是指"中共中央国务院关于实施乡村振兴战略的意见"所规定的、全面的、总体的政策设计。也就是指《中共中央国务院印发〈关于实施乡村振兴战略的意见〉（2018 年中央 1 号文件）》。

乡村振兴战略专项政策设计是指"中共中央国务院关于实施乡村振兴战略的意见"以外所规定的、局部的、专门的政策设计。主要有：2019 年 1 月，《中共中央国务院关于坚持农业农村优先发展做好"三农"工作的若干意见（2019 年中央 1 号文件）》；2020 年 1 月，《中共中央国务院关于抓好"三农"领域重点工作确保如期实现全面小康的意见（2020 年中央 1 号文件）》；2021 年 1 月，《中共中央国务院关于全面推进乡村振兴加快农业农村现代化的意见（2021 年中央 1 号文件）》；2019 年 4 月，《中共中央国务院关于建立健全城乡融合发展体制机制和政策体系的意见》；2020 年 12 月，《中共中央国务院关于实现巩固拓展脱贫攻坚成果同乡村振兴有效衔接的意见》。

乡村振兴战略政策设计的政策文件体系就是指由国家、省市自治区以及地市州等乡村振兴战略构成的政策体系。

二、乡村振兴战略政策的含义、特征与内容构成体系

（一）乡村振兴战略政策的含义、特征与分类

1. 乡村振兴战略政策的含义与特征

什么是乡村振兴战略？乡村振兴战略是指党和政府制定的在一定历史时期指导乡村振兴全局的计划和策略。乡村振兴战略从性质上看属于宏观战略、产业战略。乡村振兴战略的特征主要有：总体性、长期性、全面性、规划性、权威性等。

什么是乡村振兴战略政策？乡村振兴战略政策是指党和政府制定的在一定历史时期指导乡村振兴全局的计划和策略的一种。乡村振兴战略政策从性质上看属于宏观战略政策、产业战略政策。乡村振兴战略政策的特征主要有：总体性、综合性、全面性等。

2. 乡村振兴战略政策的分类

根据不同的标准或依据，可以对乡村振兴战略政策进行不同的分类：

（1）以时间长短为依据，可以划分为中期乡村振兴战略政策与长期乡村振兴战略政策；

（2）以总体局部与否为依据，可以划分为乡村振兴战略总体政策、乡村振兴战略专项政策与乡村振兴战略详细政策。

（3）以行政隶属关系为依据，可以划分为全国乡村振兴战略政策、省级乡村振兴战略政策、地市州乡村振兴战略政策、县市区乡村振兴战略政策、乡镇乡村振兴战略政策。

根据《乡村振兴促进法》规定，乡村振兴战略政策可以划分为：乡村产业振兴战略政策、乡村人才振兴战略政策、乡村文化振兴战略政策、乡村生态振兴战略政策与乡村组织振兴战略政策。

（二）乡村振兴战略的政策名称与内容构成体系

2018 年 1 月 8 日中共中央国务院印发《关于实施乡村振兴战略的意见》，俗称 2018 年中央 1 号文件。该文件对实施乡村振兴战略进行了全面部署，是谋划新时代乡村振兴的顶层设计。

资料显示，截至 2018 年上半年，全国 32 个省（直辖市、自治区）都先后制定了"关于实施乡村振兴战略的意见"的实施意见，部分地市州也进一步制定了更为具体的"实施意见"，个别县市区也制定了本地的"关于实施乡村振兴战略的意见"的实施意见。例如，2018 年 3 月，《中共贵州省委贵州省人民政府关于乡村振兴战略的实施意见（黔党发〔2018〕1 号）》；2018 年 6 月，《中共东至县委东至县人民政府关于推进乡村振兴战略的实施意见（东发〔2018〕18 号）》。

乡村振兴战略政策的内容构成体系主要有 12 部分：

（1）新时代实施乡村振兴战略的重大意义。内容包括良好基础与重大意义。

（2）实施乡村振兴战略的总体要求。内容包括指导思想、目标任务与基本原则。

（3）提升农业发展质量，培育乡村发展新动能。内容包括夯实农业生产能力基础、实施质量兴农战略、构建农村一二三产业融合发展体系、构建农业对外开放新格局、促进小农户和现代农业发展有机衔接。

（4）推进乡村绿色发展，打造人与自然和谐共生发展新格局。内容包括统筹山水林田湖草系统治理、加强农村突出环境问题综合治理、建立市场化多元化生态补偿机制、增加农业生态产品和服务供给。

（5）繁荣兴盛农村文化，焕发乡风文明新气象。内容包括加强农村思想道德建设、传承发展提升农村优秀传统文化、加强农村公共文化建设、开展移风易俗行动。

（6）加强农村基层基础工作，构建乡村治理新体系。内容包括加强农村基层党组织建设、深化村民自治实践、建设法治乡村、提升乡村德治水平、建设平安乡村。

（7）提高农村民生保障水平，塑造美丽乡村新风貌。内容包括优先发展农村教育事业、促进农村劳动力转移就业和农民增收、推动农村基础设施提挡升级、加强农村社会保障体系建设、推进健康乡村建设、持续改善农村人居环境。

（8）打好精准脱贫攻坚战，增强贫困群众获得感。内容包括瞄准贫困人口精准帮扶、聚焦深度贫困地区集中发力、激发贫困人口内生动力、强化脱贫攻坚责任和监督。

（9）推进体制机制创新，强化乡村振兴制度性供给。内容包括巩固和完善农村基本经营制度、深化农村土地制度改革、深入推进农村集体产权制度改革、完善农业支持保护制度。

（10）汇聚全社会力量，强化乡村振兴人才支撑。内容包括大力培育新型职业农民、加强农村专业人才队伍建设、发挥科技人才支撑作用、鼓励社会各界投身乡村建设、创新乡村人才培育引进使用机制。

（11）开拓投融资渠道，强化乡村振兴投入保障。内容包括确保财政投入持续增长、拓宽资金筹集渠道、提高金融服务水平。

（12）坚持和完善党对"三农"工作的领导。内容包括完善党的农村工作领导体制机制、研究制定中国共产党农村工作条例、加强"三农"工作队伍建设、强化乡村振兴规划引领、强化乡村振兴法治保障、营造乡村振兴良好氛围。

三、乡村振兴战略政策的总体要求

乡村振兴战略政策的总体要求是指城乡融合发展的指导思想、基本原则与主要目标。

（一）乡村振兴战略政策的指导思想

乡村振兴战略政策的指导思想为：全面贯彻党的十九大精神，以习近平新时代中国特色社会主义思想为指导，加强党对"三农"工作的领导，坚持稳中求进工作总基调，牢固树立新发展理念，落实高质量发展的要求，紧紧围绕统筹推进"五位一体"总体布局和协调推进"四个全面"战略布局，坚持把解决好"三农"问题作为全党工作重中之重，坚持农业农村优先发展，按照产业兴旺、生态宜居、乡风文明、治理有效、生活富裕的总要求，建立健全城乡融合发展体制机制和政策体系，统筹推进农村经济建设、政治建设、文化建设、社会建设、生态文明建设和党的建设，加快推进乡村治理体系和治理能力现代化，加快推进农业农村现代化，走中国特色社会主义乡村振兴道路，让农业成为有奔头的产业，让农民成为有吸引力的职业，让农村成为安居乐业的美丽家园。

（二）乡村振兴战略政策的目标任务

乡村振兴战略政策的目标任务包括近期目标任务与远期目标任务两个方面。

1. 近期目标任务

到 2020 年，乡村振兴取得重要进展，制度框架和政策体系基本形成。农业综合生产能力稳步提升，农业供给体系质量明显提高，农村一二三产业融合发展水平进一步提升；农民增收渠道进一步拓宽，城乡居民生活水平差距持续缩小；现行标准下农村贫困人口实现脱贫，贫困县全部摘帽，解决区域性整体贫困；农村基础设施建设深入推进，农村人居环境明显改善，美丽宜居乡村建设扎实推进；城乡基本公共服务均等化水平进一步提高，城乡融合发展体制机制初步建立；农村对人才吸引力逐步增强；农村生态环境明显好转，农业生态服务能力进一步提高；以党组织为核心的农村基层组织建设进一步加强，乡村治理体系进一步完善；党的农村工作领导体制机制进一步健全；各地区各部门推进乡村振兴的思路举措得以确立。

2. 远期目标任务

（1）到 2035 年，乡村振兴取得决定性进展，农业农村现代化基本实现。农业结构得到根本性改善，农民就业质量显著提高，相对贫困进一步缓解，共同富裕迈出坚实步伐；城乡基本公共服务均等化基本实现，城乡融合发展体制机制更加完善；乡风文明达到新高度，乡村治理体系更加完善；农村生态环境根本好转，美丽宜居乡村基本实现。（2）到 2050 年，乡村全面振兴，农业强、农村美、农民富全面实现。

（三）乡村振兴战略政策的基本原则

1. 坚持党管农村工作原则。毫不动摇地坚持和加强党对农村工作的领导，健全党管农村工作领导体制机制和党内法规，确保党在农村工作中始终总揽全局、协调各方，为乡村振兴提供坚强有力的政治保障。

2. 坚持农业农村优先发展原则。把实现乡村振兴作为全党的共同意志、共同行动，做到认识统一、步调一致，在干部配备上优先考虑，在要素配置上优先满足，在资金投入上优先保障，在公共服务上优先安排，加快补齐农业农村短板。

3. 坚持农民主体地位原则。充分尊重农民意愿，切实发挥农民在乡村振兴中的主体作用，调动亿万农民的积极性、主动性、创造性，把维护农民群众根本利益、促进农民共同富裕作为出发点和落脚点，促进农民持续增收，不断提升农民的获得感、幸福感、安全感。

4. 坚持乡村全面振兴原则。准确把握乡村振兴的科学内涵，挖掘乡村多种功能和价值，统筹谋划农村经济建设、政治建设、文化建设、社会建设、生态文明建设和党的建设，注重协同性、关联性，整体部署，协调推进。

5. 坚持城乡融合发展原则。坚决破除体制机制弊端，使市场在资源配置中起决定性作用，更好发挥政府作用，推动城乡要素自由流动、平等交换，推动新型工业化、信息化、城镇化、农业现代化同步发展，加快形成工农互促、城乡互补、全面融合、共同繁荣的新型工农城乡关系。

6. 坚持人与自然和谐共生原则。牢固树立和践行绿水青山就是金山银山的理念，落实节约优先、保护优先、自然恢复为主的方针，统筹山水林田湖草系统治理，严守生态保护红线，以绿色发展引领乡村振兴。

7. 坚持因地制宜、循序渐进原则。科学把握乡村的差异性和发展走势分化特征，做好顶层设计，注重规划先行、突出重点、分类施策、典型引路。既尽力而为，又量力而行，不搞层层加码，不搞一刀切，不搞形式主义，久久为功，扎实推进。

四、乡村振兴战略政策的基本要求与主要任务

(一)提升农业发展质量，培育乡村发展新动能

1. 要求与方向：乡村振兴，产业兴旺是重点。必须坚持质量兴农、绿色兴农，以农业供给侧结构性改革为主线，加快构建现代农业产业体系、生产体系、经营体系，提高农业创新力、竞争力和全要素生产率，加快实现由农业大国向农业强国转变。

2. 主要任务：5 大任务。(1)夯实农业生产能力基础。(2)实施质量兴农战略。(3)构建农村一二三产业融合发展体系。(4)构建农业对外开放新格局。(5)促进小农户和现代农业发展有机衔接。

(二)推进乡村绿色发展，打造人与自然和谐共生发展新格局

1. 要求与方向：乡村振兴，生态宜居是关键。良好生态环境是农村最大优势和宝贵财富。必须尊重自然、顺应自然、保护自然，推动乡村自然资本加快增值，实现百姓富、生态美的统一。

2. 主要任务：4 大任务。(1)统筹山水林田湖草系统治理。(2)加强农村突出环境问题综合治理。(3)建立市场化多元化生态

补偿机制。(4)增加农业生态产品和服务供给。

(三)繁荣兴盛农村文化,焕发乡风文明新气象

1. 要求与方向:乡村振兴,乡风文明是保障。必须坚持物质文明和精神文明一起抓,提升农民精神风貌,培育文明乡风、良好家风、淳朴民风,不断提高乡村社会文明程度。

2. 主要任务:4大任务。(1)加强农村思想道德建设。(2)传承发展提升农村优秀传统文化。(3)加强农村公共文化建设。(4)开展移风易俗行动。

(四)加强农村基层基础工作,构建乡村治理新体系

1. 要求与方向:乡村振兴,治理有效是基础。必须把夯实基层基础作为固本之策,建立健全党委领导、政府负责、社会协同、公众参与、法治保障的现代乡村社会治理体制,坚持自治、法治、德治相结合,确保乡村社会充满活力、和谐有序。

2. 主要任务:5大任务。(1)加强农村基层党组织建设。(2)深化村民自治实践。(3)建设法治乡村。(4)提升乡村德治水平。(5)建设平安乡村。

(五)提高农村民生保障水平,塑造美丽乡村新风貌

1. 要求与方向:乡村振兴,生活富裕是根本。要坚持人人尽责、人人享有,按照抓重点、补短板、强弱项的要求,围绕农民群众最关心最直接最现实的利益问题,一件事情接着一件事办,一年接着一年干,把乡村建设成为幸福美丽新家园。

2. 主要任务:6大任务。(1)优先发展农村教育事业。(2)促进农村劳动力转移就业和农民增收。(3)推动农村基础设施提挡升级。(4)加强农村社会保障体系建设。(5)推进健康乡村建设。(6)持续改善农村人居环境。

(六)打好精准脱贫攻坚战,增强贫困群众获得感

1. 要求与方向:乡村振兴,摆脱贫困是前提。必须坚持精准扶贫、精准脱贫,把提高脱贫质量放在首位,既不降低扶贫标准,

也不吊高胃口，采取更加有力的举措、更加集中的支持、更加精细的工作，坚决打好精准脱贫这场对全面建成小康社会具有决定性意义的攻坚战。

2. 主要任务：4大任务。(1)瞄准贫困人口精准帮扶。(2)聚焦深度贫困地区集中发力。(3)激发贫困人口内生动力。(4)强化脱贫攻坚责任和监督。

(七)推进体制机制创新，强化乡村振兴制度性供给

1. 要求与方向：实施乡村振兴战略，必须把制度建设贯穿其中。要以完善产权制度和要素市场化配置为重点，激活主体，激活要素，激活市场，着力增强改革的系统性、整体性、协同性。

2. 主要任务：4大任务。(1)巩固和完善农村基本经营制度。(2)深化农村土地制度改革。(3)深入推进农村集体产权制度改革。(4)完善农业支持保护制度。

(八)汇聚全社会力量，强化乡村振兴人才支撑

1. 要求与方向：实施乡村振兴战略，必须破解人才瓶颈制约。要把人力资本开发放在首要位置，畅通智力、技术、管理下乡通道，造就更多乡土人才，聚天下人才而用之。

2. 主要任务：5大任务。(1)大力培育新型职业农民。(2)加强农村专业人才队伍建设。(3)发挥科技人才支撑作用。(4)鼓励社会各界投身乡村建设。(5)创新乡村人才培育引进使用机制。

五、乡村振兴战略政策的财政金融基本要求与对策

(一)财政金融对策的基本要求与方向

实施乡村振兴战略，必须解决钱从哪里来的问题。要健全投入保障制度，创新投融资机制，加快形成财政优先保障、金融重点倾斜、社会积极参与的多元投入格局，确保投入力度不断增强、总量持续增加。

(二)财政金融对策：开拓投融资渠道，强化乡村振兴投入

保障

财政金融对策就是开拓投融资渠道，强化乡村振兴投入保障。具体包括 3 个方面。

1. 确保财政投入持续增长

(1) 建立健全实施乡村振兴战略财政投入保障制度，公共财政更大力度向"三农"倾斜，确保财政投入与乡村振兴目标任务相适应。优化财政供给结构，推进行业内资金整合与行业间资金统筹相互衔接配合，增加地方自主统筹空间，加快建立涉农资金统筹整合长效机制。

(2) 充分发挥财政资金的引导作用，撬动金融和社会资本更多投向乡村振兴。切实发挥全国农业信贷担保体系作用，通过财政担保费率补助和以奖代补等，加大对新型农业经营主体支持力度。加快设立国家融资担保基金，强化担保融资增信功能，引导更多金融资源支持乡村振兴。

(3) 支持地方政府发行一般债券用于支持乡村振兴、脱贫攻坚领域的公益性项目。稳步推进地方政府专项债券管理改革，鼓励地方政府试点发行项目融资和收益自平衡的专项债券，支持符合条件、有一定收益的乡村公益性项目建设。规范地方政府举债融资行为，不得借乡村振兴之名违法违规变相举债。

2. 拓宽资金筹集渠道

(1) 调整完善土地出让收入使用范围，进一步提高农业农村投入比例。严格控制未利用地开垦，集中力量推进高标准农田建设。改进耕地占补平衡管理办法，建立高标准农田建设等新增耕地指标和城乡建设用地增减挂钩节余指标跨省域调剂机制，将所得收益通过支出预算全部用于巩固脱贫攻坚成果和支持实施乡村振兴战略。

(2) 推广一事一议、以奖代补等方式，鼓励农民对直接受益的乡村基础设施建设投工投劳，让农民更多参与建设管护。

3. 提高金融服务水平

（1）坚持农村金融改革发展的正确方向，健全适合农业农村特点的农村金融体系，推动农村金融机构回归本源，把更多金融资源配置到农村经济社会发展的重点领域和薄弱环节，更好满足乡村振兴多样化金融需求。要强化金融服务方式创新，防止脱实向虚倾向，严格管控风险，提高金融服务乡村振兴能力和水平。抓紧出台金融服务乡村振兴的指导意见。

（2）加大中国农业银行、中国邮政储蓄银行"三农"金融事业部对乡村振兴支持力度。明确国家开发银行、中国农业发展银行在乡村振兴中的职责定位，强化金融服务方式创新，加大对乡村振兴中长期信贷支持。推动农村信用社省联社改革，保持农村信用社县域法人地位和数量总体稳定，完善村镇银行准入条件，地方法人金融机构要服务好乡村振兴。普惠金融重点要放在乡村。

（3）推动出台非存款类放贷组织条例。制定金融机构服务乡村振兴考核评估办法。支持符合条件的涉农企业发行上市、新三板挂牌和融资、并购重组，深入推进农产品期货期权市场建设，稳步扩大"保险+期货"试点，探索"订单农业+保险+期货（权）"试点。改进农村金融差异化监管体系，强化地方政府金融风险防范处置责任。

六、乡村振兴战略政策的保障措施

1. 要求与方向：实施乡村振兴战略是党和国家的重大决策部署，各级党委和政府要提高对实施乡村振兴战略重大意义的认识，真正把实施乡村振兴战略摆在优先位置，把党管农村工作的要求落到实处，坚持和完善党对"三农"工作的领导。

2. 具体措施：6大措施。（1）完善党的农村工作领导体制机制。（2）研究制定中国共产党农村工作条例。（3）加强"三农"工作队伍建设。（4）强化乡村振兴规划引领。（5）强化乡村振兴法治保障。（6）营造乡村振兴良好氛围。

七、地方乡村振兴战略政策的主要任务与工作重点

(一)地方乡村振兴战略政策:湖北省的主要任务与工作重点

2018 年 2 月 20 日,中共湖北省委湖北省人民政府发布《关于推进乡村振兴战略实施的意见》(以下简称《湖北省乡村振兴战略实施的意见》)。该实施意见对着力建设农业强省,推动农业全面升级、农村全面进步、农民全面发展,谱写湖北乡村振兴新篇章具有重要意义。湖北省乡村振兴战略政策的主要任务有 5 项、工作重点有 21 项。

1. 加快推进农业强省建设:坚持质量强农,深入推进农业供给侧结构性改革,加快构建现代农业产业体系、生产体系、经营体系,提高农业创新力、竞争力和全要素生产率,加快实现由农业大省向农业强省跨越。

工作重点主要有:(1)实施质量强农战略。(2)加强农业生产能力建设。(3)推进农村一二三产业融合发展。(4)提高农业科技创新和社会化服务水平。

2. 着力建设富美乡村:坚持绿色发展,改善农村环境,重塑乡村文明,完善乡村治理,缩小城乡居民生活水平差距。

工作重点主要有:(1)推进乡村绿色发展。(2)繁荣农村文化。(3)构建乡村治理新体系。(4)打好精准脱贫攻坚战。(5)多途径增加农民收入。

3. 大力推进城乡融合发展:坚持以工补农、以城带乡,推动形成工农互促、城乡互补、全面融合、共同繁荣的新型城乡关系。

工作重点主要有:(1)大力实施"三乡"工程。(2)推动城乡基础设施互联互通。(3)建立健全城乡一体的公共服务体系。(4)引导人才支持乡村振兴。

4. 深入推进农村改革:坚持以完善产权制度和要素市场化配置为重点,着力推进农村改革,激发乡村振兴的内生动力。

工作重点主要有：（1）巩固和完善农村基本经营制度。（2）深化农村土地制度改革。（3）深化农村集体产权制度改革。（4）统筹推进农业农村各项改革。

5. 强化乡村振兴组织领导和保障：坚持党管农村工作，加大投入力度，注重科学规划，加强宣传引导，确保乡村振兴的决策部署有效实施。

工作重点主要有：（1）坚持和完善党对"三农"工作的领导。（2）强化乡村振兴投入保障。（3）强化乡村振兴规划引领。（4）营造乡村振兴良好氛围。

（二）地方乡村振兴战略政策：贵州省的主要任务与工作重点

2018 年 3 月 17 日，中共贵州省委贵州省人民政府发布《关于乡村振兴战略的实施意见（黔党发〔2018〕1 号）》（以下简称《乡村振兴战略实施意见》）。该实施意见对贯彻落实党的十九大战略部署和《中共中央、国务院关于实施乡村振兴战略的意见》，扎实推进新时代贵州乡村全面振兴具有重要意义。贵州省乡村振兴战略政策的主要任务有 10 项、工作重点有 40 项。

1. 坚决打好精准脱贫攻坚战，全面夯实乡村振兴基础

工作重点主要有：（1）把摆脱贫困作为乡村振兴的首要任务。（2）聚焦深度贫困地区持续打好四场硬仗。（3）激发贫困人口内生动力。

2. 大力推进农村经济结构调整，实现乡村产业兴旺

工作重点主要有：（1）调整优化农业产业结构。（2）坚定不移强龙头创品牌带农户。（3）促进农村产业融合发展。（4）推进科技兴农质量兴农。（5）拓宽农产品销售渠道。

3. 大力推进农村人居环境治理，加快建设美丽乡村

工作重点主要有：（1）推动农村基础设施提挡升级。（2）大力改善农村人居环境。（3）统筹山水林田湖草系统治理。（4）加强农村面源污染治理。

4. 大力发展农村社会事业，促进城乡基本公共服务均等化

工作重点主要有：（1）大力促进农村就业创业和农民增收。（2）优先发展农村教育事业。（3）加快推进健康乡村建设。（4）加快完善农村社会保障体系。

5. 大力发展优秀乡村文化，不断提高乡村文明程度

工作重点主要有：（1）加强农村思想道德建设。（2）传承发展提升农村优秀传统文化。（3）加强农村公共文化建设。（4）加强农村精神文明建设。

6. 大力加强农村基层基础工作，创新乡村治理体系

工作重点主要有：（1）加强农村基层党组织建设。（2）深化村民自治实践。（3）加强农村法治建设。（4）提升乡村德治水平。（5）建设平安和谐乡村。

7. 大力推进以农村"三变"为统揽的各项改革，强化乡村振兴制度保障

工作重点主要有：（1）深化农村"三变"改革。（2）巩固和完善农村基本经营制度。（3）深化农村土地制度改革。（4）推进农村集体产权制度改革。（5）统筹推进农业农村其他改革。

8. 大力建设高素质农村人才队伍，强化乡村振兴智力支撑

工作重点主要有：（1）培育新型职业农民队伍。（2）加强农村专业人才队伍建设。（3）发挥科技人才支撑作用。（4）鼓励社会各界投身乡村建设。

9. 大力拓宽资金筹集渠道，强化乡村振兴投入保障

工作重点主要有：（1）确保财政投入持续增长。（2）多途径拓宽社会投资渠道。（3）提高金融服务水平。

10. 大力加强党的领导，强化乡村振兴组织保障

工作重点主要有：（1）完善党的农村工作领导体制机制。（2）加强"三农"工作队伍建设。（3）制定乡村振兴战略规划。（4）强化乡村振兴法治和舆论保障。

第二节　乡村产业振兴宏观产业政策

一、乡村产业振兴宏观产业政策

（一）乡村产业振兴宏观政策：含义、特征与分类

1. 乡村产业振兴宏观政策：含义与特征

什么是宏观政策？宏观政策是与中观政策、微观政策相比较的一种政策。宏观政策包括宏观经济政策、宏观社会发展政策等种类。宏观经济政策是关于国民经济发展的全局的、总体的政策，也就是指保持经济总量的基本平衡，促进经济结构的优化，引导国民经济持续、迅速、健康发展，推动社会全面进步的经济措施。宏观社会发展政策是关于社会发展的全局的、总体的政策。

什么是乡村振兴宏观政策？乡村产业振兴宏观政策是关于乡村的产业、人才、文化、生态与组织等振兴的全局的、总体的与系统的政策。

什么是乡村产业振兴宏观政策？乡村振兴宏观政策是关于乡村的产业振兴的全局的、总体的与系统的政策。

根据乡村产业振兴宏观政策的含义，其特征主要体现在：宏观性、全局性、总体性、系统性与规范性。

2. 乡村产业振兴宏观政策：分类

根据不同标准或依据，乡村产业振兴宏观政策可以进行多种分类划分。划分的方法有三种：第一种是学理分类，第二种是法定分类，第三种是实践分类。

实践中，乡村产业振兴宏观政策可以划分为以下几类：

（1）从传统视角看，主要有农业产业振兴宏观政策、工业产业振兴宏观政策与服务产业振兴宏观政策或称第一产业振兴宏观政策、第二产业振兴宏观政策与第三产业振兴宏观政策。

（2）从工作实践看，主要有农业特色产业振兴宏观政策、文旅产业振兴宏观政策、大健康产业振兴宏观政策与数字产业振兴宏观政策等。

（3）从产业经济理论看，主要有特色产业振兴宏观政策、主导产业振兴宏观政策、优势产业振兴宏观政策、重点产业振兴宏观政策、扶持产业振兴宏观政策与壮大产业振兴宏观政策等。

（二）乡村产业振兴宏观政策：政策名称与政策构成体系

2019 年 6 月 17 日，国务院印发《关于促进乡村产业振兴的指导意见（国发〔2019〕12 号）》，俗称《国家乡村产业振兴 31 条》。该文件对促进乡村产业振兴进行了全面部署，是谋划新时代乡村产业振兴的顶层设计。

资料显示，截至 2021 年上半年，全国 30 个省（直辖市、自治区）都先后制定了"关于促进乡村产业振兴的指导意见"的实施意见，部分地市州也进一步制定了更为具体的"实施意见"，个别县市区也制定了本地的"关于促进乡村产业振兴的指导意见"的实施意见或方案。例如，《重庆市人民政府关于促进乡村产业振兴的实施意见（渝府发〔2019〕38 号）》2019 年 12 月 31 日；《焦作市人民政府关于印发促进乡村产业振兴的指导意见的通知（焦政〔2020〕8 号）》2020 年 3 月 11 日；《灵台县人民政府办公室关于印发灵台县关于促进乡村产业振兴的实施意见的通知（灵政办发〔2020〕56 号）》2020 年 5 月 14 日等。

乡村产业振兴宏观政策构成体系：国家层面的"促进乡村产业振兴的指导意见"与地方层面的"促进乡村产业振兴的实施意见"共同构成乡村产业振兴宏观政策体系。

其中，地方层面包括：省自治区直辖市乡村产业振兴宏观政策、地市州乡村产业振兴宏观政策、县市区乡村产业振兴宏观政策与乡镇街道乡村产业振兴宏观政策。

二、乡村产业振兴：国家层面产业宏观政策

（一）国家层面乡村产业振兴宏观政策：含义与内容构成体系

什么是国家层面乡村产业振兴宏观政策？国家层面乡村产业振兴宏观政策是指"国务院关于促进乡村产业振兴的指导意见"所制定的产业政策。

国家层面乡村产业振兴宏观政策的基本特征体现在：全国性、全局性、最高性、顶层设计性。

《国务院关于促进乡村产业振兴的指导意见（国发〔2019〕12号)》（俗称《国家乡村产业振兴31条》）内容构成体系包括：八个部分、31条。

（1）总体要求：指导思想、基本原则与目标任务。

（2）突出优势特色，培育壮大乡村产业。

（3）科学合理布局，优化乡村产业空间结构。

（4）促进产业融合发展，增强乡村产业聚合力。

（5）推进质量兴农绿色兴农，增强乡村产业持续增长力。

（6）推动创新创业升级，增强乡村产业发展新动能。

（7）完善政策措施，优化乡村产业发展环境。

（8）强化组织保障，确保乡村产业振兴落地见效。

（二）《国家乡村产业振兴31条》：总体要求与保障措施

1.《国家乡村产业振兴31条》：总体要求

（1）《国家乡村产业振兴31条》：指导思想

国家层面乡村产业振兴宏观政策的指导思想为：以习近平新时代中国特色社会主义思想为指导，全面贯彻党的十九大和十九届二中、三中全会精神，牢固树立新发展理念，落实高质量发展要求，坚持农业农村优先发展总方针，以实施乡村振兴战略为总抓手，以农业供给侧结构性改革为主线，围绕农村一二三产业融合发展，与脱贫攻坚有效衔接、与城镇化联动推进，充分挖掘乡村多种功能和

价值，聚焦重点产业，聚集资源要素，强化创新引领，突出集群成链，延长产业链，提升价值链，培育发展新动能，加快构建现代农业产业体系、生产体系和经营体系，推动形成城乡融合发展格局，为农业农村现代化奠定坚实基础。

（2）《国家乡村产业振兴 31 条》：基本原则。

国家层面乡村产业振兴宏观政策的基本原则主要有 4 个方面：

一是因地制宜、突出特色。依托种养业、绿水青山、田园风光和乡土文化等，发展优势明显、特色鲜明的乡村产业，更好彰显地域特色、承载乡村价值、体现乡土气息。二是市场导向、政府支持。充分发挥市场在资源配置中的决定性作用，激活要素、市场和各类经营主体。更好发挥政府作用，引导形成以农民为主体、企业带动和社会参与相结合的乡村产业发展格局。三是融合发展、联农带农。加快全产业链、全价值链建设，健全利益联结机制，把以农业农村资源为依托的二三产业尽量留在农村，把农业产业链的增值收益、就业岗位尽量留给农民。四是绿色引领、创新驱动。践行绿水青山就是金山银山理念，严守耕地和生态保护红线，节约资源，保护环境，促进农村生产生活生态协调发展。推动科技、业态和模式创新，提高乡村产业质量效益。

（3）《国家乡村产业振兴 31 条》：目标任务。

《国家乡村产业振兴 31 条》的目标任务为两个方面：一是力争用 5—10 年时间，农村一二三产业融合发展增加值占县域生产总值的比重实现较大幅度提高，乡村产业振兴取得重要进展。二是乡村产业体系健全完备，农业供给侧结构性改革成效明显，绿色发展模式更加成熟，乡村就业结构更加优化，农民增收渠道持续拓宽，产业扶贫作用进一步凸显。

2. 《国家乡村产业振兴 31 条》：保障措施

《国家乡村产业振兴 31 条》的保障措施的总体要求是"强化组织保障，确保乡村产业振兴落地见效"。具体包括 3 个方面：

（1）加强统筹协调。各地要落实五级书记抓乡村振兴的工作要求，把乡村产业振兴作为重要任务，摆上突出位置。建立农业农村部门牵头抓总、相关部门协同配合、社会力量积极支持、农民群众广泛参与的推进机制。

（2）强化指导服务。深化"放管服"改革，发挥各类服务机构作用，为从事乡村产业的各类经营主体提供高效便捷服务。完善乡村产业监测体系，研究开展农村一二三产业融合发展情况统计。

（3）营造良好氛围。宣传推介乡村产业发展鲜活经验，推广一批农民合作社、家庭农场和农村创新创业典型案例。弘扬企业家精神和工匠精神，倡导诚信守法，营造崇尚创新、鼓励创业的良好环境。

（三）《国家乡村产业振兴31条》：主要任务与工作重点

《国家乡村产业振兴31条》的主要任务有6个方面，工作重点有25条。

1. 突出优势特色，培育壮大乡村产业

工作重点有6个方面：（1）做强现代种养业。创新产业组织方式，推动种养业向规模化、标准化、品牌化和绿色化方向发展，延伸拓展产业链，增加绿色优质产品供给，不断提高质量效益和竞争力。巩固提升粮食产能，全面落实永久基本农田特殊保护制度，加强高标准农田建设，加快划定粮食生产功能区和重要农产品生产保护区。加强生猪等畜禽产能建设，提升动物疫病防控能力，推进奶业振兴和渔业转型升级。发展经济林和林下经济。

（2）做精乡土特色产业。因地制宜发展小宗类、多样性特色种养，加强地方品种种质资源保护和开发。建设特色农产品优势区，推进特色农产品基地建设。支持建设规范化乡村工厂、生产车间，发展特色食品、制造、手工业和绿色建筑建材等乡土产业。充分挖掘农村各类非物质文化遗产资源，保护传统工艺，促进乡村特色文化产业发展。

（3）提升农产品加工流通业。支持粮食主产区和特色农产品优势区发展农产品加工业，建设一批农产品精深加工基地和加工强县。鼓励农民合作社和家庭农场发展农产品初加工，建设一批专业村镇。统筹农产品产地、集散地、销地批发市场建设，加强农产品物流骨干网络和冷链物流体系建设。

（4）优化乡村休闲旅游业。实施休闲农业和乡村旅游精品工程，建设一批设施完备、功能多样的休闲观光园区、乡村民宿、森林人家和康养基地，培育一批美丽休闲乡村、乡村旅游重点村，建设一批休闲农业示范县。

（5）培育乡村新型服务业。支持供销、邮政、农业服务公司、农民合作社等开展农资供应、土地托管、代耕代种、统防统治、烘干收储等农业生产性服务业。改造农村传统小商业、小门店、小集市等，发展批发零售、养老托幼、环境卫生等农村生活性服务业。

（6）发展乡村信息产业。深入推进"互联网+"现代农业，加快重要农产品全产业链大数据建设，加强国家数字农业农村系统建设。全面推进信息进村入户，实施"互联网+"农产品出村进城工程。推动农村电子商务公共服务中心和快递物流园区发展。

2. 科学合理布局，优化乡村产业空间结构

工作重点有4个方面：（1）强化县域统筹。在县域内统筹考虑城乡产业发展，合理规划乡村产业布局，形成县城、中心镇（乡）、中心村层级分工明显、功能有机衔接的格局。推进城镇基础设施和基本公共服务向乡村延伸，实现城乡基础设施互联互通、公共服务普惠共享。完善县城综合服务功能，搭建技术研发、人才培训和产品营销等平台。

（2）推进镇域产业聚集。发挥镇（乡）上连县、下连村的纽带作用，支持有条件的地方建设以镇（乡）所在地为中心的产业集群。支持农产品加工流通企业重心下沉，向有条件的镇（乡）和物流节点集中。引导特色小镇立足产业基础，加快要素聚集和业态创

新，辐射和带动周边地区产业发展。

（3）促进镇村联动发展。引导农业企业与农民合作社、农户联合建设原料基地、加工车间等，实现加工在镇、基地在村、增收在户。支持镇（乡）发展劳动密集型产业，引导有条件的村建设农工贸专业村。

（4）支持贫困地区产业发展。持续加大资金、技术、人才等要素投入，巩固和扩大产业扶贫成果。支持贫困地区特别是"三区三州"等深度贫困地区开发特色资源、发展特色产业，鼓励农业产业化龙头企业、农民合作社与贫困户建立多种形式的利益联结机制。引导大型加工流通、采购销售、投融资企业与贫困地区对接，开展招商引资，促进产品销售。鼓励农业产业化龙头企业与贫困地区合作创建绿色食品、有机农产品原料标准化生产基地，带动贫困户进入大市场。

3. 促进产业融合发展，增强乡村产业聚合力

工作重点有4个方面：（1）培育多元融合主体。支持农业产业化龙头企业发展，引导其向粮食主产区和特色农产品优势区集聚。启动家庭农场培育计划，开展农民合作社规范提升行动。鼓励发展农业产业化龙头企业带动、农民合作社和家庭农场跟进、小农户参与的农业产业化联合体。支持发展县域范围内产业关联度高、辐射带动力强、多种主体参与的融合模式，实现优势互补、风险共担、利益共享。

（2）发展多类型融合业态。跨界配置农业和现代产业要素，促进产业深度交叉融合，形成"农业+"多业态发展态势。推进规模种植与林牧渔融合，发展稻渔共生、林下种养等。推进农业与加工流通业融合，发展中央厨房、直供直销、会员农业等。推进农业与文化、旅游、教育、康养等产业融合，发展创意农业、功能农业等。推进农业与信息产业融合，发展数字农业、智慧农业等。

（3）打造产业融合载体。立足县域资源禀赋，突出主导产业，

建设一批现代农业产业园和农业产业强镇，创建一批农村产业融合发展示范园，形成多主体参与、多要素聚集、多业态发展格局。

（4）构建利益联结机制。引导农业企业与小农户建立契约型、分红型、股权型等合作方式，把利益分配重点向产业链上游倾斜，促进农民持续增收。完善农业股份合作制企业利润分配机制，推广"订单收购+分红""农民入股+保底收益+按股分红"等模式。开展土地经营权入股从事农业产业化经营试点。

4. 推进质量兴农绿色兴农，增强乡村产业持续增长力

工作重点有4个方面：（1）健全绿色质量标准体系。实施国家质量兴农战略规划，制修订农业投入品、农产品加工业、农村新业态等方面的国家和行业标准，建立统一的绿色农产品市场准入标准。积极参与国际标准制修订，推进农产品认证结果互认。引导和鼓励农业企业获得国际通行的农产品认证，拓展国际市场。

（2）大力推进标准化生产。引导各类农业经营主体建设标准化生产基地，在国家农产品质量安全县整县推进全程标准化生产。加强化肥、农药、兽药及饲料质量安全管理，推进废旧地膜和包装废弃物等回收处理，推行水产健康养殖。加快建立农产品质量分级及产地准出、市场准入制度，实现从田间到餐桌的全产业链监管。

（3）培育提升农业品牌。实施农业品牌提升行动，建立农业品牌目录制度，加强农产品地理标志管理和农业品牌保护。鼓励地方培育品质优良、特色鲜明的区域公用品牌，引导企业与农户等共创企业品牌，培育一批"土字号""乡字号"产品品牌。

（4）强化资源保护利用。大力发展节地节能节水等资源节约型产业。建设农业绿色发展先行区。国家明令淘汰的落后产能、列入国家禁止类产业目录的、污染环境的项目，不得进入乡村。推进种养循环一体化，支持秸秆和畜禽粪污资源化利用。推进加工副产物综合利用。

5. 推动创新创业升级，增强乡村产业发展新动能

工作重点有 2 个方面：(1)强化科技创新引领。大力培育乡村产业创新主体。建设国家农业高新技术产业示范区和国家农业科技园区。建立产学研用协同创新机制，联合攻克一批农业领域关键技术。支持种业育繁推一体化，培育一批竞争力强的大型种业企业集团。建设一批农产品加工技术集成基地。创新公益性农技推广服务方式。

(2)促进农村创新创业。实施乡村就业创业促进行动，引导农民工、大中专毕业生、退役军人、科技人员等返乡入乡人员和"田秀才""土专家""乡创客"创新创业。创建农村创新创业和孵化实训基地，加强乡村工匠、文化能人、手工艺人和经营管理人才等创新创业主体培训，提高创业技能。

6. 完善政策措施，优化乡村产业发展环境

工作重点有 5 个方面：(1)健全财政投入机制。加强一般公共预算投入保障，提高土地出让收入用于农业农村的比例，支持乡村产业振兴。新增耕地指标和城乡建设用地增减挂钩节余指标跨省域调剂收益，全部用于巩固脱贫攻坚成果和支持乡村振兴。鼓励有条件的地方按市场化方式设立乡村产业发展基金，重点用于乡村产业技术创新。鼓励地方按规定对吸纳贫困家庭劳动力、农村残疾人就业的农业企业给予相关补贴，落实相关税收优惠政策。

(2)创新乡村金融服务。引导县域金融机构将吸收的存款主要用于当地，重点支持乡村产业。支持小微企业融资优惠政策适用于乡村产业和农村创新创业。发挥全国农业信贷担保体系作用，鼓励地方通过实施担保费用补助、业务奖补等方式支持乡村产业贷款担保，拓宽担保物范围。允许权属清晰的农村承包土地经营权、农业设施、农机具等依法抵押贷款。加大乡村产业项目融资担保力度。支持地方政府发行一般债券用于支持乡村振兴领域的纯公益性项目建设。鼓励地方政府发行项目融资和收益自平衡的专项债券，支持

符合条件、有一定收益的乡村公益性项目建设。规范地方政府举债融资行为，不得借乡村振兴之名违法违规变相举债。支持符合条件的农业企业上市融资。

（3）有序引导工商资本下乡。坚持互惠互利，优化营商环境，引导工商资本到乡村投资兴办农民参与度高、受益面广的乡村产业，支持发展适合规模化集约化经营的种养业。支持企业到贫困地区和其他经济欠发达地区吸纳农民就业、开展职业培训和就业服务等。工商资本进入乡村，要依法依规开发利用农业农村资源，不得违规占用耕地从事非农产业，不能侵害农民财产权益。

（4）完善用地保障政策。耕地占补平衡以县域自行平衡为主，在安排土地利用年度计划时，加大对乡村产业发展用地的倾斜支持力度。探索针对乡村产业的省市县联动"点供"用地。推动制修订相关法律法规，完善配套制度，开展农村集体经营性建设用地入市改革，增加乡村产业用地供给。有序开展县域乡村闲置集体建设用地、闲置宅基地、村庄空闲地、厂矿废弃地、道路改线废弃地、农业生产与村庄建设复合用地及"四荒地"（荒山、荒沟、荒丘、荒滩）等土地综合整治，盘活建设用地重点用于乡村新产业新业态和返乡入乡创新创业。

（5）健全人才保障机制。各类创业扶持政策向农业农村领域延伸覆盖，引导各类人才到乡村兴办产业。加大农民技能培训力度，支持职业学校扩大农村招生。深化农业系列职称制度改革，开展面向农技推广人员的评审。支持科技人员以科技成果入股农业企业，建立健全科研人员校企、院企共建双聘机制，实行股权分红等激励措施。实施乡村振兴青春建功行动。

三、乡村产业振兴：地方层面宏观产业政策

（一）地方层面乡村产业振兴宏观政策：含义与内容构成体系

什么是地方层面乡村产业振兴宏观政策？地方层面乡村产业振

兴宏观政策是指根据"国务院关于促进乡村产业振兴的指导意见"规定要求，地方政府制定的适用于本区域的"关于促进乡村产业振兴的实施意见"的产业政策。

地方层面乡村产业振兴宏观政策的基本特征体现在：省域性、市域性、区域性、局部性。

根据中国地区划分，地方层面乡村产业振兴宏观政策可以划分为：华北地区、华中地区、华东地区、西南地区、西北地区、东北地区等几个方面乡村产业振兴宏观政策。这里选取江西省进行论述研究。

2020年5月26日，江西省人民政府印发《江西省人民政府关于促进乡村产业振兴的实施意见（赣府发〔2020〕12号)》（以下简称《江西省实施意见》)。该实施意见对积极应对新冠肺炎疫情后经济社会发展新形势、新变化，推进该省乡村振兴战略实施，促进乡村富民产业发展等具有重要作用。

（二）《江西省实施意见》总体要求与保障措施

1. 《江西省实施意见》总体要求与保障措施

（1）《江西省实施意见》指导思想与发展目标

《江西省实施意见》的指导思想为：以习近平新时代中国特色社会主义思想为指导，坚决贯彻落实习近平总书记"产业兴旺是解决农村一切问题的前提"的重要指示精神，按照生态优先、绿色发展，主体参与、政府支持，聚焦特色、突出优势，联农带农、融合发展的原则，以实施乡村振兴战略为总抓手，以农业供给侧结构性改革为主线，通过做大优势主导产业、做精乡村特色产业、做强农产品加工业、做实乡村新型服务业，促进一二三产业融合发展，推动江西省乡村产业振兴。

《江西省实施意见》的发展目标为：力争到2025年，粮食、生猪、蔬菜、水产等关系国计民生的战略性产业稳步增长；茶叶、果业、中药材、草地畜牧业、油茶、休闲农业和乡村旅游等提升人民生活质量的竞争性产业跨越式发展；赣南脐橙、鄱阳湖小龙虾等一批具有区域优势的特色产业进一步壮大。乡村产业体系不断健全完备，农业供给侧结构性改革成效明显，绿色发展模式更加成熟，乡村就业结构更加优化，农民增收渠道持续拓宽，产业扶贫作用进一步凸显，助推全省农业综合总产值达到万亿元。

2.《江西省实施意见》保障措施

《江西省实施意见》的保障措施主要有4个方面：一是加强组织领导。将乡村产业发展纳入江西省现代农业发展领导小组统一领导、统一组织、统一调度，定期研究督导，统筹推进乡村产业发展各项政策措施落实。二是加大财政金融支持。加大财政支农投入，省财政统筹整合涉农资金支持乡村产业发展。鼓励各地围绕主导产业、明确目标任务，利用农担公司、财政惠农信贷通等为企业解决融资难、融资贵问题。采取市场化运作方式，支持建设现代农业产业化基金和投融资平台，对接省发展升级引导基金，助力企业上市"映山红行动"。三是大力保障用地政策。完善土地出让收入使用范围，市、县两级财政每年新增土地出让收入、高标准农田建设等新增耕地和城乡建设用地增减挂钩所得收益要优先用于支持乡村产业振兴。四是抓好农业招商引资。支持和鼓励客商投资一批农产品精深加工项目及配套设施，培育一批粮油、果蔬、特色经济作物、畜牧业、水产品等加工类产业集群。支持和鼓励客商投资建设设施农业、智慧农业、精准农业和农业机械装备制造，以及农产品冷链物流体系等方面，全面助力乡村富民产业振兴。

(三)《江西省实施意见》主要任务与工作重点

1. 发展壮大富民乡村产业

(1)坚决抓好现代种养业。严格落实粮食安全省长责任制和"菜篮子"市长负责制，压实粮食、生猪、蔬菜、水产等重要农产品属地生产保供责任。深入推进藏粮于地、藏粮于技战略，持续推进高标准农田建设，实施优质粮食工程，推进稻米区域公用品牌建设，加快粮食结构调整，稳定粮食种植面积和粮食产量，不断做优做强粮食产业。实施生猪复产增养行动计划，加快恢复生猪产能，推动生猪标准化规模养殖。加快标准化温室大棚建设，大力推进蔬菜产业规模化发展。深入推进草地畜牧业，支持家禽、牛羊等生产。大力发展特种水产业，推进水产绿色健康养殖。加强商业化育种体系建设，加大地方品种种质资源收集、保护和开发，大力实施现代种业企业培育工程，推动现代种业提质。

（2）打造乡村特色产业。持续推进农业产业结构调整，重点扶持中国特色农产品优势区建设。倡导"一村一品""一乡一特""一县一业"，因地制宜发展特色产业，打造特色产业集群。加快富硒农业发展，培育赣西富硒区、赣南富硒区、环鄱阳湖富硒区三大产业板块。推进林下经济发展行动计划，培育油茶、毛竹、雷竹、森林药材、香精香料、苗木花卉等产业集群。挖掘农村独有的历史文化、民俗风情等，保护传统工艺，促进乡村特色文化产业发展。发展特色食品、制造、手工业和绿色建筑建材等乡土产业。

（3）加快发展农业生产性服务业。支持供销、邮政、农业服务公司、农民合作社、农村集体经济组织等发展农资供应、土地托管、代耕代种、统防统治、烘干收储等农业生产性服务业。大力培育服务组织，不断创新服务形式，引导各类服务主体围绕同一产业或同一产品的生产，以资金、技术、服务等要素为纽带，加强联合合作，促进功能互补、利益分享、融合发展，基本形成服务结构合理、专业水平较高、服务能力较强、服务行为规范、覆盖全产业链的农业生产性服务业。

2. 促进农村三产融合发展

（1）积极发展融合主体。实施农业产业强镇项目，建设一批高水平的国家级、省级现代农业产业园（示范园）和新型农业综合体，创建一批农村产业融合发展示范园，支持有条件的省级农业科技园区创建国家农业科技园区。实施家庭农场培育计划，创建一批省市县三级示范家庭农场。开展农民专业合作社规范提升，清理"空壳社"，全面加强各级示范社评选、认定和监测。

（2）创新推进产业融合。鼓励农业与加工流通、文化旅游、科普教育、健康养生、信息技术、商贸服务等产业深度融合，发展创意农业、功能农业等。加大农业与加工流通融合，推广中央厨房、直供直销等模式。提倡农业与信息产业融合，加快智慧农业推广运用，实施"互联网+"农产品出村进城工程和信息进村入户工程。推进规模种植与林牧渔融合，大力发展稻渔综合种养和林下种植等。大力推广生物床发酵、水肥一体化、膜下滴灌、绿色防控等节能减排技术，因地制宜发展光伏大棚蔬菜、猪沼果、林下经济等生态循环模式。加快推进畜禽养殖废弃物处理和资源化利用，以及农作物秸秆综合利用。

（3）着力构建融合机制。鼓励发展小农户参与的"龙头企业+农民专业合作社+家庭农场"农业产业化联合体和农民专业合作社联合社，建立完善利益联结机制，带动小农户共同发展。组织引导农户以土地经营权、林权、资金、设施设备等入股农民专业合作社、农业企业，探索"保底收入+股份分红"等农民负盈不负亏的利益分配机制。

3. 实现农产品加工提质增效

（1）培育壮大龙头企业。坚持分级培育，鼓励支持各地加强农业产业化龙头企业梯队建设，着力构建国家、省、市、县四级龙头企业发展格局，形成乡村产业发展"新雁阵"。实施分类指导、精准施策，聚焦农产品精深加工短板，做强一批"领军"龙头企业，壮大一批"成长"龙头企业，发展一批"雏鹰"龙头企业，着力推动加工企业由小变大、加工程度由初变深、加工产品由粗变精，实现龙头企业大起来、强起来。加强对农业产业化龙头企业动态监测，淘汰一批不符合认定标准的省级龙头企业，递补、扩增一批规模较大、发展前景较好、带农增收较强的国家级和省级龙头企业。

支持农业产业化龙头企业上市，对在境内资本市场新增首发上市的农业产业化龙头企业，给予一次性500万元奖励；境外资本市场新增首发上市的，按其实际融资金额的2%给予一次性奖励，最高不超过500万元。

（2）推进农产品加工冷链物流体系建设。支持开展农产品加工提升行动，加快发展生猪屠宰加工，引导粮食主产区和特色农产品优势区大力发展农产品加工业，建设一批农产品精深加工基地和加工强县。加强重点农产品产地预冷基础设施建设，支持企业新建产后预冷、贮藏保鲜、分级包装等冷链物流基础设施。推进冷链物流体系建设，建设一批具有集中采购和跨区域配送的农产品冷链物流集散中心、加工配送中心、产地集配中心和交易中心等项目。支持农产品加工流通企业向有条件的乡镇开展产后加工和合理设置物流节点。

（3）唱响江西农产品品牌。深入实施"生态鄱阳湖·绿色农产品"品牌战略，挖掘"老字号""贡字号"品牌、做强产业优势品牌、培育企业自主品牌，重点打造江西大米、鄱阳湖水产、"四绿一红"茶叶、江西地方鸡、江西茶油、赣南脐橙等品牌。深入推进全省信息进村入户工程建设，提升"赣农宝"等农产品电商平台运营能力，加强与阿里巴巴、京东等电商平台合作，开展形式多样的农产品网络促销活动，推动江西省农产品网络销售。强化全过程农产品质量安全和食品安全监管，建立健全第三方检测和追溯体系，试行食用农产品合格证制度，引导各类农业生产经营主体建设标准化生产基地，加强农产品质量安全追溯管理与农业农村重大创建认定、农业品牌推选、农产品认证、农业展会等工作挂钩。

4. 推动乡村休闲旅游高质量发展

（1）实现休闲农业升级。结合地域特色、农业资源禀赋，重点发展休闲农业和乡村旅游，创建一批一二三产融合发展的省级田园综合体，建设一批设施完备、功能完善的休闲农业精品园区、乡村民宿、研学康养基地等，培育一批影响力大、特色鲜明的休闲农业品牌；推介一批特色突出、主题鲜明的休闲农业和乡村旅游精品线路，打造一批有知名度、有影响力的休闲农业"打卡地"，认定一批美丽休闲乡村、乡村旅游重点村，开展一系列有江西特色的乡土美食推介活动。

（2）改善农村生活服务条件。依托新农村建设，统筹开展村庄整治建设，完善村庄"七改三网"基础设施和"8+4"公共服务配套，加强村级邮政快递服务站等邮政基础设施建设，改善村庄人居环境，支持有条件的发展特色产业。改造农村传统小商业、小门店、小集市等，发展批发零售、养老托幼等农村生活性服务业。培育一批美丽宜居示范县，建设一批示范村庄和农户庭院。

5. 激发农村创新创业活力

（1）壮大创新创业主体。有序引导工商资本下乡，鼓励和支持各类人才返乡下乡入乡兴办实业、发展产业、带动就业。加强农村专业人才队伍建设，实施农民教育培训提质三年行动和"一村一名大学生"工程，挖掘培养一批"田教授""土专家"。鼓励符合条件的农民参加农业系列职称评审，畅通其职称申报渠道。

（2）拓宽创新创业领域。支持各地依托现有开发区、现代农业示范园区以及专业市场、农民专业合作社、农业规模种养基地等各类平台，整合、创建一批具有区域特色的农村创新创业园区、返乡入乡创业园和孵化实训基地。深入推进农业科技创新，完善22个现代农业产业技术体系，推进农业科技成果转化应用。

（3）推进产业扶贫提质。支持贫困地区发展特色产业，推行"五个一"产业扶贫模式，推广"一领办三参与"产业扶贫合作形式，强化创业致富带头人培育，发展壮大带贫益贫产业经营主体，建立紧密的产业扶贫利益联结，探索建立解决相对贫困的有效机制。激发社会力量积极参与消费扶贫，拓宽扶贫产品销售渠道，深化与电商平台对接合作，开展进机关、学校、医院、企业、社区等单位食堂和交易市场"六进"活动，建立农产品定向直销模式。重点利用社会上成熟的电商平台参与扶贫。鼓励农业企业与贫困地区合作建设原料基地、加工基地，带动贫困户进入大市场。

第三节 乡村产业振兴特色产业政策

一、乡村产业振兴特色产业政策：含义、特征与政策构成体系

（一）乡村产业振兴特色政策：含义、特征与分类

1. 乡村产业振兴特色政策：含义与特征

乡村振兴特色政策是指关于乡村的产业、人才、文化、生态与组织等振兴的独有的、特别的、与其他不同的一种政策。乡村振兴特色政策包含乡村产业振兴特色政策。

什么是乡村产业振兴特色政策？乡村产业振兴特色政策是关于乡村产业振兴的独有的、特别的、与其他不同的一种产业政策。乡村产业振兴特色政策是乡村振兴特色政策之一。

根据乡村产业振兴特色政策的含义，其特征主要体现在：独有性、特别性、与其他不同、具有自身特征。

2. 乡村产业振兴特色政策：分类

根据不同标准或依据，乡村产业振兴特色政策可以进行多种分类划分。划分的方法有三种：第一种是学理分类，第二种是法定分类，第三种是实践分类。

实践中，乡村产业振兴特色政策可以划分为以下几类：

（1）从传统视角看，主要有农业产业振兴特色政策、工业产业振兴特色政策与服务产业振兴特色政策

（2）从三次产业视角看，主要有第一产业振兴特色政策、第二产业振兴特色政策与第三产业振兴特色政策。

（3）从工作实践看，主要有农业产业振兴特色政策、文旅产业

振兴特色政策、大健康产业振兴特色政策与数字产业振兴特色政策等。

(二)乡村产业振兴特色政策:政策名称与政策构成体系

2021年4月7日,农业农村等部委印发《关于推动脱贫地区特色产业可持续发展的指导意见的通知(农规发〔2021〕3号)》,俗称《特色产业振兴21条》。该文件对推动脱贫地区特色产业可持续发展进行了全面部署,是谋划新时代乡村产业振兴的顶层设计。该文件对培育壮大脱贫地区特色产业,让脱贫基础更加稳固、成效更可持续等具有重要作用。

2016年5月27日,农业部等九部门联合印发《贫困地区发展特色产业促进精准脱贫的指导意见》的通知;2020年6月3日,《农业部关于印发贫困地区特色产业稳定发展指导意见的通知(农农(经作)〔2020〕4号)》等,也是特色产业振兴政策体系的重要内容。

资料显示,截至2021年上半年,全国30个省(直辖市、自治区)都先后制定了"推动脱贫地区特色产业可持续发展"与"贫困地区发展特色产业促进精准脱贫"的实施意见,部分地市州也进一步制定了更为具体的"实施意见",个别县市区也制定了本地的的实施意见或方案。例如,2016年7月7日,河北省农业厅等部门印《发关于贫困地区发展特色产业促进精准脱贫的实施意见的通知》;2021年8月16日,安徽省农业农村厅等部门《关于印发推动脱贫地区特色产业可持续发展的实施意见的通知(皖农办函〔2021〕840号)》;2021年9月7日,贵州省农业厅等部门联合印发《关于推动贵州省脱贫地区特色产业可持续发展的实施意见(黔农发〔2021〕48号)》;2019年4月4日,衡水市人民政府办公室关于印发《衡水市县域特色产业振兴工作实施方案》的通知(衡府发〔2019〕53号);2022年2月15日,《巫山县人民政府关于加快核桃产业发展的实施意见(巫山府发〔2022〕4号)》。

乡村产业振兴特色政策构成体系：国家层面的"推动脱贫地区特色产业可持续发展的指导意见""贫困地区发展特色产业促进精准脱贫的指导意见"与地方层面的"推动脱贫地区特色产业可持续发展的实施意见""贫困地区发展特色产业促进精准脱贫的实施意见"共同构成乡村产业振兴特色政策体系。

其中，地方层面包括：省自治区直辖市乡村产业振兴特色政策、地市州乡村产业振兴特色政策、县市区乡村产业振兴特色政策与乡镇街道乡村产业振兴特色政策。

二、乡村产业振兴：国家层面特色产业政策

（一）国家层面乡村产业振兴特色政策：含义与内容构成体系

什么是国家层面乡村产业振兴特色政策？国家层面乡村产业振兴特色政策是指农业部等部委"推动脱贫地区特色产业可持续发展的指导意见"与"贫困地区发展特色产业促进精准脱贫指导意见"所制定的特色产业政策。

《农业农村等部委印发关于推动脱贫地区特色产业可持续发展的指导意见的通知（农规发〔2021〕3号）》内容构成体系包括：

（1）总体要求：指导思想、基本原则与目标任务。（2）实施特色种养业提升行动。（3）稳定并加强产业扶持政策。（4）强化产业发展服务支撑。（5）保障措施。

《农业部等九部门联合印发贫困地区发展特色产业促进精准脱贫的指导意见的通知》（俗称《特色产业振兴21条》）内容构成体系包括：

（1）总体要求：指导思想、基本原则与发展目标。（2）主要任务。（3）保障措施。

（二）国家层面乡村产业振兴特色政策：总体要求与保障措施

1. 国家层面乡村产业振兴特色政策：《特色产业振兴21条》总体要求

（1）《特色产业振兴21条》：指导思想。

国家层面乡村产业振兴特色政策的指导思想为：以习近平新时代中国特色社会主义思想为指导，深入贯彻党的十九大和十九届二中、三中、四中、五中全会精神，全面落实习近平总书记在全国脱贫攻坚总结表彰大会上的重要讲话精神，坚定不移贯彻新发展理念，落实高质量发展要求，坚持共同富裕方向，顺应产业发展规律，强化创新驱动，加大政策扶持，健全产业链条，补齐要素短板，长期培育和支持脱贫地区特色产业，拓展产业增值增效空间，创造更多就业增收机会，促进内生可持续发展，为实现巩固拓展脱贫攻坚成果同乡村振兴有效衔接提供有力支撑。

（2）《特色产业振兴21条》：基本原则

国家层面乡村产业振兴特色政策的基本原则主要有：

一是坚持立农为农。开发乡村资源优势，培育特色主导产业，健全联农带农机制，把就业岗位和产业增值收益更多留在县域、留给农民。

二是坚持政策稳定。保持产业帮扶政策总体稳定，由重点支持贫困村贫困户向支持产业集中连片发展、农户普遍受益转变，由主要支持种养环节向全产业链拓展转变。

三是坚持市场导向。增强供给适应性，推进品种培优、品质提升、品牌打造和标准化生产，提高产业质量效益和竞争力。

四是坚持久久为功。注重产业后续长期培育，科学规划，持续用力、稳扎稳打，推动产业持续健康发展。

（3）《特色产业振兴21条》：目标任务。

《特色产业振兴21条》的目标任务为：一是到2025年，脱贫地区特色产业发展基础更加稳固，产业布局更加优化，产业体系更加完善，产销衔接更加顺畅，农民增收渠道持续拓宽，发展活力持续增强。二是壮大一批有地域特色的主导产业，建成一批绿色标准化生产基地，培育一批带动力强的农业企业集团，打造一批影响力大的特色品牌。

2.《特色产业振兴21条》：保障措施

《特色产业振兴21条》的保障措施主要有：

(1)压实工作责任。落实中央统筹、省负总责、市县乡抓落实的工作机制，相关部门加强工作指导和政策支持，强化部门间政策和工作协同，督促工作落实。各省（区、市）要把脱贫地区特色产业发展摆在突出位置，制定出台推进特色产业可持续发展的文件，明确目标任务和政策举措，强化工作部署和资金项目支持。脱贫县要落实主体责任，加强工作统筹，强化措施落实，有力推进特色产业发展。要保持工作队伍稳定，对产业发展落后、集体经济薄弱的村，优先选派驻村第一书记和工作队，明确产业发展帮扶职责。

(2)强化考核调度。把脱贫地区特色产业可持续发展作为市县党政领导班子和领导干部推进乡村振兴实绩考核的重要内容，科学设置考核指标，重点考核政策措施落实、特色产业覆盖、新型经营主体带动、服务体系建设等情况。完善脱贫地区特色产业发展信息系统，及时调度政策措施落实、产业发展规模、产品市场销售、品牌建设、主体培育、带农增收等信息，为开展精准评估和调整完善产业帮扶政策措施提供基础支撑。

(3)营造良好氛围。加强脱贫地区特色产业发展支持政策解读和业务培训，提高基层干部群众产业发展能力。总结推广脱贫地区特色产业发展经验做法和典型范例，广泛宣传社会各方帮扶产业发展的生动事迹，营造良好舆论氛围。持续开展产业发展领域形式主义、官僚主义问题治理，进一步解决责任落实不到位、工作措施不精准、工作作风不扎实等问题，构建产业帮扶作风建设长效机制。

(三)国家层面乡村产业振兴特色政策：主要任务与工作重点

《特色产业振兴21条》规定了国家层面乡村产业振兴特色政策的主要任务与工作重点。概而言之，主要任务有3个方面，工作重点有15条。

1. 实施特色种养业提升行动

工作重点主要有 7 个方面：(1)加强规划引领。指导脱贫地区依托资源优势和产业发展基础，编制"十四五"特色产业发展规划，引导资金、技术、人才、信息向脱贫地区聚集，发展"一县一业"，培育壮大主导产业。优化产业布局，推动形成县城、中心乡（镇）、中心村层级分明、功能有效衔接的结构布局，促进产镇融合、产村一体。坚持脱贫村和非贫困村、脱贫户和非贫困户一体规划、协同推进，将易地扶贫搬迁安置区产业发展纳入规划。强化省级统筹，促进县际间协同发展，打造集中连片的特色产业集群。

(2)建设标准化生产基地。按照产业布局和产业链建设要求，发展地域特色鲜明、乡土气息浓厚的特色种养业，建成一批绿色标准化基地。推进品种培优，发掘一批优异种质资源，提纯复壮一批地方特色品种，自主培育一批高产优质多抗的突破性品种，以特色赢得市场。推进品质提升，集成组装一批绿色生产技术模式，加快推广运用。推广绿色投入品，重点推广有机和微生物肥料、高效低毒低风险农药兽药渔药和生物农药等绿色投入品，规范使用饲料添加剂，推广病虫绿色防控技术和产品。净化农业产地环境，加强污染土壤治理和修复，以清洁的产地环境生产优质农产品，以品质赢得市场。推进标准化生产，按照"有标采标、无标创标、全程贯标"的要求，建立健全标准体系，加快标准应用。引导家庭农（林）场、农民合作社和农（林）业产业化龙头企业按标生产，带动大规模标准化生产。创建特色农产品优势区、农业绿色发展先行区、农产品质量安全县，培育一批林下经济和经济林示范基地。

(3)提升农产品加工业。统筹发展农产品初加工、精深加工和综合利用加工，推动脱贫地区由卖原字号向卖制成品转变，把增值收益更多留在县域。积极发展农产品初加工，扶持农民合作社和家庭农场建设保鲜、贮藏、分级、包装等产地初加工设施设备，减少产后损失，延长供应时间。大力发展农产品精深加工，引导农业企业到脱贫地区建设农产品加工基地和标准化、清洁化、智能化加工厂，支持大型农（林）业企业发展特色农产品精深加工，提升产品附加值。推进加工产能集聚发展，引导加工产能重心下沉，向重点乡镇、易地扶贫搬迁安置区集聚，建设一批县域农产品加工园。组织科研院所、大专院校与脱贫地区联合开展加工技术攻关。因地制宜发展特色食品、制造、手工业等乡土产业，延续支持扶贫车间的优惠政策，建设一批规范化乡村工厂、生产车间。引导国家级林业产业化龙头企业到脱贫地区开展特色加工。

（4）加强农产品流通设施建设。推进脱贫地区农产品流通骨干网络建设，优化县域批发市场、商品集散中心、物流基地布局，引导供销、邮政及各类企业把服务网点延伸到脱贫村。支持脱贫地区建设田头市场、仓储保鲜冷链物流设施，布局一批区域性冷链物流骨干节点。农产品仓储保鲜冷链物流设施建设工程加大对脱贫地区支持力度。深入发展农村电子商务，加强电商主体培育和电商人才培训，提升特色产业电子商务支撑服务水平。实施"数商兴农"，统筹市场力量参与农村电商基础设施建设，培育发展农产品网络品牌。

（5）拓展农业功能价值。依托田园风光、绿水青山、村落建筑、乡土文化、民俗风情等特色资源，发展乡村旅游、休闲农业、文化体验、健康养老等新产业新业态，突出特色化、差异化、多元化，既要有速度，更要高质量，实现健康可持续。在脱贫地区建设一批功能齐全、布局合理、机制完善、带动力强的休闲农业精品园区，推介一批视觉美丽、体验美妙、内涵美好的乡村休闲旅游精品景点线路，打造一批全国乡村旅游重点村镇和中国美丽休闲乡村。在脱贫地区遴选认定一批国家森林康养基地和精品生态旅游地。支持脱贫地区挖掘农村非物质文化遗产资源，设立非遗工坊。规范村级光伏电站资产管理和运行维护，持续发挥带农增收作用。

（6）打造知名产品品牌。指导脱贫地区通过建设粮食生产功能区、重要农产品生产保护区和特色农产品优势区，培育一批"大而优""小而美"、有影响力的区域公用品牌。引导农业产业化龙头企业等新型经营主体通过建设标准化原料基地、清洁化加工车间，注入企业文化和价值理念，培育一批特色突出、特性鲜明的企业品牌。支持脱贫地区开展绿色、有机、地理标志农产品认证，积极推行食用农产品达标合格证制度。支持符合条件的脱贫地区区域公用品牌、产品品牌优先纳入中国农业品牌目录。加大脱贫地区农业品牌公益宣传，利用农（林）业展会、产销对接活动等广泛开展品牌营销。

（7）推动产业园区化发展。按照政策集成、要素积聚、企业集中的要求，每个脱贫县选择1—2个主导产业，建设农产品加工园区和农业产业园区，推动科技研发、加工物流、营销服务等主体加快向园区集中，引导资金、技术、人才等要素向园区集聚，促进特色产业全产业链发展，形成"一业一园"格局。现代农业产业园、科技园、产业融合发展示范园优先支持有条件的脱贫县。国家林业产业示范园认定向有条件的脱贫地区倾斜。加快推进脱贫县农业产业强镇、"一村一品"示范村镇建设，促进产村、产镇深度融合。

2. 稳定并加强产业扶持政策

工作重点主要有4个方面：（1）强化财政支持。中央财政衔接推进乡村振兴补助资金重点支持培育和壮大欠发达地区特色优势产业，并逐年提高资金占比。脱贫县统筹整合使用财政涉农资金优先支持特色产业发展，壮大脱贫地区优势特色产业（含必要的产业配套基础设施），促进产业提质增效。农业生产发展资金、农业资源及生态保护补助资金等中央财政相关转移支付继续倾斜支持脱贫地区产业发展，东西部协作、对口支援、定点帮扶等资金重点用于产业发展，并进一步向乡村振兴重点帮扶县倾斜。将脱贫地区符合条件的乡村振兴项目纳入地方政府债券支持范围。有条件的地区设立的乡村振兴基金，重点支持乡村产业发展，并向脱贫地区倾斜。

（2）创新金融服务。调整完善针对脱贫人口的小额信贷政策，对有较大贷款资金需求、符合贷款条件的对象，鼓励申请创业担保贷款发展特色产业。创新金融产品和服务，充分发挥农业信贷担保体系作用，鼓励和引导金融机构为脱贫地区新型农业经营主体发展产业提供信贷支持。现有再贷款政策在展期期间保持不变，引导地方法人金融机构将再贷款资金重点用于支持发展特色产业。在不新增地方政府隐性债务的前提下，鼓励金融机构开发符合乡村一二三产业融合发展需求的信贷产品。扩大中央财政对地方优势特色农产品保险以奖代补试点范围，鼓励脱贫地区开发特色产业险种，增加特色产业保险品类，提升保险风险保障水平。

（3）完善用地政策。过渡期内专项安排脱贫县的年度新增建设用地计划指标，优先保障特色产业用地需要。结合脱贫县特色产业发展需要，统筹安排用地规模和计划指标，优化用地审批和规划许可流程，提高审批效率，支持一二三产业融合发展。在脱贫地区落实好产业发展附属设施用地纳入农用地管理、设施农业可以使用一般耕地、村庄整治和宅基地整理的建设用地指标重点支持新产业新业态发展等政策。

（4）加强项目管理。建立脱贫地区特色产业发展项目库，与巩固拓展脱贫攻坚成果和乡村振兴项目库实现共建、共享、共用。入库项目由支持种养环节向支持全产业链开发转变。每个脱贫县重点选择2—3个特色主导产业，突出基地建设、良种繁育、病虫害防控、精深加工、科技服务、人才培训、品牌打造、市场销售等全产业链发展关键环节，谋划储备一批重点工程项目并纳入项目库。脱贫县财政涉农整合资金和其他各级各类财政资金支持产业发展，原则上从项目库中选择项目。优化产业项目管理，建立健全农业农村部门牵头、相关部门参与的特色产业发展项目管理机制。

3. 强化产业发展服务支撑

工作重点主要有4个方面：（1）健全产销衔接机制。开展农产品产销对接活动，支持脱贫地区经营主体参加各类展示展销活动，推动农产品流通企业、电商、批发市场与脱贫地区特色产业精准对接。通过股权投资、订单采购等方式引导流通主体与生产主体建立稳定利益联结关系，打造产销共同体，优化提升特色产业链供应链。大力实施消费帮扶，继续开展脱贫地区帮扶产品认定，做大做实农产品销售专区专柜专馆和定向直供直销渠道，优化实施政府采购脱贫地区农副产品政策。依托全国公路、铁路、港口客运场站和高速公路服务区，开展脱贫地区特色农产品展示展销共同行动。实施"互联网+"农产品出村进城工程，完善农产品产销对接公益服务平台。

（2）健全技术服务机制。组织农业科研教育单位、产业技术体系专家等开展产业帮扶，继续在脱贫县设立产业技术专家组，积极推动乡村振兴重点帮扶县建立产业技术顾问制度。全面实施农技推广特聘计划，在乡村振兴重点帮扶县探索实行农技推广人员"县管乡用、下沉到村"新机制。支持供销、邮政、农业服务公司、农民合作社等开展农机作业、农资供应、产品营销等农业生产性服务，引导各类服务网点延伸到乡村。将贫困户产业发展指导员逐步调整转化为乡村振兴指导员。健全脱贫县农民教育培训体系，加快创业致富带头人、现代农民和农村实用人才培育，加强脱贫户和小农户技术培训，提升各类主体产业发展能力和生产经营水平。

（3）健全联农带农机制。对带动脱贫人口稳定增收的龙头企业继续给予认定与扶持，在项目安排、示范评定、融资贷款、保险保费、用地用电等方面倾斜支持。继续实施脱贫地区企业上市"绿色通道"政策。优化东西部协作、对口支援帮扶方式，引导东部地区企业到脱贫地区投资兴业，鼓励东西部共建产业园区。深化脱贫地区农村集体产权制度改革，推动村集体经济做大做强。返乡创业扶持政策向脱贫地区延伸覆盖，引导农民工、大中专毕业生、科技人员、乡土人才在农村创新创业。将新型经营主体扶持与联农带农效果紧密挂钩，形成企业、合作社和脱贫户、小农户在产业链上优势互补、分工合作的格局。

（4）健全风险防范机制。把产业发展作为防止返贫动态监测的重要内容，对因自然灾害、病虫害、价格波动、产品滞销等出现产业发展困难的脱贫户、边缘户，及时开展有针对性帮扶。脱贫县定期开展特色产业发展风险评估，将龙头企业、农民合作社等新型经营主体作为主要评估对象，聚焦生产、经营、联农带农和政策措施落实等重点，系统评估产业发展面临的主要风险。从技术援助、市场服务、保险减损、金融风险化解、绿色发展等方面，完善防范和处置风险的具体措施。

三、乡村产业振兴：地方层面特色产业政策

（一）地方层面乡村产业振兴特色政策：含义与内容构成体系

什么是地方层面乡村产业振兴特色政策？地方层面乡村产业振兴特色政策是指地方政府及其相关部门根据国家"推动脱贫地区特色产业可持续发展的指导意见"与"贫困地区发展特色产业促进精准脱贫指导意见"等政策所制定的、具有地方、区域特征的一种产业政策。

地方层面乡村产业振兴特色政策的基本特征体现在：省域性、市域性、区域性、局部性。

根据中国地区划分，地方层面乡村产业振兴宏观政策可以划分为：华北地区、华中地区、华东地区、西南地区、西北地区、东北地区等几个方面乡村产业振兴宏观政策。这里选取安徽省进行论述研究。

2021年8月16日，安徽省农业农村厅等部门发布了《关于印发推动脱贫地区特色产业可持续发展的实施意见的通知（皖农办函〔2021〕840号）》（以下简称《安徽省实施意见》）。该实施意见对进一步培育壮大脱贫地区特色产业，实现巩固拓展脱贫攻坚成

果同乡村振兴有效衔接具有重要作用。

（二）《安徽省实施意见》总体要求与保障措施

1.《安徽省实施意见》总体要求与保障措施

（1）《安徽省实施意见》指导思想

《安徽省实施意见》的指导思想为：以习近平新时代中国特色社会主义思想为指导，深入贯彻党的十九大和十九届二中、三中、四中、五中全会精神，全面落实习近平总书记关于"三农"工作重要论述和在全国脱贫攻坚总结表彰大会上的重要讲话精神以及考察安徽重要讲话指示精神，立足新发展阶段，贯彻新发展理念，落实高质量发展要求，以深化农业供给侧结构性改革为主线，以农村一二三产业融合发展为路径，遵循产业发展规律，注重长期培育扶持，坚持联农带农目的，完善"四带一自"产业帮扶机制，强化创新驱动，加大政策扶持，健全产业链条，补齐要素短板，提升产业发展质量，拓展增值增效空间，创造更多就业增收机会，为实现巩固拓展脱贫攻坚成果同乡村振兴有效衔接提供有力支撑。

（2）《安徽省实施意见》目标任务

《安徽省实施意见》的目标任务包括两个方面：一是到2025年，全省脱贫地区特色产业发展基础条件进一步改善，产业布局进一步优化，产业体系进一步完善，产销衔接进一步顺畅，农民增收渠道进一步拓宽，发展活力进一步增强。二是壮大一批地域特色鲜明的主导产业，建成一批绿色生产加工供应园区（基地），培育一批联农带农的新型经营主体，打造一批影响力大的特色知名品牌。

2.《安徽省实施意见》：保障措施

《安徽省实施意见》的保障措施主要有3个方面：

一是压实工作责任。建立脱贫地区特色产业发展协调推进机制，农业农村部门要发挥牵头作用，强化统筹协调，推动各项产业帮扶政策措施落实。脱贫地区县级党委政府要落实主体责任，加强组织领导，制定产业规划，强化工作统筹，抓好政策落地，有力推进特色产业发展。二是强化考核调度。强化考核结果运用，将考核结果作为项目资金倾斜、评先奖优的重要参考。加强脱贫地区特色产业发展工作调度，定期调度政策措施落实、产业发展规模、产品市场销售、品牌建设、主体培育、带农增收等情况，推动产业发展和提档升级。三是营造良好氛围。加强脱贫地区特色产业发展支持政策解读和业务培训，提高基层干部群众产业发展能力。总结推广脱贫地区特色产业发展经验做法和典型范例，广泛宣传社会各方帮扶产业发展的生动事迹，引导全社会共同关注、协力支持，营造良好发展氛围。

(三)《安徽省实施意见》)主要任务与工作重点

《安徽省实施意见》)的主要任务有 3 个方面，工作重点主要有 16 条。

1. 推动特色产业提档升级

(1)加强规划引领。编制全省"十四五"乡村产业发展规划，突出脱贫地区特色产业发展，引导资金、技术、人才、信息向脱贫地区聚集。指导脱贫地区依托资源优势和产业发展基础，以县为单位编制县域"十四五"特色产业发展规划，将易地扶贫搬迁安置区产业发展纳入规划，优化产业布局，壮大主导产业。统筹考虑县城、乡镇、村产业层级和功能结构，大力发展"一县一业、一乡一特、一村一品"，促进产镇融合、产村一体。强化县际间协同发展，打造集中连片的优势特色产业集群。

(2)支持特色种养业发展。统筹粮食生产和特色产业发展，鼓励引导脱贫地区因地制宜调整农业产业结构，在稳定粮食生产的前提下，发展特色种养业。稳定并加强脱贫地区特色种养业发展扶持政策措施，着力实施一批发展前景好、市场需求大、群众易接受、增收较稳定的优质高效特色种养业项目，支持脱贫地区和脱贫群众发展特色种养业，扩大特色种养业规模。大力实施脱贫地区"四带一自"特色种养业提升行动，通过建设完善产业园区、培育壮大带动主体等，健全帮扶机制，强化帮扶带动，推动特色种养业持续稳定发展，切实提升质量效益。

（3）推进标准化生产基地建设。按照产业规划布局，结合长三角绿色农产品生产加工供应基地"158"行动计划，建设一批绿色标准化特色种养业基地。推进品种培优，实施现代种业提升工程，加强良种选育，发掘一批优异种质资源，提纯复壮一批地方特色品种，以特色赢得市场。推进品质提升，应用绿色生产技术模式、病虫绿色防控技术产品，推进良种良法配套、农机农艺结合，推广有机和微生物肥料、高效低毒低风险农药和生物农药等绿色投入品。推进标准化生产，按照"有标采标、无标创标、全程贯标"的要求，加快关键环节标准的制修订，建立健全标准体系，加快标准应用。鼓励引导龙头企业、农民合作社、家庭农（林）场、专业大户等新型经营主体按照或制定质量标准和生产技术规程进行生产，建立生产档案，做到产品质量可追溯。

（4）大力发展农产品加工业。坚持"三加"递进，统筹发展农产品初加工、精深加工和综合利用加工，推动脱贫地区由卖原字号向卖制成品转变。积极发展农产品初加工，扶持农民合作社、家庭农场和专业大户承接农产品仓储、保鲜和冷链设施等项目，建设保鲜、贮藏、分级、包装等产地初加工设施设备，减少产后损失，延长供应时间，提高种养收益。坚持以实施农产品加工业"五个一批"工程为引领，大力发展农产品精深加工，引导支持农（林）业企业特别是省级以上龙头企业到脱贫地区建设农产品加工基地和标准化、清洁化、智能化加工厂，发展特色农产品精深加工，延长产业链，提升附加值。支持粮食主产区和特色农产品优势区发展农产品加工业，建设一批农产品精深加工强县、园区和企业。

（5）加快农产品流通设施建设。加大农产品仓储保鲜冷链物流设施建设工程对脱贫地区的支持力度，加强产后预冷、贮藏保鲜、分级包装、移动冷库等产地冷链物流设施建设，重点支持建设一批田头小型仓储保鲜冷链设施、产地低温直销配送中心，支持改造提升和新建一批冷链物流园区，支持在生猪、牛羊、家禽、果蔬等加工地建设预冷、储藏保鲜等初加工冷链设施。推进脱贫地区农产品流通骨干网络设施建设，优化县域批发市场、商品集散中心、物流基地布局，支持脱贫地区完善县乡村三级物流网络。支持新型经营主体、快递物流企业建设产地低温直销配送中心，加强与生鲜超市、知名电商等大中企业合作，建立产销联盟，打通农产品进城"最后一公里"。

（6）积极拓展农业功能价值。依托田园风光、绿水青山、村落建筑、乡土文化、民俗风情等特色资源，发展乡村旅游、休闲农业、文化体验、健康养老等新产业新业态。大力实施休闲农业和乡村旅游精品工程，在脱贫地区培育一批休闲农业示范园区，推介一批乡村休闲旅游精品景点线路，打造一批"皖美乡村"旅游重点村镇和中国美丽休闲乡村。促进乡村观光向乡村旅居转型，提升民宿品质，开发乡村美食、深度体验、主题研学等产品，促进乡村旅游新业态、新模式的应用。在脱贫地区遴选认定一批国家、省级森林康养基地和精品生态旅游地，优先在脱贫地区黄金旅游线路沿线、热点旅游区域范围内建立森林旅游景区，打造一批森林旅游人家，森林旅游精品线路。

（7）培育知名特色品牌。围绕主导产业，指导脱贫地区结合粮食生产功能区、重要农产品生产保护区、特色农产品优势区和产业集群建设，培育一批"大而优""小而美"、有影响力的区域公用品牌。引导农业产业化龙头企业等新型经营主体通过建设标准化原料基地、清洁化加工车间，注入企业文化和价值理念，培育一批特色突出、特性鲜明、竞争力强的企业品牌。

2. 加强产业发展政策扶持

（1）强化财政支持。中央和省级财政衔接推进乡村振兴补助资金重点支持培育和壮大欠发达地区特色优势产业，并逐年提高资金占比。支持原国家级贫困县继续统筹整合使用财政涉农资金政策，优先支持特色产业发展，壮大脱贫地区优势特色产业（含必要的产业配套基础设施），促进产业提质增效。分配纳入统筹整合范围的中央和省涉农资金时，原则上用于原国家级贫困县的每项资金总体增幅不低于该项资金的平均增幅，或确保当年安排原国家级贫困县的资金县均投入规模不低于其他县的县均投入规模。

（2）强化金融服务。认真落实脱贫人口小额信贷政策，规范推广"一自三合"模式，对符合贷款条件、有贷款需求的脱贫人口和边缘易致贫人口，努力做到"应贷尽贷"。对有较大贷款资金需求、符合贷款条件的对象，鼓励申请创业担保贷款发展特色产业。充分发挥农业信贷担保体系作用，鼓励和引导金融机构为脱贫地区新型农业经营主体发展产业提供信贷支持。现有再贷款政策在展期期间保持不变，2020 年及以前发放的扶贫再贷款可按规定展期支持脱贫地区产业发展，鼓励金融机构运用支农支小再贷款加大对脱贫地区信贷支持，引导其将再贷款资金重点用于支持发展特色产业。

（3）强化用地保障。新编县乡级国土空间规划应安排不少于10%的建设用地指标，重点保障乡村产业发展用地。支持脱贫地区有序开展县域乡村土地综合整治，增加特色产业发展用地供给。结合脱贫县特色产业发展需要，统筹安排用地规模和计划指标，优化用地审批和规划许可流程，提高审批效率，支持一二三产业融合发展。脱贫地区农业生产中直接用于作物种植和畜禽水产养殖的设施用地按照设施农业用地管理，可依法依规使用一般耕地、村庄整治和宅基地整理的建设用地指标重点支持新产业新业态发展等政策。

（4）强化项目管理。建立完善脱贫地区特色产业发展项目库，与巩固拓展脱贫攻坚成果和乡村振兴项目库实现共建、共享、共用。入库项目由支持种养环节向支持全产业链开发转变。脱贫地区县（市、区）要立足特色主导产业，突出全产业链发展关键环节，谋划储备一批重点项目并纳入项目库。加强入库项目风险评估和论证，入库项目必须符合国家和省有关政策，与当地产业发展规划相衔接，市场前景广阔、绩效目标明确、风险度较低，能够有效带动发展产业或就地就业。财政涉农整合资金和其他各级各类财政资金支持特色产业发展，原则上从项目库中选择项目。

3. 健全产业发展帮扶机制

（1）健全产销衔接机制。积极组织开展农产品产销对接活动，支持脱贫地区"四带一自"产业帮扶新型经营主体参加中国国际农产品交易会、中国安徽名优农产品暨农业产业化交易会、安徽国际茶产业博览会、中国·合肥苗木花卉交易大会等各类展示展销活动，深入推进客运场站服务区特色农产品展示展销共同行动，大力宣传推介、展示展销脱贫地区优质农（林）产品，推动农产品流通企业、电商、批发市场与脱贫地区特色产业精准对接。积极引导流通主体与生产经营主体建立产销共同体和稳定的利益联结机制，通过订单采购、帮销代销、参与经营、股权投资等方式优化强化脱贫地区特色产业链供应链。

（2）健全技术服务机制。实施农业科技支撑行动，完善现代农业产业技术体系建设。围绕县域特色主导产业，精准对接需求，组织农业科研教育单位、产业技术体系专家等开展产业帮扶，原脱贫地区县级产业扶贫技术专家组继续履行产业发展技术指导职责，积极推动乡村振兴重点帮扶县建立产业技术顾问制度。全面实施农技推广特聘计划，在乡村振兴重点帮扶县探索实行农技推广人员"县管乡用、下沉到村"新机制。支持供销、邮政、农业服务公司、农民合作社等开展农机作业、农资供应、产品营销等农业生产性服务，引导各类服务网点延伸到乡村。加强对多元农业科技服务主体的指导，推动公益性和经营性服务融合发展。

（3）健全联农带农机制。大力推广"四带一自"产业帮扶模式，支持脱贫地区结合特色产业发展项目加强农业特色产业园区建设，培育壮大龙头企业、农民合作社、能人大户（家庭农场）等联农带农新型经营主体，对带动特色产业发展成效好、脱贫人口稳定增收的新型经营主体在示范评定、项目安排、资金奖补、融资贷款、保险保费、用地用电、税费减免等方面给予倾斜支持，健全订单生产、务工就业、土地流转、入股分红等紧密型利益联结机制，实现密切协作、利益共享，带动脱贫户、小农户发展现代农业，进入现代农业产业大循环。

（4）健全风险防范机制。把产业发展作为防止返贫动态监测的重要内容，对因自然灾害、病虫害、价格波动、产品滞销、带动断链等出现产业发展困难的脱贫户、边缘户，及时开展有针对性帮扶。脱贫地区以县为单位定期开展特色产业发展风险监测评估，将龙头企业、农民合作社等新型经营主体作为主要监测评估对象，聚焦生产、经营、联农带农和政策措施落实等重点，系统监测评估产业发展面临的主要风险，从技术援助、市场服务、保险减损、金融风险化解、绿色发展等方面，完善防范和处置风险的具体措施。

第二章 规 划 安 排

第一节 乡村振兴总体规划纲要

一、乡村振兴规划纲要：含义、总体要求与内容构成体系

（一）乡村振兴规划纲要：含义与分类

1. 乡村振兴规划纲要：含义与内容

什么是乡村振兴规划纲要？乡村振兴规划纲要是指关于一定时期内乡村振兴的总体的战略的规划纲要。目前，中国还没有制定专门的"乡村振兴规划纲要"，主要体现在"十四五""国家与地方国民经济和社会发展规划纲要"之中。

根据乡村振兴的基本含义，乡村振兴规划纲要内容包括：乡村产业振兴规划纲要、乡村人才振兴规划纲要、乡村文化振兴规划纲要、乡村生态振兴规划纲要与乡村组织振兴规划纲要。

乡村振兴规划纲要主要体现在五年规划之中。五年规划又称五年计划，全称为中华人民共和国国民经济和社会发展五年计划纲要，是中国国民经济计划的重要部分，属中期计划。主要是对国家重大建设项目、生产力分布和国民经济重要比例关系等作出规划，为国民经济发展远景规定目标和方向。中国政府从第十一个五年规划（2006—2010）起，将"五年计划"改为"五年规划"。五年计划与国民经济发展紧密结合，在中国经济发展的不同历史阶段体现出了鲜明的阶段性特征。

中国从 1953 年开始制定并实施第一个五年计划，到 2020 年结束已经完成总共 13 个五年规划。2021 年 3 月中国制定了"第十四个五年规划（2021—2025）"。

2. 乡村振兴规划纲要：分类

乡村振兴规划纲要可以根据规划学理论进行分类。根据规划学理论，规划一般可划分为短期规划、中期规划与长期规划，又称短期计划、中期计划与长期计划。

什么是短期计划？短期计划是指对较短时期内的经济、社会活动进行有目标的事先协调与控制的形式。通常是指为期一年的年度计划。季度、月度计划或更短时限的计划，也属于短期计划，主要在部门、公司和基层企业编制。

中期计划是社会主义国家编制执行的关于国民经济发展为期 1 年以上 10 年以下的计划，一般为 5 年计划。中期计划的内容主要是：计划期国民经济增长速度和重大比例关系，工农业主要产品产量等经济、社会发展重要指标，科学技术攻关项目，重大科技成果的推广应用和国外先进技术的引进，固定资产投资规模、方向和主要产品新增生产能力及大中型建设项目和技术改造项目，城乡居民平均生活水平，自然资源的合理利用及环境污染的防治，重要的经济、技术政策，以及实现计划的重大措施。

长期计划亦称"战略计划"，是指组织在较长时期（通常为 5 年以上）的发展方向和方针。规定组织的各个部门在较长时期内从事某种活动应达到的目标和要求，绘制组织长期发展的蓝图。社会主义国家编制长期计划，目的是使一定历史时期内社会、经济战略决策具体化。它不仅要为中期、短期计划提供总体框架，决定中、短期计划的方向、任务和内容，保证整个计划体系的稳定、协调和连续性，而且为全国人民树立一个具体的奋斗目标，发挥巨大的动员和组织力量。因此，在计划体系中，长期计划具有特别重要的地位和主导作用。

（二）乡村振兴规划纲要：总体要求与内容构成体系

1. 乡村振兴规划纲要：规划文本

2021 年 3 月 11 日第十三届全国人大四次会议通过《中华人民共和国国民经济和社会发展第十四个五年规划和 2035 年远景目标纲要》（以下简称《国家"十四五"规划纲要》），该规划纲要是中国开启全面建设社会主义现代化国家新征程的宏伟蓝图，是全国各族人民共同的行动纲领。

资料显示，截至 2021 年上半年，全国 32 个省（直辖市、自治区）都先后制定了本省"国民经济和社会发展第十四个五年规划和 2035 年远景目标纲要"，全国 330 多个地市州也进一步制定了更为具体的本地市州"国民经济和社会发展第十四个五年规划和 2035 年远景目标纲要"。截至 2021 年 12 月，全国 90% 的县（市、区）都先后制定了本县"国民经济和社会发展第十四个五年规划和 2035 年远景目标纲要"。例如，2021 年 4 月 2 日，《河南省人民政府关于印发河南省国民经济和社会发展第十四个五年规划和 2035 年远景目标纲要的通知（豫政〔2021〕13 号）》。2021 年 4 月 11 日，驻马店市人民政府关于印发《驻马店市国民经济和社会发展第十四个五年规划和 2035 年远景目标纲要》的通知（驻政〔2021〕11 号）》。

2. 乡村振兴规划纲要：总体要求

《国家"十四五"规划纲要》第七篇对"十四五"乡村振兴"规划纲要"进行了规定。该"规划纲要"同样适用于"乡村产业振兴规划"。

国家乡村振兴规划纲要的总体要求与基本原则是：（1）坚持农业农村优先发展，全面推进乡村振兴。（2）走中国特色社会主义乡村振兴道路，全面实施乡村振兴战略，强化以工补农、以城带乡，推动形成工农互促、城乡互补、协调发展、共同繁荣的新型工农城乡关系。（3）加快农业农村现代化。

3. 乡村振兴规划纲要：内容构成体系

国家"十四五"乡村振兴"规划纲要"内容构成体系主要包括5个方面：

（1）坚持农业农村优先发展，全面推进乡村振兴。

（2）提高农业质量效益和竞争力。内容包括增强农业综合生产能力、深化农业结构调整、丰富乡村经济业态。

（3）实施乡村建设行动。内容包括强化乡村建设的规划引领、提升乡村基础设施和公共服务水平、改善农村人居环境。

（4）健全城乡融合发展体制机制。内容包括深化农业农村改革、加强农业农村发展要素保障。

（5）实现巩固拓展脱贫攻坚成果同乡村振兴有效衔接。内容包括巩固提升脱贫攻坚成果、提升脱贫地区整体发展水平。

二、国家乡村振兴规划纲要：主要任务与工作重点

《国家"十四五"规划纲要》对"十四五"乡村振兴"主要任务与工作重点"进行了规定。该规定内容同样适用于"乡村产业振兴"。主要有：

（一）提高农业质量效益和竞争力

基本任务要求：持续强化农业基础地位，深化农业供给侧结构性改革，强化质量导向，推动乡村产业振兴。

具体任务与重点工作主要有：

1. 增强农业综合生产能力。夯实粮食生产能力基础，保障粮、棉、油、糖、肉、奶等重要农产品供给安全。坚持最严格的耕地保护制度，强化耕地数量保护和质量提升，严守18亿亩耕地红线，遏制耕地"非农化"，防止"非粮化"，规范耕地占补平衡，严禁占优补劣、占水田补旱地。以粮食生产功能区和重要农产品生产保护区为重点，建设国家粮食安全产业带，实施高标准农田建设工程，建成10.75亿亩集中连片高标准农田。实施黑土地保护工程，

加强东北黑土地保护和地力恢复。推进大中型灌区节水改造和精细化管理，建设节水灌溉骨干工程，同步推进水价综合改革。加强大中型、智能化、复合型农业机械研发应用，农作物耕种收综合机械化率提高到75%。加强种子资源保护利用和种子库建设，确保种源安全。加强农业良种技术攻关，有序推进生物育种产业化应用，培育具有国际竞争力的种业龙头企业。完善农业科技创新体系，创新农技推广服务方式，建设智慧农业。加强动物防疫和农作物病虫害防治，强化农业气象服务。

2. 深化农业结构调整。优化农业生产布局，建设优势农产品产业带和特色农产品优势区。推进粮经饲统筹、农林牧渔协调，优化种植业结构，大力发展现代畜牧业，促进水产生态健康养殖。积极发展设施农业，因地制宜发展林果业。深入推进优质粮食工程。推进农业绿色转型，加强产地环境保护治理，发展节水农业和旱作农业，深入实施农药化肥减量行动，治理农膜污染，提升农膜回收利用率，推进秸秆综合利用和畜禽粪污资源化利用。完善绿色农业标准体系，加强绿色食品、有机农产品和地理标志农产品认证管理。强化全过程农产品质量安全监管，健全追溯体系。建设现代农业产业园区和农业现代化示范区。

3. 丰富乡村经济业态。发展县域经济，推进农村一二三产业融合发展，延长农业产业链条，发展各具特色的现代乡村富民产业。推动种养加结合和产业链再造，提高农产品加工业和农业生产性服务业发展水平，壮大休闲农业、乡村旅游、民宿经济等特色产业。加强农产品仓储保鲜和冷链物流设施建设，健全农村产权交易、商贸流通、检验检测认证等平台和智能标准厂房等设施，引导农村二三产业集聚发展。完善利益联结机制，通过"资源变资产、资金变股金、农民变股东"，让农民更多分享产业增值收益。

(二)实施乡村建设行动

基本任务要求：把乡村建设摆在社会主义现代化建设的重要位

置，优化生产生活生态空间，持续改善村容村貌和人居环境，建设美丽宜居乡村。

具体任务与重点工作主要有：

1. 强化乡村建设的规划引领。统筹县域城镇和村庄规划建设，通盘考虑土地利用、产业发展、居民点建设、人居环境整治、生态保护、防灾减灾和历史文化传承。科学编制县域村庄布局规划，因地制宜、分类推进村庄建设，规范开展全域土地综合整治，保护传统村落、民族村寨和乡村风貌，严禁随意撤并村庄搞大社区、违背农民意愿大拆大建。优化布局乡村生活空间，严格保护农业生产空间和乡村生态空间，科学划定养殖业适养、限养、禁养区域。鼓励有条件地区编制实用性村庄规划。

2. 提升乡村基础设施和公共服务水平。以县域为基本单元推进城乡融合发展，强化县城综合服务能力和乡镇服务农民功能。健全城乡基础设施统一规划、统一建设、统一管护机制，推动市政公用设施向郊区乡村和规模较大中心镇延伸，完善乡村水、电、路、气、邮政通信、广播电视、物流等基础设施，提升农房建设质量。推进城乡基本公共服务标准统一、制度并轨，增加农村教育、医疗、养老、文化等服务供给，推进县域内教师医生交流轮岗，鼓励社会力量兴办农村公益事业。提高农民科技文化素质，推动乡村人才振兴。

3. 改善农村人居环境。开展农村人居环境整治提升行动，稳步解决"垃圾围村"和乡村黑臭水体等突出环境问题。推进农村生活垃圾就地分类和资源化利用，以乡镇政府驻地和中心村为重点梯次推进农村生活污水治理。支持因地制宜推进农村厕所革命。推进农村水系综合整治。深入开展村庄清洁和绿化行动，实现村庄公共空间及庭院房屋、村庄周边干净整洁。

(三) 健全城乡融合发展体制机制

基本任务要求：建立健全城乡要素平等交换、双向流动政策体系，促进要素更多向乡村流动，增强农业农村发展活力。

具体任务与重点工作主要有：

1. 深化农业农村改革。巩固完善农村基本经营制度，落实第二轮土地承包到期后再延长 30 年政策，完善农村承包地所有权、承包权、经营权分置制度，进一步放活经营权。发展多种形式适度规模经营，加快培育家庭农场、农民合作社等新型农业经营主体，健全农业专业化社会化服务体系，实现小农户和现代农业有机衔接。深化农村宅基地制度改革试点，加快房地一体的宅基地确权颁证，探索宅基地所有权、资格权、使用权分置实现形式。积极探索实施农村集体经营性建设用地入市制度。允许农村集体在农民自愿前提下，依法把有偿收回的闲置宅基地、废弃的集体公益性建设用地转变为集体经营性建设用地入市。建立土地征收公共利益认定机制，缩小土地征收范围。深化农村集体产权制度改革，完善产权权能，将经营性资产量化到集体经济组织成员，发展壮大新型农村集体经济。切实减轻村级组织负担。发挥国家城乡融合发展试验区、农村改革试验区示范带动作用。

2. 加强农业农村发展要素保障。健全农业农村投入保障制度，加大中央财政转移支付、土地出让收入、地方政府债券支持农业农村力度。健全农业支持保护制度，完善粮食主产区利益补偿机制，构建新型农业补贴政策体系，完善粮食最低收购价政策。深化供销合作社改革。完善农村用地保障机制，保障设施农业和乡村产业发展合理用地需求。健全农村金融服务体系，完善金融支农激励机制，扩大农村资产抵押担保融资范围，发展农业保险。允许入乡就业创业人员在原籍地或就业创业地落户并享受相关权益，建立科研人员入乡兼职兼薪和离岗创业制度。

(四) 实现巩固拓展脱贫攻坚成果同乡村振兴有效衔接

基本任务要求：建立完善农村低收入人口和欠发达地区帮扶机制，保持主要帮扶政策和财政投入力度总体稳定，接续推进脱贫地区发展。

具体任务与重点工作主要有：

1. 巩固提升脱贫攻坚成果。严格落实"摘帽不摘责任、摘帽不摘政策、摘帽不摘帮扶、摘帽不摘监管"要求，建立健全巩固拓展脱贫攻坚成果长效机制。健全防止返贫动态监测和精准帮扶机制，对易返贫致贫人口实施常态化监测，建立健全快速发现和响应机制，分层分类及时纳入帮扶政策范围。完善农村社会保障和救助制度，健全农村低收入人口常态化帮扶机制。对脱贫地区继续实施城乡建设用地增减挂钩节余指标省内交易政策、调整完善跨省域交易政策。加强扶贫项目资金资产管理和监督，推动特色产业可持续发展。推广以工代赈方式，带动低收入人口就地就近就业。做好易地扶贫搬迁后续帮扶，加强大型搬迁安置区新型城镇化建设。

2. 提升脱贫地区整体发展水平。实施脱贫地区特色种养业提升行动，广泛开展农产品产销对接活动，深化拓展消费帮扶。在西部地区脱贫县中集中支持一批乡村振兴重点帮扶县，从财政、金融、土地、人才、基础设施、公共服务等方面给予集中支持，增强其巩固脱贫成果及内生发展能力。坚持和完善东西部协作和对口支援、中央单位定点帮扶、社会力量参与帮扶等机制，调整优化东西部协作结对帮扶关系和帮扶方式，强化产业合作和劳务协作。

三、省级乡村振兴规划纲要：广西自治区的主要任务与工作重点

（一）"十四五"乡村振兴规划纲要：总体要求与内容构成体系

2021 年 4 月 19 日，广西壮族自治区人民政府发布《关于印发广西壮族自治区国民经济和社会发展第十四个五年规划和 2035 年远景目标纲要的通知（桂政发〔2021〕11 号）》（以下简称《广西自治区"十四五"规划纲要》），该纲要是加快建设壮美广西、开启全面建设社会主义现代化国家新征程的宏伟蓝图，是全区各族人

民共同的行动纲领。

《广西自治区"十四五"规划纲要》对"十四五"乡村振兴规划纲要进行了规定。该规定内容同样适用于广西自治区"乡村产业振兴"。

《广西自治区"十四五"规划纲要》的总体要求与基本原则是：(1)全面推进乡村振兴，加快农业农村现代化。(2)坚持农业农村优先发展，巩固拓展脱贫攻坚成果，深化农业农村改革，推动乡村风貌发生根本性改观，建设现代特色农业强区，促进农业高质高效、乡村宜居宜业、农民富裕富足。

广西自治区"十四五"乡村振兴规划纲要内容构成体系主要有：

(1)实现巩固拓展脱贫攻坚成果同乡村振兴有效衔接。内容包括：巩固拓展脱贫攻坚成果，提升脱贫地区整体发展水平。

(2)扎实推进现代特色农业建设。内容包括：增强农业综合生产能力，推动现代特色农业高质量发展，促进农村一二三产业融合发展，发展壮大林业产业。

(3)深入实施乡村建设行动。内容包括：提升农村基础设施和公共服务水平，建设美丽乡村。

(4)深化农业农村改革。内容包括：深化农村体制改革，巩固完善农村基本经营制度。

(5)充分激发县域经济活力。内容包括：打造经济强县和特色示范县，培育县域特色优势产业，深化县域体制改革。

(二)"十四五"乡村振兴规划纲要：主要任务与工作重点

《广西自治区"十四五"规划纲要》对"十四五"乡村振兴"主要任务与工作重点"进行了规定。该规定内容同样适用于广西自治区"乡村产业振兴"。主要有：

1. 实现巩固拓展脱贫攻坚成果同乡村振兴有效衔接

(1)基本任务要求：严格落实"四个不摘"要求，保持现有主要帮扶政策、资金支持、帮扶力量总体稳定，着重增强内生发展动力和发展活力，接续推进脱贫地区发展。

（2）具体任务与重点工作主要有：一是巩固拓展脱贫攻坚成果。做好脱贫地区财政投入、金融服务、土地等方面政策衔接，优化产业就业等发展类政策，保持兜底救助类政策稳定，推动民生保障普惠政策向脱贫人口适度倾斜，保障丧失劳动能力家庭基本生活。健全防止返贫动态监测和帮扶机制，加强对脱贫县、脱贫村、脱贫人口的监测，对脱贫不稳定户、边缘易致贫户及因病因灾因意外事故等基本生活出现严重困难户进行动态监测管理，完善防止返贫大数据平台，健全快速发现和响应机制。巩固"两不愁三保障"成果，持续完善控辍保学机制，落实分类资助参保政策，持续做好农村低收入群体住房保障工作。推广以工代赈等就业增收帮扶方式，健全低收入人口常态化帮扶机制。加强扶贫项目资金资产管理和监督。

二是提升脱贫地区整体发展水平。推动减贫战略和工作体系平稳转型，以脱贫县为单位规划发展特色产业，优先支持脱贫县创建现代农业产业园等特色园区。实施脱贫地区特色种养业提升行动，从财政、金融、土地、人才、基础设施建设、公共服务等方面集中支持一批乡村振兴重点帮扶县。对脱贫地区继续实施城乡建设用地增减挂钩节余指标自治区内交易政策。推动粤桂乡村振兴协作，积极引导社会力量参与乡村振兴，强化以企业为载体的产业合作和劳务协作。强化易地扶贫搬迁后续扶持，完善集中安置区公共服务和配套基础设施，推进大规模移民搬迁点基层组织重构优化和社区治理，因地制宜发展配套产业，多渠道帮扶搬迁群众就业创业，确保稳得住、有就业、逐步能致富。

2. 扎实推进现代特色农业建设

（1）基本任务要求：以工业化理念、产业化思维发展现代农业，坚持前端抓科技支撑、中间抓生产组织、后端抓市场营销，着力提升农产品加工转化水平，促进特色农业规模化优质化品牌化发展，打造全国重要农产品保供优供基地，实现第一产业增加值年均增长5.5%以上，农村居民人均可支配收入年均增速高于全国平均水平。

（2）具体任务与重点工作主要有：一是增强农业综合生产能力。毫不放松抓好粮食生产，落实最严格的耕地保护制度，坚决遏制耕地"非农化"，防止耕地"非粮化"。夯实农业生产基础，持续推进高标准农田建设，加强农业水利设施建设，推进大中型灌区节水改造和精细化管理，建设节水灌溉骨干工程。强化粮食生产功能区、糖料蔗生产保护区、特色农产品优势区建设和监管。实施科技强农工程，创建国家级亚热带农业高新技术产业示范区，建设院士工作站、科技小院等农业科技创新平台，加强农业创新团队和基层农技推广体系建设，培育做强农业科技企业。大力发展现代种业，加强农业良种技术攻关，创建国家育制种基地。积极发展设施农业，强化农业设施装备支撑，提升农业机械研发应用水平。强化农业气象服务。

二是推动现代特色农业高质量发展。深入实施优质粮食工程，推广稻渔综合种养，打造"广西香米""富硒米"等特色品牌，做强主粮加工业。推进粮经饲统筹、农林牧渔结合，加快优质稻、玉米、糖料蔗、水果、蔬菜、食用菌、桑蚕、茶叶、中药材等种植业提档升级，推动生猪、肉牛羊、奶水牛、家禽、水产品等养殖业高质量发展，发展优质牧草，打造千百亿元农业产业集群。突出质量兴农绿色兴农，推行农业标准化生产和生态种养模式，加强绿色食品、有机农产品和农产品地理标志建设，健全农产品质量保障和溯源体系。加强产地环境保护治理，发展节水农业，深入实施农药化肥减量行动，治理农膜污染，提升农膜回收利用率。促进秸秆综合利用和畜禽粪污资源化利用，健全动物防疫和农作物病虫害防治体系。

三是促进农村一二三产业融合发展。突出发展农产品产地初加工和精深加工，大力发展农产品仓储保鲜和冷链物流，建设农产品数字化产地仓，延长农业产业链供应链。新建自治区级农业现代化示范区300个以上，建成农产品加工集聚区300个以上，加快建设现代农业产业园、田园综合体、优势特色产业集群、农村产业融合发展示范园和农业产业强镇。丰富乡村经济业态，壮大休闲农业、体验农业、乡村旅游、民宿经济等新业态。持续深化与东盟的农业开放合作，建设供应粤港澳大湾区市场的农产品基地，强化桂台现代农业合作。探索建立国际性、区域性重要农林产品交易平台、结算中心。

四是发展壮大林业产业。加大人工用材林培育力度，增强木材供给能力。加快发展现代林业加工产业，建立北部湾沿海进口木材加工基地，培育国内进口木材加工中心。推动特色经济林提质增效，大力发展木本粮油林，保持油茶发展全国领先地位。巩固提升八角、肉桂等优势产业，推动木本香精香料精深加工。壮大花卉产业，培育桂花、茉莉花、罗汉松、兰花等"桂派"花卉品牌。优化发展林下经济。建设培育一批高品质自然公园、森林人家、森林康养、森林体验基地。加快打造全国林业产业高质量发展示范区。改善国有林场林区基础设施。

3. 深入实施乡村建设行动

(1)基本任务要求：围绕农村基础设施和公共服务补短板，扩大农业农村有效投资，优化农村生产生活环境，显著提升乡村风貌，打造宜居宜业、桂风壮韵美丽乡村。

(2)具体任务与重点工作主要有：

一是提升农村基础设施和公共服务水平。强化农村基础设施建设，优化农村供水格局，持续推进农村电网改造，进一步提升自然村屯道路通畅和安全水平，推进天然气进乡入村，完善乡村物流基础设施网络，加强公共基础消防设施建设。优化农村公共服务供给，把乡镇建成服务农民的区域中心。实施高素质农民培育计划，提高农民科技文化素质，推动乡村人才振兴。允许入乡就业创业人员在原籍地或就业创业地落户并享受相关权益，建立科研人员入乡兼职兼薪和离岗创业制度。深入开展乡风文明建设。鼓励社会力量兴办农村公益事业。

二是建设美丽乡村。推进乡村风貌提升行动，统筹县域城镇和村庄规划建设，编制"多规合一"实用性村庄规划，科学引导农村住宅和居民点建设，加强农房建设管控，推进全域村庄环境整治，深入开展村庄清洁和绿化行动，建设一批乡村风貌示范带。深入开展水库移民后期扶持，实施移民整村提升工程，促进安置区美丽家园建设。持续推进农村危房改造。开展农村人居环境整治提升行动，深入推进农村"厕所革命"，完善农村生活垃圾收运处置体系和农村污水处理设施建设管理，实施水系连通及农村水系综合整治。优化乡村生活空间布局，严格保护农业生产空间和乡村生态空间，科学划定养殖业适养、限养、禁养区域。

4. 深化农业农村改革

(1)基本任务要求：巩固和完善农村基本经营制度，持续深化农村产权制度改革，加快推进农村重点领域和关键环节改革，激发农村资源要素活力，为乡村振兴注入新动能。

(2)具体任务与重点工作主要有：一是深化农村体制改革。落实第二轮土地承包到期后再延长 30 年政策。健全城乡统一的建设用地市场，稳妥有序推进农村集体经营性建设用地入市。允许农村集体在农民自愿前提下，依法把有偿收回的闲置宅基地、废弃的集体公益性建设用地转变为集体经营性建设用地入市。加快房地一体的宅基地确权颁证，深入探索宅基地所有权、资格权、使用权分置实现形式，保障进城落户农民土地承包权、宅基地使用权、集体收益分配权。引导和规范农业设施用地管理。持续推进农村集体产权制度改革，完善产权权能，将经营性资产量化到集体经济组织成员，推动资源变资产、资金变股金、农民变股东，发展壮大新型农村集体经济。深化农村金融改革，升级推广"田东模式"，争创全国金融服务乡村振兴试验区。健全政策性农业信贷担保体系，提高农业保险、产业发展贷款贴息覆盖面和保障水平。持续深化林业、供销、水利改革。健全城乡融合发展体制机制，推动城乡要素平等交换、双向流动，强化以工补农、以城带乡，推动形成工农互促、城乡互补、协调发展、共同繁荣的新型工农城乡关系。积极创建国家城乡融合发展试验区、农村改革试验区。

二是巩固完善农村基本经营制度。坚持家庭经营基础性地位，推动承包土地经营权有序流转，发展多种形式适度规模经营。培育壮大专业大户、家庭农林场、农民专业合作社等新型农业经营主体。引进和培育壮大农业龙头企业，发展农业产业化联合体，打造大型农业企业集团。开展农民合作社示范社和示范家庭农场建设。发展村级供销社。健全农业专业化社会化服务体系，创新农业经营组织方式，完善新型农业经营主体与小农户的利益联结机制，实现小农户和现代农业有机衔接。

5. 充分激发县域经济活力

(1)基本任务要求：实施新一轮县域经济提升行动，完善县域基础设施和公共服务设施，走强县崛起、补短跨越、绿色宜居的县域发展新路子，提高县域综合服务和承载能力，实现县域经济量质并重、跨越发展。

(2)具体任务与重点工作主要有：一是打造经济强县和特色示范县。按照全区各地资源禀赋、发展特点、发展潜力及主体功能定位，重点突破、差异发展、特色发展，培育一批经济强县（市、区）和一批经济强镇。重点开发区着力发展工业强县，农产品主产区着力发展现代特色农业，重点生态功能区发展生态强县和旅游强县。培育县域经济创新能力和新的经济增长点，充分挖掘和释放县域消费活力。建立市县产业协作联动机制。推动县域经济全方位开放，提升县域财政自给能力。

二是培育县域特色优势产业。加快形成"一县一业"产业发展格局，鼓励各县重点发展1—2个主导优势产业，推动县域产业集聚和特色发展。推动县域工业振兴发展，加快补齐县域工业发展短板。夯实县域产业平台，加大对县域工业园区、农民工创业园等县域产业发展平台的政策扶持力度，补齐公共配套设施短板，推动要素资源向县域产业平台聚集。大力培育县域市场主体，加快发展中小企业和民营经济。

三是深化县域体制改革。深化县域经济体制综合配套改革，推进扩大人口大县、经济强县和县级市权限，依法依规赋予部分设区市管理权限，推进"市县同权""强镇扩权"改革。改革完善县域财政体制，推进自治区财政直管县和市管县分类管理机制改革，推进经济发达镇财政管理体制改革。健全以高质量发展为导向的县域经济考核评价指标体系。

第二节　乡村振兴专项战略规划

一、乡村振兴战略规划：含义、框架体系与重要意义

（一）乡村振兴战略规划：含义与分类

1. 乡村振兴战略规划：含义与内容

什么是乡村振兴战略？乡村振兴战略是指党和政府制定的在一定历史时期指导乡村振兴全局的计划和策略。什么是乡村振兴规划？乡村振兴规划是指对乡村振兴进行比较全面的长远的发展计划。换言之，乡村振兴规划是对未来整体性、长期性、基本性问题的思考、考量和设计未来整套行动的方案。

什么是乡村振兴战略规划？乡村振兴战略规划是指党和政府制定组织的关于乡村振兴的全局性长期目标并将其付诸实施的行为准

则或行动方案。

制定乡村振兴战略规划分为三个阶段：第一个阶段确定目标。即乡村振兴在未来的发展过程中，要应对各种变化所要达到的目标。第二个阶段制定规划。即当目标确定了以后，考虑使用什么手段、什么措施、什么方法来达到这个目标，这就是战略规划。最后阶段形成文本。即将战略规划形成文本，以备评估、审批，如果审批未能通过的话，那可能还需要多个迭代的过程，需要考虑怎么修正。

根据乡村振兴的基本含义，乡村振兴战略规划内容包括：乡村产业振兴战略规划、乡村人才振兴战略规划、乡村文化振兴战略规划、乡村生态振兴战略规划与乡村组织振兴战略规划。

2. 乡村振兴战略规划：分类

乡村振兴战略规划可以根据战略学理论进行分类。根据战略学理论，战略一般可划分为：总体战略、专项战略与详细战略；全国战略、区域战略与县域战略；短期战略、中期战略与长期战略；宏观战略、中观战略与微观战略。就城乡振兴战略而言，可以划分为城市振兴战略与乡村振兴战略。根据规划学理论，规划一般可划分为：总体规划、专项规划与详细规划；总体计划、专项计划与详细计划；短期规划、中期规划与长期规划；宏观规划、中观规划与微观规划。就城乡振兴发展而言，可以划分为城市振兴规划与乡村振兴规划。

实践中，乡村振兴战略规划一般可划分为三大类：

（1）以时间长短为依据，可以划分为中期乡村振兴战略规划与长期乡村振兴战略规划。

（2）以总体局部与否为依据，可以划分为乡村振兴战略总体规划、乡村振兴战略专项规划与乡村振兴战略详细规划。

（3）以行政隶属关系为依据，可以划分为全国乡村振兴战略规划、省级乡村振兴战略规划、地市州乡村振兴战略规划、县市区乡村振兴战略规划、乡镇乡村振兴战略规划。

《乡村振兴战略规划（2018—2022)》属于专项规划，又属于中期规划；既具有战略的特征，也具有规划的特征。

（二）乡村振兴战略规划：规划文件名称与框架体系

1. 乡村振兴战略规划：规划文件名称

2018 年 9 月，中共中央、国务院印发《乡村振兴战略规划（2018—2022 年)》，该规划对实施乡村振兴战略第一个五年工作做出了具体部署，是指导各地区各部门分类有序推进乡村振兴的重要依据。

资料显示，截至 2019 年上半年，全国 32 个省（直辖市、自治区)都先后制定了本省"乡村振兴战略规划（2018—2022)"；截至 2019 年下半年，全国 330 多个地市州也进一步制定了更为具体的本地市州"乡村振兴战略规划（2018—2022)"，不少县市区也制定了本县市区的"乡村振兴战略规划（2018—2022)"。例如，2019 年 2 月，云南省人民政府印发《云南省乡村振兴战略规划（2018—2022 年)》；2019 年 5 月，安徽省东至县发展和改革委员会关于印发《东至县乡村振兴战略规划（2018—2022 年)》的通知。

2. 乡村振兴战略规划：框架体系

《乡村振兴战略规划（2018—2022)》的框架体系主要包括 11 个方面：

（1）规划背景。内容包括重大意义、振兴基础与发展态势。

（2）总体要求。内容包括指导思想、基本原则、发展目标与远景谋划。

（3）构建乡村振兴新格局。内容包括统筹城乡发展空间，优化乡村发展布局，分类推进乡村发展与坚决打好精准脱贫攻坚战。

（4）加快农业现代化步伐。内容包括夯实农业生产能力基础，加快农业转型升级，建立现代农业经营体系，强化农业科技支撑与完善农业支持保护制度。

（5）发展壮大乡村产业。内容包括推动农村产业深度融合，完善紧密型利益联结机制与激发农村创新创业活力。

（6）建设生态宜居的美丽乡村。内容包括推进农业绿色发展，持续改善农村人居环境与加强乡村生态保护与修复。

（7）繁荣发展乡村文化。内容包括加强农村思想道德建设，弘扬中华优秀传统文化与丰富乡村文化生活。

（8）健全现代乡村治理体系。内容包括加强农村基层党组织对乡村振兴的全面领导，促进自治法治德治有机结合与夯实基层政权。

（9）保障和改善农村民生。内容包括加强农村基础设施建设，提升农村劳动力就业质量与增加农村公共服务供给。

（10）完善城乡融合发展政策体系。内容包括加快农业转移人口市民化，强化乡村振兴人才支撑，加强乡村振兴用地保障，健全多元投入保障机制与加大金融支农力度。

（11）规划实施。内容包括加强组织领导与有序实现乡村振兴。

（三）乡村振兴战略规划：规划依据与重要意义

乡村振兴战略规划的依据有：（1）为贯彻落实党的十九大、中央经济工作会议、中央农村工作会议精神和政府工作报告要求，描绘好战略蓝图，强化规划引领，科学有序推动乡村产业、人才、文化、生态和组织振兴，根据《中共中央、国务院关于实施乡村振兴战略的意见》，特编制《乡村振兴战略规划（2018—2022年)》。（2）《乡村振兴战略规划（2018—2022年)》按照产业兴旺、生态宜居、乡风文明、治理有效、生活富裕的总要求，对实施乡村振兴战略作出阶段性谋划，分别明确至2020年全面建成小康社会和2022年召开党的二十大时的目标任务，细化实化工作重点和政策措施，部署重大工程、重大计划、重大行动，确保乡村振兴战略落实落地，是指导各地区各部门分类有序推进乡村振兴的重要依据。

乡村振兴战略规划的重要意义主要在于：一是实施乡村振兴战略是建设现代化经济体系的重要基础。二是实施乡村振兴战略是建设美丽中国的关键举措。三是实施乡村振兴战略是传承中华优秀传统文化的有效途径。四是实施乡村振兴战略是健全现代社会治理格局的固本之策。五是实施乡村振兴战略是实现全体人民共同富裕的必然选择。

二、乡村振兴战略规划：指导思想、基本原则与发展目标

《乡村振兴战略规划（2018—2022）》总体要求是指指导思想、基本原则、发展目标与远景谋划。该总体要求同样适用于"乡村产业振兴"。

（一）乡村振兴战略规划：指导思想和基本原则

1. 乡村振兴战略规划：指导思想

深入贯彻习近平新时代中国特色社会主义思想，深入贯彻党的十九大和十九届二中、三中全会精神，加强党对"三农"工作的全面领导，坚持稳中求进工作总基调，牢固树立新发展理念，落实高质量发展要求，紧紧围绕统筹推进"五位一体"总体布局和协调推进"四个全面"战略布局，坚持把解决好"三农"问题作为全党工作重中之重，坚持农业农村优先发展，按照产业兴旺、生态宜居、乡风文明、治理有效、生活富裕的总要求，建立健全城乡融合发展体制机制和政策体系，统筹推进农村经济建设、政治建设、文化建设、社会建设、生态文明建设和党的建设，加快推进乡村治理体系和治理能力现代化，加快推进农业农村现代化，走中国特色社会主义乡村振兴道路，让农业成为有奔头的产业，让农民成为有吸引力的职业，让农村成为安居乐业的美丽家园。

2. 乡村振兴战略规划：基本原则

（1）坚持党管农村工作。毫不动摇地坚持和加强党对农村工作的领导，健全党管农村工作方面的领导体制机制和党内法规，确保

党在农村工作中始终总揽全局、协调各方，为乡村振兴提供坚强有力的政治保障。

（2）坚持农业农村优先发展。把实现乡村振兴作为全党的共同意志、共同行动，做到认识统一、步调一致，在干部配备上优先考虑，在要素配置上优先满足，在资金投入上优先保障，在公共服务上优先安排，加快补齐农业农村短板。

（3）坚持农民主体地位。充分尊重农民意愿，切实发挥农民在乡村振兴中的主体作用，调动亿万农民的积极性、主动性、创造性，把维护农民群众根本利益、促进农民共同富裕作为出发点和落脚点，促进农民持续增收，不断提升农民的获得感、幸福感、安全感。

（4）坚持乡村全面振兴。准确把握乡村振兴的科学内涵，挖掘乡村多种功能和价值，统筹谋划农村经济建设、政治建设、文化建设、社会建设、生态文明建设和党的建设，注重协同性、关联性，整体部署，协调推进。

（5）坚持城乡融合发展。坚决破除体制机制弊端，使市场在资源配置中起决定性作用，更好发挥政府作用，推动城乡要素自由流动、平等交换，推动新型工业化、信息化、城镇化、农业现代化同步发展，加快形成工农互促、城乡互补、全面融合、共同繁荣的新型工农城乡关系。

（二）乡村振兴战略规划：发展目标和远景谋划

1. 乡村振兴战略规划：发展目标

（1）到 2020 年，乡村振兴的制度框架和政策体系基本形成，各地区各部门乡村振兴的思路举措得以确立，全面建成小康社会的目标如期实现。（2）到 2022 年，乡村振兴的制度框架和政策体系初步健全。国家粮食安全保障水平进一步提高，现代农业体系初步构建，农业绿色发展全面推进；农村一二三产业融合发展格局初步形成，乡村产业加快发展，农民收入水平进一步提高，脱贫攻坚成果得到进一步巩固；农村基础设施条件持续改善，城乡统一的社会保障制度体系基本建立；农村人居环境显著改善，生态宜居的美丽乡村建设扎实推进；城乡融合发展体制机制初步建立，农村基本公共服务水平进一步提升；乡村优秀传统文化得以传承和发展，农民精神文化生活需求基本得到满足；以党组织为核心的农村基层组织建设明显加强，乡村治理能力进一步提升，现代乡村治理体系初步构建。探索形成一批各具特色的乡村振兴模式和经验，乡村振兴取得阶段性成果。

2. 乡村振兴战略规划：远景谋划

（1）到 2035 年，乡村振兴取得决定性进展，农业农村现代化基本实现。农业结构得到根本性改善，农民就业质量显著提高，相对贫困进一步缓解，共同富裕迈出坚实步伐；城乡基本公共服务均等化基本实现，城乡融合发展体制机制更加完善；乡风文明达到新高度，乡村治理体系更加完善；农村生态环境根本好转，生态宜居的美丽乡村基本实现。（2）到 2050 年，乡村全面振兴，农业强、农村美、农民富全面实现。

三、乡村振兴战略规划内容：基本要求、主要任务与工作重点

《乡村振兴战略规划（2018—2022)》的核心政策规划内容主要包括以下 8 个方面。该核心政策规划内容同样适用于"乡村产业振兴"。

（一）构建乡村振兴新格局

1. 统筹城乡发展空间

基本原则与要求是：按照主体功能定位，对国土空间的开发、保护和整治进行全面安排和总体布局，推进"多规合一"，加快形成城乡融合发展的空间格局。

具体工作任务与工作重点是：强化空间用途管制，完善城乡布局结构，推进城乡统一规划。

2. 优化乡村发展布局

基本原则与要求是：坚持人口资源环境相均衡、经济社会生态效益相统一，打造集约高效生产空间，营造宜居适度生活空间，保护山清水秀生态空间，延续人和自然有机融合的乡村空间关系。

具体工作任务与工作重点是：统筹利用生产空间，合理布局生活空间，严格保护生态空间。

3. 分类推进乡村发展

基本原则与要求是：顺应村庄发展规律和演变趋势，根据不同村庄的发展现状、区位条件、资源禀赋等，按照集聚提升、融入城镇、特色保护、搬迁撤并的思路，分类推进乡村振兴，不搞一刀切。

具体工作任务与工作重点是：集聚提升类村庄，城郊融合类村庄，特色保护类村庄，搬迁撤并类村庄。

4. 坚决打好精准脱贫攻坚战

基本原则与要求是：把打好精准脱贫攻坚战作为实施乡村振兴战略的优先任务，推动脱贫攻坚与乡村振兴有机结合相互促进，确保到 2020 年我国现行标准下农村贫困人口实现脱贫，贫困县全部摘帽，解决区域性整体贫困。

具体工作任务与工作重点是：深入实施精准扶贫精准脱贫，重点攻克深度贫困，巩固脱贫攻坚成果。

(二)加快农业现代化步伐

1. 夯实农业生产能力基础

基本原则与要求是：深入实施藏粮于地、藏粮于技战略，提高农业综合生产能力，保障国家粮食安全和重要农产品有效供给，把中国人的饭碗牢牢端在自己手中。

具体工作任务与工作重点是：健全粮食安全保障机制，加强耕地保护和建设，提升农业装备和信息化水平。

2. 加快农业转型升级

基本原则与要求是：按照建设现代化经济体系的要求，加快农业结构调整步伐，着力推动农业由增产导向转向提质导向，提高农业供给体系的整体质量和效率，加快实现由农业大国向农业强国转变。

具体工作任务与工作重点是：优化农业生产力布局，推进农业结构调整，壮大特色优势产业，培育提升农业品牌，构建农业对外开放新格局。

3. 建立现代农业经营体系

基本原则与要求是：坚持家庭经营在农业中的基础性地位，构建家庭经营、集体经营、合作经营、企业经营等共同发展的新型农业经营体系，发展多种形式适度规模经营，发展壮大农村集体经济，提高农业的集约化、专业化、组织化、社会化水平，有效带动小农户发展。

具体工作任务与工作重点是：巩固和完善农村基本经营制度，壮大新型农业经营主体，发展新型农村集体经济，促进小农户生产和现代农业发展有机衔接。

4. 强化农业科技支撑

基本原则与要求是：深入实施创新驱动发展战略，加快农业科技进步，提高农业科技自主创新水平、成果转化水平，为农业发展拓展新空间、增添新动能，引领支撑农业转型升级和提质增效。

具体工作任务与工作重点是：提升农业科技创新水平，打造农业科技创新平台基地，加快农业科技成果转化应用。

5. 完善农业支持保护制度

基本原则与要求是：以提升农业质量效益和竞争力为目标，强化绿色生态导向，创新完善政策工具和手段，加快建立新型农业支持保护政策体系。

具体工作任务与工作重点是：加大支农投入力度，深化重要农产品收储制度改革，提高农业风险保障能力。

（三）发展壮大乡村产业

1. 推动农村产业深度融合

基本原则与要求是：把握城乡发展格局发生重要变化的机遇，培育农业农村新产业新业态，打造农村产业融合发展新载体新模式，推动要素跨界配置和产业有机融合，让农村一二三产业在融合发展中同步升级、同步增值、同步受益。

具体工作任务与工作重点是：发掘新功能新价值，培育新产业新业态，打造新载体新模式。

2. 完善紧密型利益联结机制

基本原则与要求是：始终坚持把农民更多分享增值收益作为基本出发点，着力增强农民参与融合能力，创新收益分享模式，健全联农带农有效激励机制，让农民更多分享产业融合发展的增值收益。

具体工作任务与工作重点是：提高农民参与程度，创新收益分享模式，强化政策扶持引导。

3. 激发农村创新创业活力

基本原则与要求是：坚持市场化方向，优化农村创新创业环境，放开搞活农村经济，合理引导工商资本下乡，推动乡村大众创业万众创新，培育新动能。

具体工作任务与工作重点是：培育壮大创新创业群体，完善创新创业服务体系，建立创新创业激励机制。

（四）建设生态宜居的美丽乡村

1. 推进农业绿色发展

基本原则与要求是：以生态环境友好和资源永续利用为导向，推动形成农业绿色生产方式，实现投入品减量化、生产清洁化、废弃物资源化、产业模式生态化，提高农业可持续发展能力。

具体工作任务与工作重点是：强化资源保护与节约利用，推进农业清洁生产，集中治理农业环境突出问题。

2. 持续改善农村人居环境

基本原则与要求是：以建设美丽宜居村庄为导向，以农村垃圾、污水治理和村容村貌提升为主攻方向，开展农村人居环境整治行动，全面提升农村人居环境质量。

具体工作任务与工作重点是：加快补齐突出短板，着力提升村容村貌，建立健全整治长效机制。

3. 加强乡村生态保护与修复

基本原则与要求是：大力实施乡村生态保护与修复重大工程，完善重要生态系统保护制度，促进乡村生产生活环境稳步改善，自然生态系统功能和稳定性全面提升，生态产品供给能力进一步增强。

具体工作任务与工作重点是：实施重要生态系统保护和修复重大工程，健全重要生态系统保护制度，健全生态保护补偿机制，发挥自然资源多重效益。

(五)繁荣发展乡村文化

1. 加强农村思想道德建设

基本原则与要求是：持续推进农村精神文明建设，提升农民精神风貌，倡导科学文明生活，不断提高乡村社会文明程度。

具体工作任务与工作重点是：践行社会主义核心价值观，巩固农村思想文化阵地，倡导诚信道德规范。

2. 弘扬中华优秀传统文化

基本原则与要求是：立足乡村文明，吸取城市文明及外来文化优秀成果，在保护传承的基础上，创造性转化、创新性发展，不断赋予时代内涵、丰富表现形式，为增强文化自信提供优质载体。

具体工作任务与工作重点是：保护利用乡村传统文化，重塑乡村文化生态，发展乡村特色文化产业。

3. 丰富乡村文化生活

基本原则与要求是：推动城乡公共文化服务体系融合发展，增加优秀乡村文化产品和服务供给，活跃繁荣农村文化市场，为广大农民提供高质量的精神营养。

具体工作任务与工作重点是：健全公共文化服务体系，增加公共文化产品和服务供给，广泛开展群众文化活动。

(六)健全现代乡村治理体系

1. 加强农村基层党组织对乡村振兴的全面领导

基本原则与要求是：以农村基层党组织建设为主线，突出政治功能，提升组织力，把农村基层党组织建成宣传党的主张、贯彻党的决定、领导基层治理、团结动员群众、推动改革发展的坚强战斗堡垒。

具体工作任务与工作重点是：健全以党组织为核心的组织体系，加强农村基层党组织带头人队伍建设，加强农村党员队伍建设，强化农村基层党组织建设责任与保障。

2. 促进自治法治德治有机结合

基本原则与要求是：坚持自治为基、法治为本、德治为先，健全和创新村党组织领导的充满活力的村民自治机制，强化法律权威地位，以德治滋养法治、涵养自治，让德治贯穿乡村治理全过程。

具体工作任务与工作重点是：深化村民自治实践，推进乡村法治建设，提升乡村德治水平，建设平安乡村。

3. 夯实基层政权

基本原则与要求是：科学设置乡镇机构，构建简约高效的基层管理体制，健全农村基层服务体系，夯实乡村治理基础。

具体工作任务与工作重点是：加强基层政权建设，创新基层管理体制机制，健全农村基层服务体系。

(七)保障和改善农村民生

1. 加强农村基础设施建设

基本原则与要求是：继续把基础设施建设重点放在农村，持续加大投入力度，加快补齐农村基础设施短板，促进城乡基础设施互联互通，推动农村基础设施提挡升级。

具体工作任务与工作重点是：改善农村交通物流设施条件，加强农村水利基础设施网络建设，构建农村现代能源体系，夯实乡村信息化基础。

2. 提升农村劳动力就业质量

基本原则与要求是：坚持就业优先战略和积极就业政策，健全城乡均等的公共就业服务体系，不断提升农村劳动者素质，拓展农民外出就业和就地就近就业空间，实现更高质量和更充分就业。

具体工作任务与工作重点是：拓宽转移就业渠道，强化乡村就业服务，完善制度保障体系。

3. 增加农村公共服务供给

基本原则与要求是：继续把国家社会事业发展的重点放在农村，促进公共教育、医疗卫生、社会保障等资源向农村倾斜，逐步建立健全全民覆盖、普惠共享、城乡一体的基本公共服务体系，推进城乡基本公共服务均等化。

具体工作任务与工作重点是：优先发展农村教育事业，推进健康乡村建设，加强农村社会保障体系建设，提升农村养老服务能力，加强农村防灾减灾救灾能力建设。

(八) 完善城乡融合发展政策体系

1. 加快农业转移人口市民化

基本原则与要求是：加快推进户籍制度改革，全面实行居住证制度，促进有能力在城镇稳定就业和生活的农业转移人口有序实现市民化。

具体工作任务与工作重点是：健全落户制度，保障享有权益，完善激励机制。

2. 强化乡村振兴人才支撑

基本原则与要求是：实行更加积极、更加开放、更加有效的人才政策，推动乡村人才振兴，让各类人才在乡村大施所能、大展才华、大显身手。

具体工作任务与工作重点是：培育新型职业农民，加强农村专业人才队伍建设，鼓励社会人才投身乡村建设。

3. 加强乡村振兴用地保障

基本原则与要求是：完善农村土地利用管理政策体系，盘活存量，用好流量，辅以增量，激活农村土地资源资产，保障乡村振兴用地需求。

具体工作任务与工作重点是：健全农村土地管理制度，完善农村新增用地保障机制，盘活农村存量建设用地。

4. 健全多元投入保障机制

基本原则要求与方向是：健全投入保障制度，完善政府投资体制，充分激发社会投资的动力和活力，加快形成财政优先保障、社会积极参与的多元投入格局。

具体规划任务与工作重点是：继续坚持财政优先保障，提高土地出让收益用于农业农村比例，引导和撬动社会资本投向农村。

5. 加大金融支农力度

基本原则要求与方向是：健全适合农业农村特点的农村金融体系，把更多金融资源配置到农村经济社会发展的重点领域和薄弱环节，更好满足乡村振兴多样化金融需求。

具体规划任务与工作重点是：健全金融支农组织体系，创新金融支农产品和服务，完善金融支农激励政策。

四、乡村振兴战略规划：规划实施保障措施

《乡村振兴战略规划（2018—2022）》的规划实施保障措施主要包括两个方面。该规划实施保障措施同样适用于"乡村产业振兴"。

(一)加强组织领导：根本保障措施

1. 基本原则要求是：坚持党总揽全局、协调各方，强化党组织的领导核心作用，提高领导能力和水平，为实现乡村振兴提供坚强保证。

2. 具体保障措施与工作重点：

一是落实各方责任。坚持工业农业一起抓、城市农村一起抓，把农业农村优先发展原则体现到各个方面。坚持乡村振兴重大事项、重要问题、重要工作由党组织讨论决定的机制，落实党政一把手是第一责任人、五级书记抓乡村振兴的工作要求。

二是强化法治保障。完善乡村振兴法律法规和标准体系，充分发挥立法在乡村振兴中的保障和推动作用。推动各类组织和个人依法依规实施和参与乡村振兴。加强基层执法队伍建设，强化市场监管，规范乡村市场秩序，有效促进社会公平正义，维护人民群众合法权益。

三是动员社会参与。搭建社会参与平台，加强组织动员，构建政府、市场、社会协同推进的乡村振兴参与机制。发挥工会、共青团、妇联、科协、残联等群团组织的优势和力量，发挥各民主党派、工商联、无党派人士等积极作用，凝聚乡村振兴强大合力。

四是开展评估考核。加强乡村振兴战略规划实施考核监督和激励约束。加强乡村统计工作，因地制宜建立客观反映乡村振兴进展的指标和统计体系。建立规划实施督促检查机制，适时开展规划中期评估和总结评估。

(二)有序实现乡村振兴：必要的保障措施

1. 基本原则要求是：充分认识乡村振兴任务的长期性、艰巨性，保持历史耐心，避免超越发展阶段，统筹谋划，典型带动，有序推进，不搞齐步走。

2. 具体保障措施与工作重点：

一是准确聚焦阶段任务。在全面建成小康社会决胜期，重点抓好防范化解重大风险、精准脱贫、污染防治三大攻坚战；在开启全面建设社会主义现代化国家新征程时期，重点加快城乡融合发展制度设计和政策创新，推动城乡公共资源均衡配置和基本公共服务均等化。

二是科学把握节奏力度。合理设定阶段性目标任务和工作重点，分步实施，形成统筹推进的工作机制。立足当前发展阶段，科学评估财政承受能力、集体经济实力和社会资本动力，依法合规谋划乡村振兴筹资渠道，合理确定乡村基础设施等供给水平，形成可持续发展的长效机制。

三是梯次推进乡村振兴。科学把握乡村区域差异，推动不同地区、不同发展阶段的乡村有序实现农业农村现代化。东部沿海发达地区、人口净流入城市的郊区、集体经济实力强以及其他具备条件的乡村，到2022年率先基本实现农业农村现代化。推动重点区加速发展，中小城市和小城镇周边以及广大平原、丘陵地区的乡村，到2035年基本实现农业农村现代化。聚焦攻坚区精准发力，革命老区、民族地区、边疆地区、集中连片特困地区的乡村，到2050年如期实现农业农村现代化。

第三节　乡村振兴专项产业发展规划

一、乡村产业振兴规划：含义、分类与政策构成体系

（一）乡村产业振兴规划：含义与分类

1. 乡村产业振兴规划：含义与内容

什么是乡村产业振兴规划？乡村产业振兴规划又称乡村产业发展规划，指党和政府制定组织的关于乡村产业振兴的全局性长期目标并将其付诸实施的行为准则或行动方案。乡村产业振兴规划是乡村振兴规划的内容之一，后者包括乡村人才振兴规划、乡村生态振兴规划、乡村组织振兴规划与乡村产业振兴规划。

制定乡村产业振兴规划分为三个阶段：第一个阶段确定目标。即乡村振兴在未来的发展过程中，要应对各种变化所要达到的目标。第二个阶段制定规划。即当目标确定了以后，考虑使用什么手

段、什么措施、什么方法来达到这个目标，这就是战略规划。最后阶段形成文本。即将规划形成文本，以备评估、审批，如果审批未能通过的话，那可能还需要多个迭代的过程，需要考虑怎么修正。

根据乡村振兴的基本含义，乡村产业振兴规划内容包括：第一产业乡村振兴规划、第二产业乡村振兴规划与第三产业乡村振兴规划；乡村种植业规划、乡村加工业规划、乡村流通业规划、乡村服务业规划。

乡村产业振兴规划的性质，相对于乡村振兴规划，属于专项规划。乡村产业振兴规划同样具有乡村振兴规划所具有的特征，同时也具有自身的特征，即专门性、行业性、条块性。

2. 乡村产业振兴规划：分类

根据不同标准或依据，乡村产业振兴规划可以进行多种分类划分。划分的方法有三种：第一种是学理分类，第二种是法定分类，第三种是实践分类。

实践中，乡村产业振兴规划可以划分为以下几类：

(1)从传统产业视角看，主要有农业产业振兴规划、工业产业振兴规划与服务产业振兴规划或称第一产业振兴规划、第二产业振兴规划与第三产业振兴规划。

(2)从工作实践看，主要有农业特色产业振兴规划、文旅产业振兴规划、大健康产业振兴规划与数字产业振兴规划等。

(3)从产业经济分类看，主要有特色产业振兴规划、主导产业振兴规划、优势产业振兴规划、重点产业振兴规划、扶持产业振兴规划与壮大产业振兴规划等。

(4)以时间长短为依据，可以划分为短期乡村产业振兴规划、中期乡村产业振兴规划与长期乡村产业振兴规划。

(5)以总体局部与否为依据，可以划分为乡村产业振兴总体规划、乡村产业振兴专项规划与乡村产业振兴详细规划。

（6）以行政隶属关系为依据，可以划分为全国乡村产业振兴规划、省级乡村产业振兴规划、地市州乡村产业振兴规划、县市区乡村产业振兴规划与乡镇乡村产业振兴规划。

（二）乡村产业振兴规划：规划文件名称与政策构成体系

2020 年 7 月 9 日，农业农村部印发《全国乡村产业发展规划（2020—2025 年）（农产发〔2020〕4 号）的通知》（以下简称《全国乡村产业发展规划》）。该发展规划对深入贯彻党中央、国务院决策部署，加快发展乡村产业具有重要作用。

资料显示，截至 2022 年上半年，全国不少省（直辖市、自治区）都先后制定了本省"乡村产业发展规划（2020—2025 年）"，部分地市州也进一步制定了更为具体的本地市州"乡村产业发展规划（2020—2025 年）"，个别县市区也制定了本县市区的"乡村产业发展规划（2020—2025 年）"。例如，《云南省人民政府关于印发云南省产业发展规划（2016—2025 年）的通知（云政发〔2016〕99 号）》2016 年 11 月 23 日；《安徽省农业农村厅关于印发安徽省乡村产业发展规划（2021—2025 年）的通知》2021 年 9 月 28 日；《福建省农业农村厅关于印发福建省乡村产业发展规划（2021—2025）的通知》2021 年 8 月 10 日；《漳州市农业农村局关于印发漳州市乡村产业发展规划（2021—2025）的通知（漳农通〔2021〕63 号）》2021 年 11 月 30 日；《宝鸡市人民政府关于印发宝鸡市奶山羊产业发展规划（2018—2025 年）的通知》2018 年 7 月 19 日。

乡村产业振兴规划构成体系：国家层面的"乡村产业振兴规划"与地方层面的"乡村产业振兴规划"共同构成乡村产业振兴规划政策体系。其中，地方层面包括：省自治区直辖市乡村产业振兴规划、地市州乡村产业振兴规划、县市区乡村产业振兴规划、乡镇街道乡村产业振兴规划。

二、国家层面乡村产业振兴规划：全国乡村产业发展规划

（一）《全国乡村产业发展规划》：内容构成体系与重要意义

1. 《全国乡村产业发展规划》：内容构成体系

《全国乡村产业发展规划（2020—2025年）》的内容框架体系主要包括11个方面：

（1）前言：制定依据与规划期限

（2）规划背景。内容包括重要意义、发展现状与机遇挑战。

（3）总体要求。内容包括指导思想、基本原则与发展目标。

（4）提升农产品加工业。内容包括完善产业结构、优化空间布局与促进产业升级。

（5）拓展乡村特色产业。内容包括构建全产业链、推进聚集发展、培育知名品牌与深入推进产业扶贫。

（6）优化乡村休闲旅游业。内容包括聚焦重点区域、注重品质提升、打造精品工程与提升服务水平。

（7）发展乡村新型服务业。内容包括提升生产性服务业、拓展生活性服务业与发展农村电子商务。

（8）推进农业产业化和农村产业融合发展。内容包括打造农业产业化升级版与推进农村产业融合发展。

（9）推进农村创新创业。内容包括培育创业主体、搭建创业平台、强化创业指导、优化创业环境与培育乡村企业家队伍。

（10）保障措施。内容包括加强统筹协调、加强政策扶持、强化科技支撑与营造良好氛围。

2. 《全国乡村产业发展规划》：重要意义

乡村产业振兴规划的重要意义主要有：一是发展乡村产业是乡村全面振兴的重要根基。乡村振兴，产业兴旺是基础。要聚集更多资源要素，发掘更多功能价值，丰富更多业态类型，形成城乡要素顺畅流动、产业优势互补、市场有效对接格局，乡村振兴的基础才

牢固。二是发展乡村产业是巩固提升全面小康成果的重要支撑。全面建成小康社会后，在迈向基本实现社会主义现代化的新征程中，农村仍是重点和难点。发展乡村产业，让更多的农民就地就近就业，把产业链增值收益更多地留给农民，农村全面小康社会和脱贫攻坚成果的巩固才有基础、提升才有空间。三是发展乡村产业是推进农业农村现代化的重要引擎。农业农村现代化不仅是技术装备提升和组织方式创新，更体现在构建完备的现代农业产业体系、生产体系、经营体系。发展乡村产业，将现代工业标准理念和服务业人本理念引入农业农村，推进农业规模化、标准化、集约化，纵向延长产业链条，横向拓展产业形态，助力农业强、农村美、农民富。

(二)《全国乡村产业发展规划》：指导思想、基本原则与发展目标

《全国乡村产业发展规划》的总体要求是指指导思想、基本原则、发展目标与远景谋划。该总体要求同样适用于"乡村产业振兴"。

1.《全国乡村产业发展规划》：指导思想与基本原则

《全国乡村产业发展规划》的指导思想为：以习近平新时代中国特色社会主义思想为指导，全面贯彻党的十九大和十九届二中、三中、四中全会精神，坚持农业农村优先发展，以实施乡村振兴战略为总抓手，以一二三产业融合发展为路径，发掘乡村功能价值，强化创新引领，突出集群成链，延长产业链，提升价值链，培育发展新动能，聚焦重点产业，聚集资源要素，大力发展乡村产业，为农业农村现代化和乡村全面振兴奠定坚实基础。

《全国乡村产业发展规划》的基本原则主要有5个方面：

一是坚持立农为农。以农业农村资源为依托，发展优势明显、特色鲜明的乡村产业。把二三产业留在乡村，把就业创业机会和产业链增值收益更多留给农民。

二是坚持市场导向。充分发挥市场在资源配置中的决定性作

用，激活要素、激活市场、激活主体，以乡村企业为载体，引导资源要素更多地向乡村汇聚。

三是坚持融合发展。发展全产业链模式，推进一产往后延、二产两头连、三产走高端，加快农业与现代产业要素跨界配置。

四是坚持绿色引领。践行绿水青山就是金山银山理念，促进生产生活生态协调发展。健全质量标准体系，培育绿色优质品牌。

五是坚持创新驱动。利用现代科技进步成果，改造提升乡村产业。创新机制和业态模式，增强乡村产业发展活力。

2.《全国乡村产业发展规划》：总体发展目标与具体发展目标

《全国乡村产业发展规划》的发展目标包括总体发展目标与具体发展目标两个方面：

（1）总体发展目标。到 2025 年，乡村产业体系健全完备，乡村产业质量效益明显提升，乡村就业结构更加优化，产业融合发展水平显著提高，农民增收渠道持续拓宽，乡村产业发展内生动力持续增强。

（2）具体发展目标。一是农产品加工业持续壮大。农产品加工业营业收入达到 32 万亿元，农产品加工业与农业总产值比达到 2.8 : 1，主要农产品加工转化率达到 80%。二是乡村特色产业深度拓展。培育一批产值超百亿元、千亿元优势特色产业集群，建设一批产值超十亿元农业产业镇（乡），创响一批"乡字号""土字号"乡土品牌。三是乡村休闲旅游业优化升级。农业多种功能和乡村多重价值深度发掘，业态类型不断丰富，服务水平不断提升，年接待游客人数超过 40 亿人次，经营收入超过 1.2 万亿元。四是乡村新型服务业类型丰富。农林牧渔专业及辅助性活动产值达到 1 万亿元，农产品网络销售额达到 1 万亿元。五是农村创新创业更加活跃。返乡入乡创新创业人员超过 1500 万人。

（三）《全国乡村产业发展规划》：基本要求、主要任务与工作

重点

《全国乡村产业发展规划》的核心政策规划内容主要包括以下6个方面。该核心政策规划内容同样适用于"乡村产业振兴"。

1. 提升农产品加工业

（1）基本原则与要求：农产品加工业是国民经济的重要产业。农产品加工业从种养业延伸出来，是提升农产品附加值的关键，也是构建农业产业链的核心。进一步优化结构布局，培育壮大经营主体，提升质量效益和竞争力。

（2）具体工作任务与工作重点：1）完善产业结构。统筹发展农产品初加工、精深加工和综合利用加工，推进农产品多元化开发、多层次利用、多环节增值。2）优化空间布局。按照"粮头食尾""农头工尾"的要求，统筹产地、销区和园区布局，形成生产与加工、产品与市场、企业与农户协调发展的格局。3）促进产业升级。技术创新是农产品加工业转型升级的关键。要加快技术创新，提升装备水平，促进农产品加工业提档升级。

2. 拓展乡村特色产业

（1）基本原则与要求：乡村特色产业是乡村产业的重要组成部分，是地域特征鲜明、乡土气息浓厚的小众类、多样性的乡村产业，涵盖特色种养、特色食品、特色手工业和特色文化等，发展潜力巨大。

（2）具体工作任务与工作重点：1）构建全产业链。以拓展二三产业为重点，延伸产业链条，开发特色化、多样化产品，提升乡村特色产业的附加值，促进农业多环节增效、农民多渠道增收。2）推进聚集发展。集聚资源、集中力量，建设富有特色、规模适中、带动力强的特色产业集聚区。打造"一县一业""多县一带"，在更大范围、更高层次上培育产业集群，形成"一村一品"微型经济圈、农业产业强镇小型经济圈、现代农业产业园中型经济圈、优势特色产业集群大型经济圈，构建乡村产业"圈"状发展格局。

3)培育知名品牌。按照"有标采标、无标创标、全程贯标"要求，以质量信誉为基础，创响一批乡村特色知名品牌，扩大市场影响力。4)深入推进产业扶贫。贫困地区发展特色产业是脱贫攻坚的根本出路。促进脱贫攻坚与乡村振兴有机衔接，发展特色产业，促进农民增收致富，巩固脱贫攻坚成果。

3. 优化乡村休闲旅游业

（1）基本原则与要求：乡村休闲旅游业是农业功能拓展、乡村价值发掘、业态类型创新的新产业，横跨一二三产业，兼容生产生活生态，融通工农城乡，发展前景广阔。

（2）具体工作任务与工作重点：1)聚焦重点区域。依据自然风貌、人文环境、乡土文化等资源禀赋，建设特色鲜明、功能完备、内涵丰富的乡村休闲旅游重点区。2)注重品质提升。乡村休闲旅游要坚持个性化、特色化发展方向，以农耕文化为魂、美丽田园为韵、生态农业为基、古朴村落为形、创新创意为径，开发形式多样、独具特色、个性突出的乡村休闲旅游业态和产品。3)打造精品工程。实施乡村休闲旅游精品工程，加强引导，加大投入，建设一批休闲旅游精品景点。4)提升服务水平。促进乡村休闲旅游高质量发展，要规范化管理、标准化服务，让消费者玩得开心、吃得放心、买得舒心。

4. 发展乡村新型服务业

（1）基本原则与要求：乡村新型服务业是适应农村生产生活方式变化应运而生的产业，业态类型丰富，经营方式灵活，发展空间广阔。

（2）具体工作任务与工作重点：1)提升生产性服务业。扩大服务领域。适应农业生产规模化、标准化、机械化的趋势，支持供销、邮政、农民合作社及乡村企业等，开展农技推广、土地托管、代耕代种、烘干收储等农业生产性服务，以及市场信息、农资供应、农业废弃物资源化利用、农机作业及维修、农产品营销等服务。2)拓展生活性服务业。丰富服务内容。改造提升餐饮住宿、商超零售、美容美发、洗浴、照相、电器维修、再生资源回收等乡村生活服务业，积极发展养老护幼、卫生保洁、文化演出、体育健身、法律咨询、信息中介、典礼司仪等乡村服务业。3)发展农村电子商务。培育农村电子商务主体，引导电商、物流、商贸、金融、供销、邮政、快递等各类电子商务主体到乡村布局，构建农村购物网络平台。依托农家店、农村综合服务社、村邮站、快递网点、农产品购销代办站等发展农村电商末端网点。

5. 推进农业产业化和农村产业融合发展

(1)基本原则与要求：农业产业化是农业经营体制机制的创新，农村产业融合发展是农业与现代产业要素的交叉重组，引领农业和乡村产业转型升级。

(2)具体工作任务与工作重点：1)打造农业产业化升级版。壮大农业产业化龙头企业队伍。实施新型农业经营主体培育工程，引导龙头企业采取兼并重组、股份合作、资产转让等形式，建立大型农业企业集团，打造知名企业品牌，提升龙头企业在乡村产业发展中的带动能力。指导地方培育龙头企业，形成国家、省、市、县级龙头企业梯队，打造乡村产业发展"新雁阵"。2)推进农村产业融合发展。培育多元融合主体。支持发展县域范围内产业关联度高、辐射带动力强、参与主体多的融合模式，促进资源共享、链条共建、品牌共创，形成企业主体、农民参与、科研助力、金融支撑的产业发展格局。

6. 推进农村创新创业

(1)基本原则与要求：农村创新创业是乡村产业振兴的重要动能。优化创业环境，激发创业热情，形成以创新带创业、以创业带就业、以就业促增收的格局。

(2)具体工作任务与工作重点：1)培育创业主体。深入实施农村创新创业带头人培育行动，加大扶持，培育一批扎根乡村、服务农业、带动农民的创新创业群体。2）搭建创业平台。按照"政府搭建平台、平台聚集资源、资源服务创业"的要求，建设各类创新创业园区和孵化实训基地。3）强化创业指导。建设农村创业导师队伍，健全指导服务机制。创新指导服务方式，通过网络、视频等载体，为农村创业人员提供政策咨询、技术指导、市场营销、品牌培育等服务。4）优化创业环境。强化创业服务，建立"互联网+"创新创业服务模式，为农村创新创业主体提供灵活便捷在线服务。强化创业培训，发挥农村创新创业带头人作用，讲述励志故事，分享创业经验。5）培育乡村企业家队伍。乡村企业家是乡村企业发展的核心，是乡村产业转型升级的关键。加强乡村企业家队伍建设的统筹规划，将乡村产业发展与乡村企业家培育同步谋划、同步推进。

三、地方层面乡村产业发展规划：福建省乡村产业发展规划

2021 年 8 月 10 日，福建省农业农村厅下发《关于印发福建省乡村产业发展规划（2021—2025）的通知》（以下简称《福建省乡村产业发展规划》）。该产业发展规划对深入贯彻党中央、国务院和省委、省政府决策部署、加快发展乡村产业、助力乡村全面振兴等具有重要作用。该产业规划内容包括：前言（规划依据与规划期限）、规划背景、总体要求、强化乡村产业服务保障等几个方面。

（一）《福建省乡村产业发展规划》：总体要求与保障措施

1.《福建省乡村产业发展规划》：指导思想与基本原则

《福建省产业发展规划》的指导思想为：以习近平新时代中国特色社会主义思想为指导，全面贯彻党的十九大以来决策部署和习近平总书记对福建工作的重要讲话重要指示批示精神，坚持农业农村优先发展，以实施乡村振兴战略为总抓手，以全产业链发展为路径，发掘乡村功能价值，强化创新引领，突出集群成链，延长产业链，提升价值链，聚焦重点产业，聚集资源要素，推动乡村产业升级，为农业农村现代化和乡村全面振兴奠定坚实基础。

《福建省乡村产业发展规划》的基本原则主要有4个方面：

一是坚持立农为农。以农业农村资源为依托，发展优势明显、特色鲜明的乡村产业。把二三产业留在乡村，把就业创业机会和产业链增值收益更多留给农民。二是坚持市场导向。充分发挥市场在资源配置中的决定性作用，激活要素、激活市场、激活主体，以新型农业经营主体为载体，引导资源要素更多地向乡村产业汇聚。三是坚持融合发展。发展全产业链模式，推进一产往后延、二产两头连、三产走高端，加快农业与现代产业要素跨界配置。四是坚持绿色引领。践行绿水青山就是金山银山理念，促进生产生活生态协调发展。健全质量标准体系，培育绿色优质品牌。

2.《福建省乡村产业发展规划》：发展目标

《福建省乡村产业发展规划》的发展目标包括两个方面：

(1)总体目标：到2025年，乡村产业竞争力进一步增强，乡村产业结构更加优化，产业融合发展水平显著提高，农业持续增效、农民增收渠道持续拓宽，乡村产业发展内生动力持续增强。

(2)具体目标。一是特色产业优势不断增强。茶叶、水果、畜禽、蔬菜、食用菌、水产、烤烟等七个优势特色产业全产业链总产值突破1.8万亿元，毛茶、食用菌等产量继续保持全国前列。二是农产品加工业持续壮大。产地初加工和精深加工水平整体提升，农产品加工业营业收入达到1.78万亿元，主要农产品加工转化率达83%。三是乡村新型服务业类型丰富。农村现代流通网络进一步健全，农资、农产品和消费品经营网点覆盖全省所有较大村，力争农产品网络零售额达500亿元。四是休闲农业优化升级。农业多种功能和乡村多重价值深度发掘，休闲农业业态类型不断丰富，服务水平不断提升，年接待游客超过1.3亿人次。五是乡村特色产业深度拓展。建设一批重点现代农业产业园、优势特色产业集群，打造一批农业产业强镇（乡）、"一村一品"专业村，创响一批"乡字号""土字号"乡土品牌。六是农村创业创新更加活跃。培育农村创业创新带头人 3 万人以上，农业重点县的行政村基本实现全覆盖。七是农业农民持续增效增收。农村居民人均可支配收入持续较快增长，增幅高于城镇居民收入增幅，城乡居民收入差距进一步缩小。

3. 《福建省乡村产业发展规划》：保障措施

《福建省乡村产业发展规划》的保障措施主要有 5 个方面：

一是加强组织领导。落实五级书记抓乡村振兴的工作要求，有力推动乡村产业发展。建立农业农村部门牵头抓总、相关部门协调配合、社会力量积极支持、农民群众广泛参与的推进机制，加强统筹协调，确保各项措施落实到位。

二是完善推广体系。创新农技服务新模式，大力发展农业科技社会化服务组织，支持市场化服务力量开展农技服务，完善公益性和经营性农技服务融合发展机制。构建农业"五新"进村入户长效机制，落实农技人员到村、技术要领到人、良种良法到田，促进农业科技成果转化和推广应用。

三是强化科技支撑。建立以企业为主体、市场为导向、产学研相结合的技术创新体系，加强创新成果产业化，提升产业核心竞争力。持续加强省级现代农业产业技术体系建设，充分发挥农业科技创新联盟的作用，推动全省农业科技力量整合、资源共享、形成合力，开展协同攻关，集中力量破解一批产业技术和工艺提升瓶颈问题。

四是加大政策支持。加快完善土地、资金、人才等要素支撑的政策措施，确保各项政策可落地、可操作、可见效。强化金融扶持政策，加大富民乡村特色产业信贷投入，多渠道促进农民经营收入增长。鼓励各类金融机构主动对接农村要素市场化配置改革，激活要素资源，创新信贷产品。

五是营造良好氛围。加大宣传力度，发挥主流媒体、网络新媒体等作用，围绕乡村产业高质量发展、联农带农机制、促进农民就业增收、巩固拓展脱贫攻坚成果的成就和经验，充分挖掘典型模式和成功做法，组织乡村产业系列宣传报道，推广"福建模式"鲜活经验，营造良好的舆论氛围。

（二）《福建省乡村产业发展规划》：主要任务与工作重点

《福建省乡村产业发展规划》主要任务有 6 个方面，工作重点有 24 条。

1. 做强乡村特色产业

一是突出优势产业。主要优势产业种类包括：茶叶产业、水果产业、蔬菜产业、畜禽产业、食用菌产业、水产产业、烟叶产业。

二是构建全产业链。基本任务与要求是：以拓展二三产业为重点，延伸产业链条，开发特色化、多样化产品，提升乡村特色产业的附加值，促进农业多环节增效、农民多渠道增收。工作重点包括：延伸产业链、打造供应链、提升价值链。

三是促进集聚提升。基本任务与要求是：实施特色现代农业高质量发展"3212"工程，形成"点、线、面"结合、功能有机衔接的发展格局，结合特色农产品优势区建设，培育发展一批特色农业产业强县、强镇、强村，推进农业集聚集群发展。工作重点包括：现代农业产业园、优势特色产业集群、现代农业产业强镇、"一村一品"专业村。

四是培育知名品牌。基本任务与要求是：实施农业品牌提升行动，加快形成以区域公用品牌、企业品牌、大宗农产品品牌、特色农产品品牌为核心的农业品牌格局，积极构建政府、行业协会、科研院所和企业协同推进农业品牌建设的新机制。

2. 提升农产品加工业

一是完善产业结构。基本任务与要求是：统筹发展农产品初加工、精深加工和综合利用加工，推进农产品多元化开发、多层次利用、多环节增值。工作重点包括：加快初加工发展、提升精深加工水平、推进综合利用。

二是优化空间布局。基本任务与要求是：推进农产品加工向产区、销区和园区聚集，形成生产与加工、产品与市场、企业与农户协调发展的格局。优化空间布局的内容包括：引导向主产区聚集，加强与主销区对接，推动到加工园区集中。

三是加快技术升级。基本任务与要求是：加快技术创新，提升装备水平，促进农产品加工业转型升级。工作重点包括：推进加工技术创新，推进加工装备创制。

四是强化产业服务。基本任务与要求是：立足资源禀赋，强化金融投资、品牌提升、市场营销等产业增值增效服务，促进产业提质增效。工作重点包括：当好投资向导服务，深化品牌引导服务，拓展营销传导服务。

3. 推进休闲农业升级

一是聚焦重点区域。基本任务与要求是：依托自然风貌、人文环境、乡土文化等资源禀赋，建设特色鲜明、功能完备、内涵丰富的休闲农业重点区，推进产业规模化集群发展，形成沿线成廊、连片成带、集群成圈的休闲农业格局。工作重点包括：打造都市休闲农业特色圈，打造生态休闲农业特色带，打造乡土文化休闲农业特色区，打造传统农区休闲农业特色片。

二是注重品质提升。基本任务与要求是：以农耕文化为魂、美丽田园为韵、生态农业为基、古朴村落为形、创新创意为径，鼓励多主体参与，开发形式多样、独具特色、个性突出的休闲农业业态和产品，推动休闲农业个性化、特色化发展。工作重点包括：丰富产品类型，突出文化底蕴，推进融合发展。

三是打造精品工程。基本任务与要求是：实施休闲农业精品工程，建设重点县、重点线、重点村，串点连线成面，打造形成一批具有福建特色的休闲农业品牌。工作重点包括：点上提升，线上连接，面上拓展。

四是提升服务水平。基本任务与要求是：促进乡村休闲旅游高质量发展，要规范化管理、标准化服务，让消费者玩得开心、吃得放心、买得舒心。工作重点包括：强化规范管理，提升服务能力，完善配套设施。

4. 发展乡村新型服务业

一是提升农业社会化服务水平。基本任务与工作重点是：实施农业社会化服务促进行动，构建新型农业专业化社会化服务体系，推进服务主体的整合和服务资源的共享利用。

二是拓展农村生活性服务业。基本任务与工作重点是：改造提升养老托幼产业等乡村生活服务业，积极发展订制服务等新形态，推动传统服务业升级改造。

三是发展乡村物流业。基本任务与工作重点是：大力发展乡镇综合运输服务站等网点设施，推动国家级省级电子商务进农村综合示范县创建，探索开通农超对接产销对接物流线路，优化重要节点物流基础设施布局。

四是发展农村电子商务。基本任务与工作重点是：建立多层次电子商务渠道，发展多样化电子商务销售模式，积极开展网上促销活动，加快"互联网+"农产品出村进城。

5. 壮大新型经营主体

一是壮大农业产业化龙头企业队伍。基本任务与工作重点是：大力培育农业产业化龙头企业和农业产业化联合体，开展"专精特新"技术攻关，开展龙头企业人才培训，鼓励龙头企业与农民合作社家庭农场等建立紧密利益联结机制。

二是规范提升农民专业合作社。基本任务与工作重点是：组织实施农民专业合作社规范提升行动，规范合作社财务管理，推进农民专业合作社质量提升工程，加强合作社人才队伍建设，加强财政税收金融用地等要素保障，引导合作社和龙头企业有效对接。

三是大力发展家庭农场。基本任务与工作重点是：探索特色产业支撑家庭农场发展模式，建立家庭农场名录管理制度，开展省市县三级示范家庭农场创建，建立家庭农场辅导队伍，促进形成家庭农场示范片或集聚区。

6. 推进农村创业创新

一是培育创业主体。基本任务与要求是：深入实施农村创业创新带头人培育行动，以返乡入乡创业创新农民工、中高等院校毕业生、退役军人、科技人员和在乡创业创新等人员为重点对象，培育一批创业创新活跃、联农带农紧密、业绩突出的创业创新群体。工作重点包括：引导返乡创业，鼓励入乡创业，支持在乡创业。

二是搭建创业平台。基本任务与要求是：促进乡村产业振兴，需要集聚更多的资源要素。按照"政府搭建平台、平台聚集资源、资源服务创业"的要求，建设各类创业创新园区和孵化实训基地。工作重点包括：推介农村创业创新典型县，建设农村创业创新园区，建设孵化实训基地。

三是强化创业指导。基本任务与工作重点是：建立农村创业导师队伍，健全指导服务机制，壮大高素质农民队伍。

四是优化创业环境。基本任务与工作重点是：强化创业服务，开展创业宣传，举办创意大赛。

第三章 行 动 方 案

第一节 行 动 计 划

一、乡村产业振兴行动计划：含义、特征与政策构成体系

（一）乡村产业振兴行动计划：含义与特征

什么是行动计划？行动计划是指为完成某项工作，从目标要求、工作内容、方式方法及工作步骤等做出全面、具体而又明确安排的一种应用文体。

什么是乡村产业振兴行动计划？乡村产业振兴行动计划是指根据上级机构乡村产业振兴工作要求，下级机构从目标要求、工作内容、方式方法及工作步骤等做出全面、具体而又明确安排的一种应用性规范性文体。进一步而言，所谓乡村产业振兴行动计划是指根据国家部委乡村产业振兴工作要求，地方政府及其相关部门机构从目标要求、工作内容、方式方法及工作步骤等做出全面、具体而又明确安排的一种应用性规范性文体。

乡村产业振兴行动计划通常由标题、主送机关、正文、落款四个部分内容构成。实施方案的正文一般分前言、主体、结尾三部分。

其基本特征表现在：应用广泛性、内容具体性、规定细则性、相对权威性；地方性、区域性、可操作性、程序性、参考性。

乡村产业振兴行动计划可以从不同的角度进行分类：

（1）根据综合还是专门，可以划分为综合性乡村产业振兴行动计划与专门性乡村产业振兴行动计划；

（2）根据短期还是长期，可以划分为乡村产业振兴一年行动计划、乡村产业振兴三年行动计划与乡村产业振兴五年行动计划；

（3）根据行政隶属关系，可以划分为省级（省、自治区、直辖市）乡村产业振兴行动计划、地级（地市州）乡村产业振兴行动计划、县级（县市区）乡村产业振兴行动计划、乡级（乡镇街道）乡村产业振兴行动计划。

（二）乡村产业振兴行动计划：政策文件与政策构成体系

乡村产业振兴行动计划的政策文件主要是指地方各级政府及其相关部门制定出台的关于乡村产业振兴的各类行动计划的规范性文件。

资料显示，截止到 2022 年上半年，不少省级（省、自治区、直辖市）地方政府及职能部门都先后制定出台了乡村产业振兴行动计划，很多地级（地市州）政府及职能部门都先后制定出台了乡村产业振兴行动计划，部分县级（县市区）政府及职能部门也先后制定出台了乡村产业振兴行动计划，有个别乡级（乡镇街道）政府制定出台了乡村产业振兴行动计划。

代表性乡村产业振兴行动计划的政策文件主要有：《山东省人民政府关于印发山东省促进乡村产业振兴行动计划的通知（鲁政发〔2020〕1 号）》2020 年 1 月 6 日；《中共河南省委农村工作领导小组关于印发〈河南省乡村产业振兴五年行动计划〉的通知（豫农领发〔2021〕2 号）》2021 年 3 月 12 日；《洛阳市人民政府办公室关于印发洛阳市乡村产业振兴行动计划的通知（洛政办〔2022〕9 号）》2022 年 1 月 20 日；《杭州市高质量推进乡村产业振兴行动计划（2018—2022 年）》；《关于加快培育新型农业经营主体的实施方案》2019 年 7 月 16 日；《河南省人民政府办公厅关于印发河南省肉牛奶牛产业发展行动计划的通知（豫政办〔2022〕31 号）》2022

年 4 月 5 日；《广西壮族自治区人民政府办公厅关于印发广西乡村振兴产业发展基础设施公共服务能力提升三年攻坚行动方案（2021—2023 年）的通知（桂政办发〔2021〕19 号）》2021 年 3 月 19 日。

乡村产业振兴行动计划政策构成体系：就是由地方各级政府及其相关部门制定出台的各类乡村产业振兴行动计划的一系列规范性文件的构成体系。内容包括省级（省、自治区、直辖市）、地级（地市州）、县级（县市区）、乡级（乡镇街道）等乡村产业振兴行动计划政策文件。

二、省级层面乡村产业振兴行动计划：基本要求与基本内容

什么是省级层面乡村产业振兴行动计划？省级层面乡村产业振兴行动计划是指由省政府、自治区政府与直辖市政府制定出台的乡村产业振兴行动计划。主要包括：省政府乡村产业振兴行动计划；自治区政府乡村产业振兴行动计划；直辖市政府乡村产业振兴行动计划。

省级层面乡村产业振兴行动计划的代表性政策文件主要有：《山东省人民政府关于印发山东省促进乡村产业振兴行动计划的通知（鲁政发〔2020〕1 号）》（以下简称《山东省行动计划》）2020 年 1 月 6 日；《中共河南省委农村工作领导小组关于印发〈河南省乡村产业振兴五年行动计划〉的通知（豫农领发〔2021〕2 号）》（以下简称《河南省行动计划》）。

《河南省行动计划》的内容包括：总体要求、工作机制、主要任务、保障措施等几个方面。其中，主要任务就是做强三大产业、完善三大体系、实施五大行动。

（一）《河南省行动计划》总体要求、专班工作机制与保障措施

1.《河南省行动计划》总体要求：基本原则与发展目标

《河南省行动计划》的基本原则主要有 6 条：

一是坚持发挥优势。依托资源禀赋、交通区位等优势，优化乡村产业布局，因地制宜发展优势明显、特色鲜明的乡村产业。二是坚持遵循规律。把握乡村产业发展规律，充分发挥市场在资源配置中的决定性作用，不搞"一刀切"和强迫命令。三是坚持六化方向。推进农业发展布局区域化、生产标准化、经营规模化、发展产业化、方式绿色化、产品品牌化。四是坚持联农带农。尊重农民意愿，健全利益联结机制，坚持产业帮扶到乡到村带户，把以农业农村资源为依托的二三产业留在农村，把农业产业链的增值收益、就业岗位尽量留给农民，促进农民持续稳定增收。五是坚持三链同构。以乡村产业链延伸带动价值链提升和供应链构建，打通产业堵点，促进产业集聚，带动产业升级。六是坚持融合发展。推动人才、土地、资本等要素在城乡间双向流动和平等交换，大力发展乡村二三产业，促进一二三产业有效衔接、多业态融合发展。

《河南省行动计划》的发展目标主要有两个阶段目标：1）到2021年，乡村产业振兴全面推进，粮食产量稳定在1300亿斤以上，十大优势特色农业产值达到5800亿元左右，农产品加工转化率达到70%以上，农业科技进步贡献率提高到64%以上，农村居民人均可支配收入达到17500元以上。2）到2025年，粮食产能稳定在1300亿斤以上，初步建成新时期国家粮食生产核心区，十大优势特色农业产值达到6500亿元以上，农产品加工转化率达到75%左右，农业科技进步贡献率提高到67%左右，农村居民人均可支配收入达到25000元以上，力争达到全国平均水平。部分产业基础较好的县（市、区）率先基本实现农业现代化。

2. 《河南省行动计划》：专班工作机制与保障措施

《河南省行动计划》专班工作机制包括两个方面的内容：一是机构组成。机构组成内容包括：组长、副组长与若干成员，下设专班办公室。专班办公室设在省农业农村厅，省委农办主任、省农业农村厅厅长兼任办公室主任，省农业农村厅副厅长兼任办公室副主任。二是推进机制。内容主要包括 6 个方面：全体会议制度、协调推进机制、责任落实机制、日常联络机制、督促检查机制、请示报告机制。

《河南省行动计划》保障措施主要有 6 个方面：一是加大资金投入；二是完善用地政策；三是深化农村改革；四是扩大农业开放；五是强化农业风险防控；六是加强组织领导。

(二)《河南省行动计划》主要任务：三大产业与三大体系

1.《河南省行动计划》：做强三大产业

《河南省行动计划》的三大产业包括：高效种养业、绿色食品业与乡村现代服务业。

(1)高效种养业。

一是做强粮食产业。建设新时期国家粮食生产核心区，努力把全省建成全国重要的口粮生产供给中心、粮食储运交易中心、绿色食品加工制造中心、农业装备制造中心和面向世界的农业科技研发中心、农业期货价格中心，打造国家粮食安全产业带。严格耕地保护，遏制耕地"非农化"，防止"非粮化"，确保粮食播种面积不低于 16 亿亩。实施优质粮食工程，重点抓好 105 个产粮大县和 40 个优质专用小麦示范县建设，培育壮大一批粮食精深加工企业，打造"豫麦品牌"。到 2025 年，粮油加工转化率达到 90% 以上，粮食产业经济总产值达到 4000 亿元以上。

二是壮大现代畜牧业。稳定生猪产能，提高生猪养殖规模化、标准化、装备化水平，生猪出栏量保持在 6000 万头左右。大力发展优质草畜，积极培育肉牛、肉羊养殖大县，壮大母畜种群数量，大力推广"户繁—企育—龙头带动"产业发展模式，打造豫西南伏牛山、大别山全产业链肉牛产业带，到 2025 年，全省肉牛出栏量达到 400 万头左右、肉羊出栏量达到 3500 万只左右。扎实推进奶业振兴，重点发展存栏 300 头以上规模养殖场，到 2025 年，奶牛存栏达到 50 万头以上、奶产量 300 万吨左右，基本满足河南乳品加工奶源需要。做优家禽产业，重点发展年出栏 5 万只以上肉鸡、1 万只以上蛋鸡规模场，到 2025 年，家禽出栏量稳定在 13 亿只左右。加快发展优质饲草，扩大青贮玉米、杂交构树种植面积，建设黄河滩区百万亩绿色优质草业带，到 2025 年，全省粮改饲面积发展到 600 万亩左右。

三是做优特色农业。加快建设十大优势特色农产品基地，根据市场需求适度扩大种养规模，创建一批国家级、省级特色农产品优势区。加快优质专用小麦组织化标准化生产，发展单品种集中连片种植，推进"专种、专收、专储、专用"，到 2025 年，优质专用小麦发展到 2000 万亩左右。加快优质花生绿色化发展，建设一批绿色高产高效示范基地，扩大高油、高油酸花生面积，到 2025 年，优质花生发展到 2500 万亩左右。加快优质林果标准化生产，在洛阳、三门峡、南阳、信阳等林果业大市每年创建一批标准园，加快产后储藏保鲜设施建设，到 2025 年，优质林果面积发展到 1500 万亩左右。以卢氏、西峡、泌阳等 37 个食用菌大县为重点，发展优质食用菌产业，提升食用菌工厂化种植水平，到 2025 年，食用菌发展到 700 万吨左右。以卢氏、嵩县、淅川、新县等 42 个县（市、区）为重点，发展优质中药材，提升中药材产业化水平，到 2025 年，中药材发展到 600 万亩左右。

（2）绿色食品业。

一是做优面制品。优化产品结构，加快专用面粉、功能性面粉研发，增加多元化、定制化、个性化产品供给，满足细分市场需求。加快推进精深加工，加大技术创新力度，巩固速冻米面食品优势，大力发展休闲食品、方便食品，开发中高档主食加工产品。支持面制品加工企业做大做强，打造一批行业龙头，培育一批知名品牌。到 2025 年，面制品企业营业收入达到 3200 亿元。

二是做强肉制品。加快"调猪"向"调肉"转变，引导屠宰产能向养殖集中区转移，鼓励养殖场自建屠宰厂，实现生猪养殖就地屠宰加工，不断提高猪肉深加工比例，力争到 2025 年生猪基本实现省内屠宰，具备分割加工能力的屠宰企业占比超过 50%。大力发展牛羊屠宰加工业，鼓励企业转型发展，不断提高精深加工能力，到 2025 年，肉牛屠宰加工能力达到 130 万头，肉羊屠宰加工能力达到 500 万头，建成全国重要的牛羊肉生产加工基地。稳定发展禽肉加工，加快新品种研发，提高产品档次，扩大出口规模，到 2025 年，禽肉加工能力达到 12 亿只。充分利用我省丰富的畜产品资源，大力发展中央厨房等新型业态，做大做强肉制品产业。

三是做精油脂制品。支持油脂龙头企业在我省花生主产区加快产业布局，建立大型油料加工企业，提升花生产业化水平。加快高端花生产品开发，支持企业开展花生油深加工技术研究，培育有机、绿色高油酸花生油品牌，发展高附加值花生巧克力、花生酱、花生饮料等休闲食品和高端西点食品配料等调味品等，不断拉长花生加工链条。发展特色油料，稳定芝麻油加工，加快双低油菜加工，大力发展核桃、油茶、杜仲、油用牡丹等木本油料。到 2025 年，油脂制品企业营业收入 600 亿元。

四是做大乳制品。加快优质奶源基地建设，重点支持乳品企业自建联建 2000 头以上现代化、标准化奶牛养殖场，提高奶源自给率。培育壮大乳品加工龙头企业，完善利益联结机制，增强带动能力，扩大产业集群规模。调整乳制品结构，积极实施优质乳工程，扩大巴氏奶等低温乳制品的生产供应，开发适销对路乳制品，满足不同消费群体的多样化需求。到 2025 年，乳制品企业营业收入达到 400 亿元。

（3）乡村现代服务业。

一是发展乡村仓储冷链物流业。实施农产品仓储保鲜冷链物流设施建设工程，在小麦、玉米、花生等大宗粮油作物生产基地，加快建设烘干仓储设施；在蔬菜、水果、茶叶、食用菌、中药材等特色作物主产区，加快建设产地清洗、分选、包装、冷藏设施，降低产后损失率；支持畜禽屠宰企业配套建设冷链物流设施。加强县乡村冷链设施供给，建立覆盖农产品加工、运输、储存、销售等环节的全程冷链物流体系。鼓励供销、邮政快递和大型商贸物流企业加快在农村地区经营布局，培育发展一批具有较强供应链整合能力的农产品流通企业。到 2025 年，各省辖市、济源示范区的农产品骨干冷链物流基地建设实现全覆盖，区域性农产品产地仓储冷链物流设施达到 50 家以上。

二是优化乡村旅游业。依托城市、景区集聚优势发展乡村旅游，在城市周边打造近郊乡村游憩地。依托精品民宿打造高端乡村旅游目的地，发展特色精品民宿。依托文化资源打造体验型乡村旅游目的地，建成一批红色游、访古游等特色鲜明的主题文化镇（村），发展乡村研学旅游。依托生态和气候资源打造康养型乡村旅游目的地，建设一批森林小镇和森林乡村，发展森林度假、运动健身、养生养老、气候康养产业。充分发挥农村特色种植、特色养殖资源，打造一批休闲农业精品园区和乡村田园综合体，满足游客回归自然、休闲娱乐需求。挖掘各地餐饮文化，推广乡村旅游美食，加强创意设计，推出一批体现河南文化特色、具有时尚气息的"老家礼物"旅游商品。到 2025 年，打造 50 个乡村旅游示范县（市、区）、200 个生态旅游示范乡（镇）、1000 个乡村旅游特色村，全省乡村旅游年接待游客 4 亿人次，年经营总收入达到 3000 亿元。

三是发展各类社会化服务。加快发展农业生产性服务业，立足服务农业产前、产中、产后全过程，大力发展农资供应、土地托管、代耕代种、统防统治、农产品初加工等农业生产性服务业。积极发展农村生活性服务业，改造农村传统小商业、小门店、小集市等，发展农村批发零售、乡村物流、养老托幼等服务。完善农村公共服务体系，支持农民合作社、农村集体经济组织和供销、邮政快递、农业服务公司生产服务一体化发展，构建公益性服务和经营性服务相结合的新型农业农村综合服务体系。到2025年，农林牧渔服务业产值达到1600亿元以上，占农林牧渔业总产值比例提高到10%左右。

四是提升乡村信息产业。加快产业数字化，依托现代农业产业园、优势特色农业集群、农业产业强镇等平台，推动5G、北斗卫星导航、农业遥感技术和物联网等在农业中的应用，大力发展智慧农业，打造一批智慧田园、智慧果（菜、茶）园、智慧牧场和智慧渔场，提升智慧农机水平。发展农村电商，深入实施信息进村入户工程、"互联网+"农产品出村进城工程，持续推进电子商务进农村综合示范，培育认定一批县域冷链、快递、电商物流示范园区。推进数字产业化，培育一批掌握核心技术、创新能力突出、品牌知名度高、市场竞争力强的农业农村数字企业，重点打造20家以上行业领先、技术优势明显、市场占有率高的领军企业，举办中国（郑州）数字乡村论坛。到2025年，创建60个以上数字乡村示范县。

2.《河南省行动计划》：完善三大体系

《河南省行动计划》的三大体系包括：现代农业生产体系、现代农业产业体系与现代农业经营体系。

（1）现代农业生产体系。

一是加快建设高标准农田。实施新一轮高标准农田建设，优先在粮食生产功能区、重要农产品生产保护区建设高标准农田。开展耕地保护和质量提升行动，推进绿色农田建设示范，不断提升耕地质量水平。加快高标准农田上图入库，健全工程管护机制。到2025年，全省新建2000万亩，整治提升2000万亩，高标准农田保有量达到8000万亩以上。大力发展高效节水灌溉，打造一批高效节水灌溉示范区，带动全省高效节水灌溉面积到2025年达到4000万亩左右。

二是打好种业翻身仗。加快现代种业发展，建设现代种业强省。加强种质资源保护和利用，加快省级种质资源库建设，建成国家区域性（河南）农作物种质资源保护利用中心库。实施省级现代种业提升工程，加强良种繁育和南繁基地建设，优化良种繁育体系，在稳固小麦、玉米、花生等大宗农作物育种优势基础上，以粮食作物、经济作物、林果花草和主要畜禽为重点，培育突破性新种质、新品种。加快国家生物育种产业创新中心建设，努力打造全球生物育种新高地、全国种业发展体制机制创新"试验田"和具有国际竞争力的种业"航母"集群。创建以种业为主导产业的国家现代农业产业园，建设一批省级种业现代农业产业园。培育大型育繁推一体化企业，加快推进商业化育种、新品种推广和产业化应用。到2025年，创制突破性新种质30份以上，培育新品种（配套系）300个以上，主要农作物良种覆盖率达到97%以上。

三是提升科技支撑水平。加快建设农业供给安全实验室，支持高校、科研院所、农业高新技术企业组建产业创新联盟、创新中心、重点实验室，打造高层次的农业科技创新平台。加大国家和省级农业科技园区建设力度，推动提质增效，支持周口建设国家农业高新技术示范区，支持新乡在国家农业科技园区的基础上创建国家农业高新技术示范区。开展农业全产业链科技攻关，以良种繁育、农机装备、农产品加工、智慧农业等为重点，突破一批技术卡点，不断提升自主创新能力和产业发展水平。加快农业科技成果转化应用，强化省市县乡农技推广网络建设，构建农科教推、产学研用推广新机制。深入推行科技特派员制度，推动人才下沉、科技下乡。

四是加快农业全面机械化。大力推进粮食作物生产全程机械化，加快果菜茶、畜牧水产、设施农业和农产品加工等设施装备发展。加快建设国家农机装备创新中心、拖拉机动力系统国家重点实验室，打造农机领域原创科技策源中心、行业技术进步促进中心，建设成为国际一流农机装备创新平台，推进国家农机重点实验室建设，促进农机装备、农机作业和信息技术融合发展。积极培育专业化、综合性的农机服务组织，探索完善全程托管、"互联网+农机作业"等农机服务模式。到 2025 年，主要农作物耕种收综合机械化率达到 90% 以上，设施农业、畜牧养殖、水产养殖和农产品初加工机械化率总体达到 50% 以上。

（2）现代农业产业体系

一是推进全产业链发展。强化主导产业链培育，围绕小麦、玉米、花生、猪、牛、羊、禽、果蔬、食用菌、中药材等十大主导产业，延伸产业链、提升价值链、打造供应链，构建链条完善、循环畅通、运转高效的发展格局。加强规划引领，坚持问题导向和目标导向，建立健全每个产业链发展图谱，围绕产业链布局创新链，解决产业链上"卡脖子"难题。实行专班推动，开展产业链示范创建，推动补链延链强链，提高农业综合效益和竞争力。到 2025 年，培育 10 条以上省级主导产业链。

二是壮大特色产业集群。围绕特色主导产业发展特色产业集群，吸引与主导产业相关的龙头企业和食品装备、包装、印染、物流等配套产业集聚发展，形成纵横结合、有机衔接、高效配套的产业发展布局。加快速冻食品、休闲食品、调味品等产业和肉牛、奶牛、花生、茶叶、林果、食用菌、中药材等农产品加工业发展，在基础条件好、发展潜力大、集中连片的地区开展优势特色产业集群创建。积极培育豫西南黄牛、伏牛山香菇等优势特色产业集群。到 2025 年，力争培育 10 个国家级优势特色产业集群。

三是培育特色农业强县强镇。加快发展"一县一业"，支持每个县培育 1~2 个特色主导产业，到 2025 年，60% 以上的县培育出特色鲜明的主导产业。全面推进"一镇一特"，坚持多主体参与、多业态打造、多要素集聚、多利益联结、多模式创新，加快建设农业产业强镇，培育乡村产业"增长极"。大力发展乡土特色产业，重点发展特色食品、手工业制造和绿色建筑建材等，促进乡村特色文化产业发展。到 2025 年，创建 300 个以上国家级、省级农业产业强镇。

四是构建现代农业产业园体系。把现代农业产业园建设作为推进现代农业和农村一二三产业融合发展的重要抓手，加快建设县级现代农业产业园，逐步构建国家、省、市、县四级现代农业产业园体系，到2025年，创建10个以上国家级、100个以上省级、200个以上市级、300个以上县级现代农业产业园。规划建设农业现代化示范区，推进国家农村产业融合发展示范园建设。以新乡平原示范区为主体，整合各种科技要素和资源，着力建设重点实验室、产业创新中心、技术创新中心、工程技术研究中心、种质资源库等科技创新平台，打造"中国农谷"。

（3）现代农业经营体系

一是培育提升农民合作社。加快农民合作社培育，加强农民合作社服务中心和县乡合作社辅导员队伍建设，推进农民合作社示范创建和整县提升，引导农民合作社依法自愿组建联合社，扶持农民合作社持续发展壮大。扎实开展农民合作社规范提升行动，引导合作社完善章程制度，合理分配收益，完善利益联结机制，促进小农户和现代农业有机衔接。支持供销合作社发展生产、供销、信用"三位一体"综合合作。到2025年，农民合作社发展到25万家，省级以上农民合作社示范社发展到3000家以上，土地适度规模经营面积占比达到80%以上，供销社系统土地托管服务能力达到3000万亩。

二是发展壮大家庭农场。扩大家庭农场数量，以县（市、区）为重点建立健全家庭农场名录管理制度，把符合条件的种养大户、专业大户纳入家庭农场范围。提升家庭农场发展质量，整县推进家庭农场示范创建。引导家庭农场开展联合与合作，鼓励家庭农场与农民专业合作社、龙头企业联合与合作，创建农业产业化联合体。到2025年，家庭农场发展到30万家，县级以上示范家庭农场达到1万家。

三是发展社会化服务组织。按照主体多元、形式多样、服务专业、竞争充分的原则，加快培育各类服务组织，充分发挥不同服务主体各自的优势和功能。支持各类专业服务公司发展，鼓励各类服务组织加强联合与合作。大力发展新型集体经济组织，发挥集体经济组织联农带农作用，支持开展专业化社会化服务，壮大农村集体经济，推动资源变资产、资金变股金、农民变股民。到2025年，省级以上农业社会化服务示范组织发展到1000家以上，供销社系统建设标准化一站式为农服务中心200个，快递服务行政村通达率达到100%，有集体经营收益的村占比达到80%以上。

（三）《河南省行动计划》主要任务：实施五大行动

《河南省行动计划》的主要任务是"五大行动"：

1. 绿色兴农行动。树牢绿色发展理念，推动生产、生活、生态协调发展。加强农业资源保护和高效利用，深入推进农业面源污染防治，大力发展节水、节肥、节药、节地农业，实现农业清洁生产。积极发展生态循环农业，加快农产品绿色原料基地建设，推进畜禽粪污、秸秆、农膜、农产品加工副产物等资源化利用。探索农业绿色发展机制，大力推进农业绿色发展先行区建设。到2025年，主要农作物化肥、农药利用率力争达到43%，畜禽养殖粪污综合利用率达到83%以上、秸秆综合利用率达到93%以上。

2. 质量兴农行动。建立健全农业标准体系，支持龙头企业、农民专业合作社等规模生产经营主体按标生产，到2025年，农业地方标准达到600个以上。强化质量安全监测，加强检测能力建设，扩大检测覆盖面。加强质量安全追溯管理，以蔬菜、林果、肉蛋奶等"菜篮子"产品为重点，有序扩大农产品追溯管理范围，到2025年，80%以上的农业规模经营主体基本实现农产品可追溯。实行食用农产品合格证制度，推进绿色食品、有机农产品、农产品地理标志认证，加快建设绿色食品原料基地，到2025年，绿色食品达到5000个以上。强化质量安全监管，推进农产品质量安全县

(市)创建，到 2025 年，50%以上的县（市、区）达到国家级农产品质量安全县标准。

3. 品牌强农行动。大力培育农业品牌，实施品牌目录管理制度，发挥特色农产品优势区带动效应，大力发展农产品区域公用品牌，着力打造"豫农优品"整体品牌，提升河南农产品竞争力。重点围绕面、肉、油、乳、果蔬等产业，加快培育一批知名企业品牌、产品品牌。精心呵护品牌，建立健全农业品牌监管机制，严格监测抽检和执法检查，加大套牌和滥用品牌行为的惩处力度。积极推广品牌，充分利用现代媒体和各类农业展会平台宣传河南农产品，讲好品牌故事，塑造品牌形象，推动更多"豫农优品"抢占高端市场。到 2025 年，省级以上农产品品牌达到 1500 个以上。

4. 龙头企业培育行动。重点围绕面、肉、油、乳、果蔬等产业，开展龙头企业规模倍增计划、区域拓展计划、优势特色产业龙头企业培育计划，培育壮大龙头企业。支持发展潜力大的中小农产品加工企业延链补链、提档升级，加快培育一批细分领域龙头企业。积极引进龙头企业，支持龙头企业转型发展，鼓励龙头企业以资本、技术、品牌为纽带，通过兼并重组、参股控股、改组上市等形式实现强强联合，支持现有农产品加工龙头企业完善法人治理结构，建立现代企业制度。到 2025 年，省级以上农业产业化龙头企业发展到 1000 家以上。

5. 高素质农民培育行动。强化农业科技人才培养，依托高校、科研院所加快培育创新人才，办好现代农业职业教育，推进农业本科职业教育，优化涉农专业设置，吸引更多农村学生报考高职院校。用好各类农业教育资源，实施"一村一名大学生"培育计划，以基层组织带头人、乡村产业带头人及青年后备农民为重点，加快农村实用人才培训。以新型农业经营服务主体、返乡入乡创新创业者、专业种养加能手等为重点，围绕主导产业提升农民职业技能，培育一批有文化、懂技术、善经营、会管理的高素质农民队伍。到

2025 年，培育高素质农业生产经营者 100 万人以上。

三、地级县级层面乡村产业振兴行动计划：基本要求与基本内容

（一）地级县级层面乡村产业振兴行动计划：含义与代表性文件

什么是地级县级层面乡村产业振兴行动计划？地级县级层面乡村产业振兴行动计划是指由地市州、县市区等政府制定出台的乡村产业振兴行动计划。主要包括：地市州政府制定出台的乡村产业振兴行动计划；县市区等政府制定出台的乡村产业振兴行动计划。

地市州乡村产业振兴行动计划的代表性政策文件有：《洛阳市人民政府办公室关于印发洛阳市乡村产业振兴行动计划的通知》；《杭州市人民政府关于印发杭州市高质量推进乡村产业振兴行动计划（2018—2022 年)的通知》。

（二）地级层面乡村产业振兴行动计划：基本要求与基本内容

《洛阳市人民政府办公室关于印发洛阳市乡村产业振兴行动计划的通知》的主要内容包括：目标任务、工作重点与保障措施，计有 26 条。其中，工作重点包括：发展乡村产业、培育平台载体与构建支撑体系（六大行动）。

1. 《洛阳市行动计划》目标任务与保障措施

（1）《洛阳市行动计划》目标任务

《洛阳市行动计划》确定的目标任务分为三个阶段：

一是，2022 年，乡村产业振兴全面推进，粮食产量稳定在 45 亿斤以上，优势特色农业产值达到 220 亿元，农产品加工转化率达到 72%，农民人均可支配收入达到 17910 元。

二是，2023 年，乡村产业振兴加快推进，粮食产量稳定在 45 亿斤以上，优势特色农业产值达到 230 亿元，农产品加工转化率达到 73%，农民人均可支配收入达到 19050 元。

三是，到 2025 年，乡村产业振兴成效明显，粮食产量稳定在 45 亿斤以上，优势特色农业产值达到 250 亿元，农产品加工转化率达到 75% 左右，农民人均可支配收入达到 22000 元以上。

（2）《洛阳市行动计划》：保障措施

保障措施有：一是加强组织领导，二是加大资金投入，三是完善用地政策，四是深化农村改革，五是管控农业风险。

2. 《洛阳市行动计划》工作重点：发展乡村产业

（1）稳定主粮、做优杂粮，做强粮食产业。落实"藏粮于地""藏粮于技"战略，确保口粮安全。持续抓好高标准农田建设，优先在粮食生产功能区、重要农产品生产保护区建设高标准农田，开展耕地保护和质量提升行动，不断提升耕地质量水平。以孟津、伊川、宜阳、洛宁 4 个粮食核心区县区为重点，实施优质粮食工程。调整丘陵旱区种植结构，因地制宜发展红薯、谷子、豆类等优质杂粮。加大整合力度，培育壮大一批粮食精深加工企业和育繁推一体化种子企业，拉长粮食产业增值链条。粮食播种总面积稳定在 746 万亩左右，其中杂粮面积不低于 100 万亩；2022 年，新增高标准农田 10 万亩，全市保有量达到 305 万亩以上，高效节水灌溉面积新增 5 万亩，全市总量达到 138 万亩左右，粮食加工转化率达到 91% 以上，粮食产业经济总产值达到 54 亿元以上；2023 年，新增高标准农田 6 万亩，全市保有量达到 311 万亩以上，高效节水灌溉面积新增 3 万亩，全市总量达到 141 万亩左右，粮食加工转化率达到 91% 以上，粮食产业经济总产值达到 56 亿元左右；到 2025 年，全市高标准农田保有量达到 330 万亩以上，高效节水灌溉面积达到 165 万亩左右，粮食加工转化率达到 92% 以上，粮食产业经济总产值达到 60 亿元以上。

（2）聚焦保供、丰富品类，壮大现代畜牧业。稳定生猪生产，采取招商引资、社会融资、"公司+农户"等多种形式带动补栏增养，扩大产能。抓好生猪养殖重大项目建设，推进伊川、宜阳、新安、汝阳等县逐步纳入生猪调出大县范围；积极扩大优质草畜生产，重点在偃师、孟津、嵩县、宜阳等地发展奶牛（羊）养殖，在洛宁、宜阳、伊川、嵩县等地发展肉牛养殖，在伊川、宜阳、洛宁、新安、嵩县、孟津等地发展肉羊养殖；做优家禽产业，重点在偃师、伊川、洛宁、汝阳等地建设标准化规模化家禽养殖优势区。到2022年，生猪年饲养量稳定在260万头左右，生猪规模化养殖率提高到81%，牛、羊、家禽饲养量分别达到41万头、152万只、4450万只；到2023年，生猪年饲养量稳定在260万头左右，生猪规模化养殖率提高到82%，牛、羊、家禽饲养量分别达到42万头、153万只、4500万只；到2025年，生猪年饲养量稳定在260万头左右，生猪规模化养殖率提高到85%，牛、羊、家禽饲养量分别达到46万头、155万只、4500万只。

（3）发挥优势、突出特色，做精乡土特色产业。适应国家关于严防耕地"非农化""非粮化"的新形势，按照优化品种、稳定规模、提质增效的原则，因地制宜发展优势特色农产品，着力创建一批优势区、示范园，培育一批规范化、标准化基地。优质林果、杂粮、瓜菜、中药材、花卉苗木等特色农产品种植面积分别稳定在200万亩、110万亩、100万亩、90～100万亩、30万亩。立足我市富硒资源优势，加快富硒红薯、富硒谷子、富硒小麦、富硒林果、富硒蔬菜等标准化生产、示范建设，发展功能型农业。到2022年，富硒农产品年产值达到25亿元；到2023年，富硒农产品年产值达到30亿元；到2025年，富硒农产品年产值达到40亿元。

（4）顺应市场、重视创新，发展农产品加工业。围绕面制品、肉制品、油脂制品、乳制品和果蔬制品等五大品类，加快推进农产品精深加工。优化面制品结构，增加多元化、定制化、个性化产品供应，发展优质面粉、全麦粉、高档专用粉和功能性面粉；加快谷子、红薯等小杂粮加工业规范化发展。稳定有序发展猪肉制品，优化空间布局，引导屠宰产能向养殖集中区转移；优化产品结构，扩大低温、调理、发酵、酱卤和休闲等肉制品占比；引导企业围绕"清、鲜、专、全"四大特色，加快新产品研发，发展牛羊肉精深加工；积极发展禽肉加工。加快发展芝麻油、牡丹籽油、小麦胚芽油等特色专用油料产品和新型健康特色小品种食用油产品，开发利用油料蛋白、生物活性物质等高端油制品产品。鼓励本地乳企与国内外大型乳品加工企业联合，进行升级改造，加大产品研发力度，培育名牌产品；发展奶业新业态，鼓励建设休闲观光牧场、奶牛家庭牧场，推动奶业提质增效。推进果蔬产地初加工，提升产后净化、分类分级、干燥、预冷、储藏、保鲜、包装等初加工能力，降低产后损失率；发展果蔬精深加工，加快果浆、果酱、果干、果饮料和菌类系列深加工产品研发；大力发展药食同源农产品加工，增加功能型食品多样性。

（5）立足产地、完善设施，发展乡村物流业。实施农产品仓储保鲜冷链物流设施建设工程，在水果、蔬菜、食用菌、中药材等鲜活农产品主产区，加快建设仓储保鲜冷链设施，降低产后损失率。支持畜禽屠宰企业配套建设冷链物流设施。加强县乡村冷链设施供给，建立覆盖农产品加工、运输、储存、销售环节的全程冷链物流体系。鼓励供销、邮政和大型商贸物流企业加快在农村地区经营布局，培育发展一批具有较强供应链整合能力的农产品流通企业。2022年，新建50个水果、蔬菜等鲜活农产品仓储保鲜冷链设施；2023年，新建50个水果、蔬菜等鲜活农产品仓储保鲜冷链设施；到2025年，在30个乡镇建立和完善由新型农业经营主体运营的乡级田头冷链设施，在300个村设立由新型农业经营主体运营的村级仓储保鲜冷链设施。

（6）融合创新，强化服务，做优休闲农业与乡村旅游业。聚焦南部生态发展区和环都市区，实施休闲农业和乡村旅游精品工程，强化乡土游憩功能，活化农村生产生活场景体验，打造一批设施完备、功能多样的乡村休闲旅游产品。推进农旅融合，引导重点景区向周边农村拓展，带动乡村旅游发展。充分挖掘中心城市周边乡村生态涵养、历史文化、自然风光等特色资源，构建中心城市环城乡村旅游圈。依托南部地区自然生态风光、现代农业产业、优秀传统文化、红色老区故事等资源优势，创新"生态农业体验+河洛文化传承+河洛美景观赏+民俗节庆+乡村民宿"等模式，打造一批农旅融合发展示范带，加快构建产业体系完善、空间布局合理、产品特色鲜明、发展模式多样的农旅融合发展格局。2022 年，打造 4 条农旅融合示范带，创建 5 个中国美丽休闲乡村；到 2023 年，打造10 条农旅融合示范带，创建 6 个中国美丽休闲乡村；到 2025 年，打造 20 条农旅融合示范带，创建 1~2 个全国休闲农业重点县、5~7 个中国美丽休闲乡村。

(7) 服务生产、方便生活，培育乡村服务业。立足服务农业产前、产中、产后全过程，大力发展农资供应、土地托管、代耕代种、统防统治、农产品初加工等农业生产性服务业。加快推进农业机械配套升级，积极推进粮食作物生产全程机械化，加快果菜茶、畜牧水产、设施农业和农产品加工等设施装备发展，积极培育专业化、综合性的农机服务组织，探索完善全程托管、"互联网+农机作业"等农机服务模式。积极发展农村生活性服务业，改造农村传统小商业、小门店、小集市等，发展农村批发零售、乡村物流、养老托幼、教体文卫等服务。完善农村公共服务体系，支持农民合作社、农村集体经济组织和供销、邮政、农业服务公司生产服务一体化发展，构建公益性服务和经营性服务相结合的新型农业农村综合服务体系。

(8) 借力数字化、智慧化，提升乡村信息产业。全面提升信息技术、生物技术、智能技术、现代装备技术与农业的深度融合，推动 5G、北斗导航、遥感和物流网等技术在农业农村的应用，提升农业生产智能化、经营网络化、管理高效化、服务便捷化水平。依托智慧洛阳云平台建设数字化农业园区，开展精准农业、食品溯源、农业物联网区域试验、农机精准作业、粮食仓储、智慧气象等物联网示范项目建设。加快国家、省级电子商务进农村示范县建设，推动特色优质农产品"线上"交易。2022年，争创1个省级数字乡村示范县，线上销售营业额达到22亿元；到2023年，省级数字乡村示范县达到2个，线上销售营业额达到25亿元；到2025年，建成省级数字乡村示范县3个以上，线上销售营业额达到30亿元以上，全市构建市级数字乡村指挥中心、县级农业大数据信息中心、乡级信息采集点三级农业信息化发展体系。

3.《洛阳市行动计划》工作重点：培育平台载体

(1)打造现代农业产业链。围绕优质粮食、畜牧、林果、蔬菜、中药材、水产等优势产业，按照全产业链发展布局，延链补链强链，促进链条完善、运转高效。建立"链长制"工作机制，坚持问题导向，破除产业链构建"瓶颈"问题，推动产业链、供应链、价值链"三链"同构，全面提升现代农业综合效益和市场竞争力。全市着力培育6~8条特色农业产业链。

(2)壮大特色产业集群。发挥区域特色资源优势，发展壮大红薯、谷子、林果、中药材等基础好、成规模、潜力大的特色产业，推进全产业链开发、全价值链提升，推动相关产业有机衔接、高效配套，打造具有区域特色、结构合理、链条完整的优势特色产业集群。积极对接伏牛山香菇优势特色产业集群，发展壮大食用菌产业。全市重点培育香菇、中药材、绿色杂粮等3个优势特色产业集群。

(3)创建现代农业产业园。支持各县区按照主导产业突出、地域特色鲜明、创新创业活跃、业态类型丰富、利益联结紧密的要求，开展现代农业产业园创建，推进一二三产业融合发展，构建国家、省、市、县四级现代农业产业园创建体系。到2022年，省级、市级、县级现代农业产业园数量分别达到6个、12个、14个；2023年，持续推进各类现代农业产业园提质增效；到2025年，力争创建1个以上国家级现代农业产业园。

(4)培育特色产业强镇（村）。全面推进"一县一业""一镇一特""一村一品"，坚持多主体参与、多业态打造、多要素集聚、多利益联结、多模式创新，加快建设农业产业强镇，培育乡村产业"增长极"。推进产村融合发展，建设一批特色鲜明、潜力巨大的田园综合体。重点围绕特色食品、手工业制造、绿色建材等乡村特色产业，建设一批主导产业明晰、专业化水平较高、村集体经济合作组织主导、农户广泛参与的"一村一品"特色专业村。到2022年，共创建4个国家级农业产业强镇，建设"一村一品"特色专业村100个；到2023年，共创建5个国家级农业产业强镇，建设"一村一品"特色专业村150个；到2025年，创建15个以上国家级、省级农业产业强镇，建设"一村一品"特色专业村300个。

4.《洛阳市行动计划》工作重点：构建支撑体系

(1)实施质量兴农行动。严把农产品质量关，稳步推进国家农产品质量安全县创建工作，落实"四个最严"要求，确保不发生区域性、系统性和链条式质量安全问题。强化农产品质量安全监测，加强检测能力和检测队伍建设，加大市级农产品例行检测和专项抽检密度。加强质量安全追溯管理，以蔬菜、林果、肉蛋奶等"菜篮子"产品为重点，有序扩大农产品追溯管理范围。加强种子、农药、化肥等农资生产销售监督检查，加大农兽药残留整治力度。试行食用农产品达标合格证制度，推进绿色食品、有机农产品、农产品地理标志认证，加快建设绿色食品原料基地。坚持生产标准化，严格落实现代农业生产技术标准、农业基础设施标准和农业机械化标准，鼓励和支持新型农业经营主体按标准生产，推动农产品质量安全县、现代农业产业园等整建制开展标准化建设。

(2)实施科技强农行动。实施现代种业提升工程，加强种质资源保护和利用，完善种质资源库建设。围绕小麦、玉米、红薯等优势农作物和蔬菜、牡丹、林果、畜牧等急需优良品种，选育优质高效新品种。培育壮大种业龙头企业，加快推进商业化育种、新品种推广和产业化应用。充分发挥洛阳农林科学院和高等院校技术优势，建立创新平台，研究突破一批农业关键技术。支持科研院所和农业企业建立产学研联合体，推进生物种业、智慧农业、设施农业、农产品加工、绿色投入品等领域创新和成果应用。加快国家农机装备创新中心创新平台建设。按照"扩大规模、全面覆盖，提升质量、打造样板"的思路，继续加强"星创天地"建设，为新型农业领域的创客提供"一站式"综合服务；引导科技特派员通过"传、帮、带、扶"，把传播科技知识与宣传党的政策结合起来，激发群众内生动力，培养一批农村科技致富带头人。

（3）实施品牌提升行动。以"打品牌，创特色，扩影响，增效益"为目标，大力培育"洛阳源耕"市级农产品公共品牌，加强县区农产品区域公用品牌、企业品牌、产品品牌培育，打好洛阳富硒牌、生态牌、山水牌和文化牌，把产品优势转化为品牌优势，着力打造孟津梨、新安樱桃、宜阳花椒、伊川岭上硒薯等农产品品牌。积极宣传农业品牌，讲好品牌故事，塑造品牌形象，利用各类展销会、博览会、推介会、互联网等多途径、多渠道开展特色优势农产品品牌推介，全面提升农业产业整体知名度。加强品牌保护，建立健全农业品牌监管机制，严格监测抽检和执法检查，加大对套牌和滥用品牌行为的惩处力度。

（4）实施主体培育行动。培育壮大龙头企业：围绕重点产业发展和平台载体建设，加快培育一批细分领域的"小而美"农业龙头企业。积极引进优势龙头企业，鼓励本地农业企业通过兼并重组、参股控股等形式做大做强，争取更多农业企业进入国家、省、市重点龙头企业行列；培育提升农民合作社：抓好偃师区农民合作社质量提升，整县推进省级试点工作，积累经验，发挥示范引领作用，全面提升农民合作社规范化建设水平。持续开展国家、省、市农民合作社示范社创建工作，促进合作社提档升级；发展壮大家庭农场：建立健全家庭农场名录管理制度，吸纳符合条件的种养大户、专业大户进入家庭农场范围，扩大家庭农场数量。开展示范家庭农场创建活动，提升家庭农场发展质量。

（5）实施绿色发展行动。坚持绿色发展理念，加快投入品减量化、生产清洁化、废弃物资源化、产业模式生态化，推动生产、生活、生态协调发展。提高农业投入品利用效率，深入推进农业面源污染防治，大力发展节水、节肥、节药、节地农业，实现农业清洁生产；推进畜禽粪污、秸秆、农膜、农产品加工副产物等资源化利用，发展生态循环农业。到2022年，主要农作物化肥利用率达到41%，农药利用率达到42%，秸秆综合利用率达到97%以上，畜禽粪污综合利用率达到97%以上，农膜回收利用率达到80%以上；到2025年，主要农作物化肥利用率达到43%，农药利用率达到44%，秸秆综合利用率达到99%以上，畜禽粪污综合利用率达到99%以上，废弃农膜基本实现应回收尽回收，农田白色污染得到有效防控。

四、专门性乡村产业振兴行动计划：基本要求与基本内容

什么是专门性乡村产业振兴行动计划？专门性乡村产业振兴行动计划又称专项乡村产业振兴行动计划，是指地方政府专门就某项产业而制定出台的行动计划。

专门性乡村产业振兴行动计划的代表政策文件有：《河南省人民政府办公厅关于印发河南省肉牛奶牛产业发展行动计划的通知（豫政办〔2022〕31号）》（以下简称《河南肉牛奶牛产业行动计划》）。

（一）《河南肉牛奶牛产业行动计划》总体要求与保障措施

1.《河南肉牛奶牛产业行动计划》指导思想

《河南肉牛奶牛产业行动计划》的指导思想为：以习近平新时代中国特色社会主义思想为指导，完整、准确、全面贯彻新发展理念，以全面实施乡村振兴战略为引领，以供给侧结构性改革为主线，聚焦秸秆变肉换奶、增加农民收入、消费结构升级，将发展肉牛奶牛产业作为乡村产业振兴、巩固脱贫攻坚成果的重要举措强力推进。以实施"十大行动"为主要抓手，大力推进布局区域化、生产标准化、经营规模化、发展产业化、产品绿色化，着力提高质量效益和竞争力，将河南省打造成全国重要的肉牛奶牛产品生产加工基地，保障重要农产品供给安全，不断满足人民群众日益增长的美好生活需要。

2.《河南肉牛奶牛产业行动计划》基本原则

《河南肉牛奶牛产业行动计划》的基本原则主要有：一是坚持农牧循环。大力推进农作物秸秆过腹转化增值和养殖粪污就地就近还田利用，促进变废为宝、种养结合、循环发展。二是坚持规模养殖。加快转变发展方式，推进标准化规模养殖，壮大农民专业合作社、家庭农场等新型经营主体和村集体经济组织，培育一批养牛大县，夯实产业基础。三是坚持龙头带动。深化以大带小协同发展机制，推行"户繁、企育、龙头带动""规模养殖、集群发展"等产业模式，培育壮大一批产业化龙头企业，提升发展活力。四是坚持链式发展。围绕牛源奶源不足、上下游联结不紧等发展短板，不断延链补链强链，促进种养加销一体化，实现产业链、价值链、供应链三链同构、融合发展。

3.《河南肉牛奶牛产业行动计划》发展目标

《河南肉牛奶牛产业行动计划》的发展目标为：实施"1373"工程，力争到2025年，全省牛饲养量达到1000万头，奶类产量达到300万吨，肉牛奶牛一产产值达到700亿元，全产业链产值达到3000亿元。到2030年，肉牛奶牛现代化产业体系、生产体系和经营体系全面建立，产业高质量发展水平全国领先。

4. 《河南肉牛奶牛产业行动计划》保障措施

《河南肉牛奶牛产业行动计划》的保障措施主要有：（1）组织领导保障；（2）财政支持保障；（3）金融支持保障；（4）用地支持保障；（5）监督管理保障。

（二）《河南肉牛奶牛产业行动计划》重点任务与基本要求

《河南肉牛奶牛产业行动计划》的重点任务与基本要求主要有10个方面：

1. 实施秸秆饲料化行动。重点在产粮大县建立秸秆饲料化利用专业收储运体系。农作物秸秆综合利用项目向养牛大县倾斜，每年支持秸秆饲料化利用资金总量不少于5000万元。实施粮改饲试点项目，对收贮全株青贮玉米等优质饲草的经营主体按照每吨不高于60元的标准给予补贴。加快黄河滩区优质草业带建设，对新增集中连片500亩以上的苜蓿种植基地，每亩一次性补贴不高于800元；利用财政衔接推进乡村振兴补助资金，对新增杂交构树种植基地，每亩一次性补贴800元。强化种养结合示范引领，鼓励大型规模养殖场自建优质饲草基地。力争到2025年，秸秆饲料化利用率达到30%以上，黄河滩区优质饲草发展到100万亩，全省优质饲草发展到600万亩。

2. 实施现代种业提质行动。加强南阳牛、郏县红牛、夏南牛、信阳水牛等地方种质资源保护、开发和利用，加快皮南牛、德南牛等新品种（系）培育。支持国家级核心育种场、种公牛站发展，对核心育种场开展生产性能测定，按照每头肉用种牛不高于1000元、乳用种牛不高于500元的标准给予补贴；对种公牛站开展后裔测定，按照每头肉用种公牛不高于6万元、乳用种公牛不高于1.2万元的标准给予补贴。对进口肉牛、奶牛育种胚胎分别按照每枚不高于3000元、不高于5000元的标准给予补贴。支持开展肉牛奶牛品种登记、生产性能测定、基因组测序等育种基础性工作，建设省级肉牛生产性能测定与遗传评估实验室。加快高产奶牛核心群组建，对繁育符合条件母犊的规模奶牛场按照每头不高于 800 元的标准给予补贴。力争到 2025 年，我省国家级核心育种场达到 8 家以上，成为全国制种供种的核心省份。

3. 实施规模养殖提升行动。大力发展标准化规模养殖，引导新增产能在加工龙头企业周边布局，完善利益联结机制，促进就地就近加工增值。对新建标准化畜位肉牛 500 个以上、奶牛 300 个以上的养殖场，分别按照每个畜位不高于 1000 元、不高于 2000 元的标准给予补贴，单场补贴不高于 2000 万元。实施奶畜中小牧场升级改造项目，推进养殖标准化。力争到 2025 年，肉牛、奶牛规模养殖比重分别达到 35%、70%。

4. 实施养殖大县培育行动。按照"小群体、大规模"的发展路径，大力推广"村集体建场、经营主体租赁"等发展模式，引导养牛"退村进场"。选择一批产业基础好、发展潜力大的养牛大县，统筹贷款贴息、风险补偿、保费补贴等政策，开展养牛示范乡（镇）、示范村、示范户建设，加快扩大养殖规模。力争到 2025 年，培育饲养量 10 万头以上的养牛大县 40 个。

5. 实施母牛扩群倍增行动。重点在"三山一滩"地区发展母牛养殖。鼓励农户引进良种母牛，大力推广性控冻精、胚胎移植等先进繁育技术，不断扩大母牛存栏数量。对养牛大县符合条件的肉牛基础母牛经营主体，按照每年每头投保基础母牛不高于 1000 元的标准给予补贴。鼓励规模育肥场与母牛养殖场（户、合作社）通过订单生产等方式，建立稳定牛源供给渠道，促进育繁一体化发展。力争到 2025 年，培育存栏肉牛基础母牛 10 头以上的经营主体 5 万个以上。

6. 实施屠宰加工增效行动。规范肉牛屠宰，落实"集中屠宰、集中检疫"管理制度。推进《河南省畜禽屠宰管理条例》立法工作，将肉牛屠宰纳入定点管理范围。发展精深加工，优化升级产品结构，扩大调理牛排、牛肉干等牛肉制品和巴氏奶、酸奶等低温奶生产，开发奶酪、功能性乳制品等高附加值产品，提高市场竞争力，抢占高端市场。

7. 实施龙头企业培优行动。创建一批以肉牛奶牛为主导产业的现代农业产业园、优势特色产业集群、农业产业强镇，促进融合发展。持续开展国家级休闲观光牧场创建，鼓励规模养殖场开展养加销一体化经营。挖掘本土龙头企业潜力，培育一批全国知名的肉牛奶业企业品牌和产品品牌，增强市场竞争力。引导企业改制升级，聚焦主业做精做强，鼓励有条件的企业上市挂牌。力争到2025年，乳品企业奶源自给率达到55%，省级以上肉牛奶牛产业化龙头企业达到60家以上。

8. 实施防控能力建设行动。加强动物疫病防控体系建设，持续强化口蹄疫、布鲁氏菌病、结核病和牛结节性皮肤病等动物疫病防控。支持开展国家级、省级"两病"（布鲁氏菌病、结核病）净化场、净化示范区、无规定动物疫病小区创建，提高生物安全水平。逐步制定完善病死牛无害化处理补贴政策。

9. 实施科技支撑创新行动。支持高校、科研院所、企业牵头实施省重大科技专项，建立创新中心、产业技术战略联盟等平台，重点围绕肉牛奶牛种质资源挖掘与利用、健康智能养殖、优质饲草供给、重大疫病精准诊断等开展技术攻关，对成效显著的优先推荐申报国家和省重大科技项目。鼓励通过购买第三方服务等方式，为中小养殖场（户）提供繁育、饲喂、诊疗、防疫等全过程技术服务。

10. 实施绿色发展清洁行动。推进种养结合，鼓励养殖场通过土地流转、签订协议等方式，就地就近消纳粪污。引导养殖场建设粪污处理利用配套设施，推广粪污全量收集还田、水肥一体化等技术模式，将符合条件的肉牛奶牛养殖粪污处理利用纳入畜禽粪污资源化利用整县推进、绿色种养循环农业试点等项目支持范围。支持肉牛奶牛养殖场创建"美丽牧场"。

第二节 实 施 方 案

一、乡村产业振兴实施方案：含义与构成体系

（一）乡村产业振兴实施方案：含义、特征与分类

什么是实施方案？实施方案又称行动方案，是指为完成某项工作，从目标要求、工作内容、方式方法及工作步骤等做出全面、具体而又明确安排的一种应用文体。

什么是乡村产业振兴实施方案？乡村产业振兴实施方案又称乡村产业振兴行动方案，是指根据上级机构乡村产业振兴工作要求，下级机构从目标要求、工作内容、方式方法及工作步骤等做出全面、具体而又明确安排的一种应用性规范性文体。进一步而言，所谓乡村产业振兴实施方案是指根据国家部委乡村产业振兴工作要求，地方政府及其相关部门机构从目标要求、工作内容、方式方法及工作步骤等做出全面、具体而又明确安排的一种应用性规范性文体。

乡村产业振兴实施方案通常由标题、主送机关、正文、落款四个部分内容构成。实施方案的正文一般分前言、主体、结尾三部分。

乡村产业振兴实施方案的基本特征表现在：应用广泛性、内容具体性、规定细则性、相对权威性；地方性、区域性、可操作性、程序性、参考性。

乡村产业振兴实施方案可以从不同的角度进行分类：

（1）根据综合还是专门，可以划分为综合性乡村产业振兴实施方案与专门性乡村产业振兴实施方案。

（2）根据行政隶属关系，可以划分为省级（省、自治区、直辖市）乡村产业振兴实施方案、地级（地市州）乡村产业振兴实施方

案、县级（县市区）乡村产业振兴实施方案、乡级（乡镇街道）乡村产业振兴实施方案。

（二）乡村产业振兴实施方案：政策文件与政策构成体系

乡村产业振兴实施方案的政策文件主要是指地方各级政府及其相关部门制定出台的关于乡村产业振兴的各类实施方案的规范性文件。

资料显示，截止到 2022 年上半年，不少省级（省、自治区、直辖市）地方政府及职能部门先后制定出台了乡村产业振兴实施方案或行动方案，很多地级（地市州）政府及职能部门都先后制定出台了乡村产业振兴实施方案或行动方案，部分县级（县市区）政府及职能部门都先后制定出台了乡村产业振兴实施方案或行动方案，有个别乡级（乡镇街道）政府制定出台了乡村产业振兴实施方案或行动方案。

乡村产业振兴实施方案的代表性政策文件主要有：《重庆市农业农村委员会关于印发全市乡村特色产业发展实施方案的通知（渝农发〔2019〕123 号）》2019 年 9 月 20 日；《贵州省农业农村厅关于印发贵州省 2022 年特色优势产业巩固提升行动方案的通知（黔农发〔2022〕22 号）》2022 年 4 月 13 日；《新疆自治区科技厅关于印发自治区乡村振兴产业发展科技行动实施方案的通知》2020 年 09 月 17 日；《青岛市人民政府关于印发青岛市推进乡村产业振兴实施方案的通知（青政字〔2020〕26 号）》2020 年 10 月 19 日；《衡水市人民政府办公室关于印发衡水市县域特色产业振兴工作实施方案的通知（衡府发〔2019〕53 号）》2019 年 4 月 4 日。

乡村产业振兴实施方案政策构成体系：就是由地方各级政府及其相关部门制定出台的各类乡村产业振兴实施方案的一系列规范性文件构成的体系。内容包括省级（省、自治区、直辖市）、地级（地市州）、县级（县市区）、乡级（乡镇街道）等乡村产业振兴实施方案。

二、乡村产业振兴省级实施方案的基本内容

什么是省级乡村产业振兴实施方案？省级乡村产业振兴实施方案是指省、自治区、直辖市人民政府及其相关部门制定出台的关于乡村产业振兴的实施方案。

2019 年 9 月 20 日，重庆市农业农村委员会下发《关于印发全市乡村特色产业发展实施方案的通知（渝农发〔2019〕123 号)》。该实施方案对进一步扎实推动乡村特色产业高质量发展，紧紧抓住产业发展"牛鼻子"，促进乡村产业兴旺等具有重要意义。该实施方案包括总体要求、重点任务与保障措施等三大部分，计有 15 条，俗称《重庆市实施方案 15 条》。

（一）《重庆市实施方案 15 条》总体要求与保障措施

1. 《重庆市实施方案 15 条》总体要求

（1）《重庆市实施方案 15 条》发展思路

《重庆市实施方案 15 条》的发展思路为：以习近平新时代中国特色社会主义思想为指导，深入学习习近平总书记关于"三农"工作重要论述，全面贯彻习近平总书记对重庆提出的"两点"定位、"两地""两高"目标、发挥"三个作用"和营造良好政治生态的重要指示要求，以实施乡村振兴战略为总抓手，以促进农民增收、产业增效、生态增值为目标，以深入推进农业供给侧结构性改革为主线，以绿色化、优质化、特色化、品牌化为导向，以主导产业提质增效、产业链条完整活跃、农业功能拓展延伸为路径，注重充分发挥市场决定性作用和更好发挥政府作用的关系，强化改革探索和科技赋能，积极发展现代山地特色高效农业、农产品精深加工业、乡村休闲旅游业和农村电商服务业，筑牢乡村产业振兴发展基石，加快推进农业农村现代化，全面促进乡村振兴。

（2）《重庆市实施方案 15 条》发展目标

《重庆市实施方案 15 条》的发展目标为：到 2022 年，现代山

地特色高效农业产业产能增加，培育一二三产业综合产值千亿级产业集群 10 个、百亿级 10 个，每个区县都有 3 个以上过亿元特色产业集群。农业结构调整成效明显，优质农产品产出能力增加，90%以上特色产业产品实现商品化处理，农产品精深加工能力提升30%。农业产业化经营规范化运行，每个特色产业培育 20 个以上产业化联合体，市级以上农业产业化龙头企业超过 1000 家。科技集成能力增强，科技贡献率超过 65%。品牌农产品产量占农产品总产量比重提高到 30% 以上。市场竞争力大幅度提升，打造榨菜、柠檬产业具备全球竞争优势，柑橘、调味品产业具备全国领先优势，其余产业西部地区比较优势明显。

2. 《重庆市实施方案 15 条》保障措施

《重庆市实施方案 15 条》的保障措施主要有 3 条：

(1) 加强组织领导，确保方案实施。各级党委、政府要高度重视特色产业发展，把特色产业发展作为乡村振兴的重点，作为促进区域经济发展、产业扶贫、农民增收的整体战略进行规划部署，及时研究解决特色产业发展中的困难和问题，产业跟着规划走，政策跟着产业走。各级各部门要密切配合，制定完善的工作方案，建立完善的工作机制，确保实现方案目标。

(2) 整合多元投入，优先发展产业。坚持农业农村优先发展，及时研究制定出台加快乡村产业发展的支持政策，确保乡村产业发展的人才齐聚、财力集聚、政策汇聚，形成推进乡村特色产业发展的合力。完善配套基础设施建设，加大招商引资力度，引导城市资本、金融资本下乡，发展特色产业。

(3) 明确重点任务，集中抓好建设。依托主导产业发展、产业集群打造、现代农业产业园建设等重点，明确发展任务，优选重点项目，围绕产业发展需求和投资需求，认真抓好建设实施，确保重点任务不偏差、建设内容不缩水、项目建设不走样。加强项目建设的实施与管理，完善建管服的体制机制。

（二）《重庆市实施方案 15 条》产业布局与重点任务

1.《重庆市实施方案 15 条》产业布局

综合考虑区位优势、产业基础、资源禀赋和市场需求等因素，围绕特色产业、重点区域、主要产品，壮大优势特色产业，优化产业空间结构，促进产业融合，推进绿色发展，推动创新创业，优化发展环境，推进农业生产向优势产区集聚，建设粮食生产功能区、重要农产品生产保护区和特色农产品优势区，因地制宜调减生态脆弱地区、气候不适宜地区、低效产品供给区产能。培育壮大三峡库区柑橘产业区、长江上游榨菜优势产区、山地生态畜牧示范区、三峡生态渔业优势区、巴渝生态茶都、秦巴山区和武陵山区道地药材优势区、重庆火锅原料调味品集散地、四季特色经果林、西部优质粮油产业带等特色产业集群。

2.《重庆市实施方案 15 条》重点任务

《重庆市实施方案 15 条》的重点任务主要有 8 条：

（1）壮大产业集群。按照产业集中、区域集聚、经营集约的发展模式，支持整村、整乡镇集中连片发展特色产业，形成一批特色优势明显、产业基础好、发展潜力大、竞争力强的特色优势产业集群。全市着力打造柑橘、榨菜、柠檬、生态畜牧、生态渔业、茶叶、中药材、调味品、特色水果、特色粮油等综合产值千亿级产业集群，跨区县合力打造一批综合产值百亿级产业集群，跨区域全力打造一批综合产值过亿级产业集群。

（2）加强"三品"建设。深入实施农业品种品质品牌建设工程，以良种提品质、以品质树品牌。加快发展现代种业，深入实施良种良法推广应用"双百工程"，完善良种繁育推广体系，推动农业向优质、高效转变。加强农业标准化建设，抓好"三品一标"农产品生产和"三园两场"示范创建，强化"产出来"。扎实推进质量安全检验检测、全程追溯、综合执法等体系建设，强化"管出来"。建立农产品品牌目录制度，构建以"巴味渝珍"为龙头、区县级农产品区域公用品牌为支撑、农业龙头企业品牌为主体的品牌体系，全方位多层次开展品牌宣传推介营销。做优做强知名品牌，复兴传统"老字号"品牌。

（3）促进产业融合。牢固树立全产业链发展思路，加快推进农业"接二连三"。做大优势特色产业，夯实"接二连三"的产业基础，在延伸产业链条中发展农产品精深加工业，在拓展农业功能中培育新产业新业态，把休闲农业和乡村旅游、农产品电商作为农业"接二连三"的联结点，通过打造乡村旅游精品线路，将产业融合串起来，通过发展农产品电商，将产业基地与终端市场连起来，打造产销融合有机整体。将产业长远发展与人民需求牢牢结合起来，丰富多样化特色农产品，不断满足人们的个性化、多元化、优质化需求，增加优质特色农产品供给，满足日益细分的市场需求，让百姓享受到更高品质的生活。

（4）增强科技实力。推动科技为现代农业赋能，提升科技研发水平，加快科技成果转化，加大科技推广力度。加强产业技术体系创新团队建设，推进农科教、产学研大联合大协作，构建"产学研推"一体化产业技术体系。加强农业关键核心技术攻关，突出生产环节的高效种养、品质提升等科技创新，加强加工环节的工艺改进、产品研发等科技攻关。建立健全农业科研成果产权制度，落实兼职取酬、成果权益分配政策，调动农业科技人员积极性。促进科技成果转化为现实的生产力，更好地实现科技成果的使用价值，发挥科技创新对经济社会发展的支撑与引领作用。加强基层农业服务体系建设，开展农技人员素质能力提升培训。鼓励新型农业经营主体开展农业科技推广服务，推广应用新技术、新机具、新模式。

（5）培育产业龙头。立足区域资源优势、产业优势、产品优势，围绕十大特色产业分别培育10家以上重点龙头企业，带动产业集群化高效发展，加快发展农产品加工业，引导农产品加工企业向基地、产业园布局，强化产地初加工和精深加工能力，形成大中小配套的加工产业集群。积极支持农业产业化龙头企业带动乡村产业发展，鼓励企业建基地、强加工、重科技、稳产能、拓市场，新培育一批上市龙头企业，新申报一批国家级和市级农业产业化龙头企业。

（6）转变发展方式。推动农业发展稳中有进，稳中提质，稳中增效，实现数量、质量、效益并重的高质量发展方式。遵循市场需求规律，以市场为导向，利用市场信息、流通链条组织农业生产。推动绿色健康可持续发展，以绿色生产观念和绿色生产方式，将生态资源优势转化为产业经济优势，增加绿色优质产品的供给。全面深化农村改革，以改革创新突破制约发展的体制机制瓶颈障碍，激发农业农村经济发展新动能。促进农村创业创新，以首创精神培育新型职业农民，激发农业农村发展内生动力。

（7）创新经营机制。培育发展一批联农带农作用突出、综合竞争力强、稳定可持续发展的农业产业化联合体。实现专业化生产、品牌化经营，促使龙头企业、农民合作社、家庭农场、农户之间产业联结、要素联结、利益联结紧密，运行规范良好，带动农民、服务农民、富裕农民，加快推动农业经营体制机制现代化。加强农业全产业链开发，实行产加销一体化经营，引导小农户与现代农业有机衔接，构建"收益共享、风险共担"的利益联结关系，使多种经营主体共享农业生产经营的增值收益。

（8）提振市场竞争。加快传统产业向现代产业提质升级，加速形成品牌核心竞争力，构建同产业、同行业良性竞争的优势互补利益共享机制，积极应对国际市场竞争，合力争取国内市场占有率，加大区域市场交流合作，形成线上线下融合的农产品快速流通和有效流通，梯次构建优势产品体系，柑橘、柠檬、榨菜实现"买全球卖全球"，生态畜牧、中药材、调味品在国内市场占有领先优势，促进更大范围参与国际、国内市场竞争。

三、乡村产业振兴地级实施方案的基本内容

什么是地级乡村产业振兴实施方案？地级乡村产业振兴实施方案是指地、市、州人民政府及其相关部门制定出台的关于乡村产业振兴的实施方案。

2019年4月4日，衡水市人民政府办公室发布《关于印发衡水市县域特色产业振兴工作实施方案的通知（衡府发〔2019〕53号)》（以下简称《衡水实施方案》）。该实施方案对进一步深化供给侧结构性改革，发展壮大县域经济，推动县域特色产业提质量、创品牌、增效益，实现全市经济社会高质量发展具有重要意义。

（一）《衡水实施方案》总体要求与保障措施

1.《衡水实施方案》指导思想与主要目标

（1）《衡水实施方案》指导思想

《衡水实施方案》的指导思想为：以习近平新时代中国特色社会主义思想为指引，认真贯彻省委九届八次全会、市委四届四次全会和省、市"两会"精神，深入落实省"三深化、三提升"和我市"一三五+"总体部署，坚持新发展理念，坚持高质量发展，以省市"双创双服"活动为契机，以县（市)政府为责任主体，以特色产业振兴为根本任务，大力实施特色产业迭代升级"五个一"工程，对标先进，强化创新驱动，加快项目建设，做强骨干龙头，打造质量品牌，加速产业聚集和转型升级，做大做强做优衡水市特色产业，努力建成一批主业突出、结构优化、优势明显、配套完善、环境友好、竞争力强的县域特色产业集群，提升区域经济核心竞争优势，为衡水市经济社会高质量发展提供有力支撑。

（2）《衡水实施方案》主要目标

《衡水实施方案》的主要目标分为两个阶段：

一是，牢牢把握特色产业振兴主旨，立足全市县域特色产业基础，集中政策和优势资源，加快实施振兴攻关，经过四年的发展，

使县域特色产业规模效应、市场占有率、辐射带动能力大大增强、产品档次、技术水平、质量标准大幅提高，对县域经济的支撑作用显著增强，打造一批产业新地标。

二是，2022年，年营业收入超50亿元的产业集群达到12个左右，超100亿元达到6个（枣强复合材料产业集群、枣强毛皮产业集群、深州农副产品加工产业集群、安平丝网产业集群、故城服装服饰产业集群、景县橡塑产业集群），力争8个。安平丝网等9个营业收入30亿元以上的产业集群，到2022年使其营业收入比2018年翻一番，总额力争突破1800亿元（其中2019—2020年达到1300亿元）；到2025年总额力争突破2300亿元。

2. 《衡水实施方案》保障措施

《衡水实施方案》的保障措施主要有5个方面：

（1）完善推进机制。成立衡水市特色产业振兴工作领导小组，市长任组长，主管副市长任副组长，市政府分管副秘书长和市工业信息化局、市发展改革委、市科学技术局、市财政局、市人力资源社会保障局、市农业农村局、市商务局、市市场监督管理局、市地方金融监管局等单位主要负责同志为成员，建立"五个一"（一个特色产业、一套规划、一位市级领导牵头、一班人马、一抓到底）工作机制，统一领导和统筹协调全市特色产业振兴工作。领导小组办公室设在市工业信息化局，成立工作专班，负责整体情况的协调推动和组织落实。各成员单位按职责分工抓好各项任务落实。各县（市）作为推进特色产业振兴的责任主体，也要参照设立相应组织机构，成立工作专班，脱离原工作岗位，专责抓好本地区振兴计划的落地落实。

（2）实行领导包联。建立特色产业振兴工作市、县（市）政府领导包联制度，市政府领导包联县（市）域全覆盖，县（市）政府主要领导及相关领导直接包联具体产业。聚焦产业谋划、项目建设和龙头骨干企业发展中的关键问题，出实招、办实事，增信心、解难题，督导协调、精准施策，力促特色产业做优做强做大。市、县

（市）特色产业振兴工作领导小组办公室负责领导包联工作的总协调，明确专人具体负责，整体协调推进包联工作，及时汇总、通报包联工作进展情况。

（3）加强政策支持。坚持因地制宜、精准施策，在用好既有政策措施基础上，进一步完善相关政策，在金融服务、经费支持、行政审批、强化服务等方面予以倾斜。市有关职能部门要切实加强县域特色产业政策研究，深入一线指导服务，不断完善支持措施，集中发挥政策综合效力。鼓励各县（市）进行政策创新，聚焦发展壮大特色产业，出台含金量高的政策措施，努力打造更优的营商环境。

（4）抓好督导考核。充分利用省、市重点工作大督查机制，实施实地督查、跟踪督查、明察暗访等，对工作开展情况进行督促检查。各牵头单位要切实负起责任，认真谋划，积极组织协调相关责任单位工作开展，收集汇总责任单位工程推进情况，各责任单位要主动配合各牵头单位工作，扎扎实实做好工作。市政府督查室要加大对各地工作落实情况督导力度，钉深砸实地方政府抓落实责任。将特色产业发展振兴纳入县域经济指标体系进行年度考核，考核结果作为市管领导班子、领导干部年度考核和选拔干部的重要依据。各县（市）也要相应建立督查考核问责机制，督促工作进度，确保工作效果。

（5）浓厚舆论氛围。通过报纸、电视、广播、网络等新闻媒体，全方位、多角度对县域特色产业振兴工作进行宣传报道。积极搞好典型宣传，灵活采取座谈研讨、树立标杆、通报表彰等形式，对工作突出的部门、县（市）和企业进行宣传推广，对不担当、不作为、慢作为的负面典型予以公开曝光，形成聚力大抓县域特色产业振兴的浓厚氛围。

（二）《衡水实施方案》重点任务：基本内容与工作安排

1. 《衡水实施方案》重点任务：基本内容

《衡水实施方案》重点任务的基本内容主要有5个方面：

（1）加强规划引导。充分发挥规划对特色产业发展的牵动引领作用，根据区域功能定位和特色产业发展基础，按照布局合理、产业协同、资源节约、生态环保的原则，高端站位，高起点谋划，每个特色产业编制一个发展规划，制订推进方案，逐一明确推进目标、路径和推进重点，逐一完善推进举措，引导特色产业集群因地制宜发展。抓住新一轮规划修编机遇，推进"多规合一"，加强县域特色产业发展规划与经济社会发展规划、土地利用规划、城镇发展规划、环境保护规划等相互衔接，构建有机统一的规划体系。

（2）实施"五个一"工程。大力实施"五个一"工程，推动特色产业迭代升级。加强公共平台建设，完善产业发展服务体系，引进一批"工业大夫"、组建一批"工业诊所"，为特色产业发展提供全方位的服务与支持，年内建成省级产业技术研究院2家。抓好行业商（协）会建设，2019年全市新建、整合、恢复行业协会总数力争达到10家，增强产业综合竞争能力。大力培育上市企业，壮大龙头企业队伍，每年每个特色产业重点培育并推动1家企业取得上市实质性进展。实施标准品牌战略，大力推广"河北质量+工程设施装备"行业知名品牌建设新模式，提高产业知名度和美誉度。深入推进企业经营者素质提升、现代企业制度建设，积极组织开展专业培训，不断提升企业管理水平。

（3）提高创新能力。坚持创新引领特色产业集群发展的理念，积极主动对标国内外同行业发展先进地区，强优势、补短板、增实力。认真落实《衡水市促进科技创新发展九条措施》（衡政字〔2018〕19号）精神，支持特色产业深度对接国内外知名高校、科研院所，加快科技成果转化，增强产业发展的科技创新能力，把技术创新作为特色产业集群发展的重要支撑。支持有条件的企业开展产业关键共性技术、装备和标准的研发攻关，牵头成立技术创新或产业发展联盟。大力开展工业设计，深入实施"三品"专项行动，提升中高端产品有效供给能力，提高优势产品市场占有率。

（4）推动重大项目建设。针对制约特色产业集群发展的关键技术和高附加值环节，积极谋划实施一批创新能力建设、工艺改造提升、产业链条延伸和科研成果转化的重大项目，建立特色产业发展关键项目库，实行动态调整，滚动实施。强化特色产业集群项目要素保障，为特色产业集群发展的重大项目优先申报省、市重点建设项目。实施新一轮技术改造，推进"两化融合""智能制造"，每个特色产业选择2—3家产业关联度高、行业优势明显、辐射带动作用大、创新能力强的龙头企业，予以重点支持。达到土地储备规模以上的省级园区，试行企业投资备案类项目"标准地＋承诺制"模式，促进项目早日开工、竣工投产、达产增效。

（5）完善聚集配套功能。把产业园区作为特色产业发展的重要载体，完善能源供应、给排水、排污综合治理等基础设施，优化营商环境，引导产业向园区聚集。大力发展专业化、有特色的工业园区，积极引导人才、资金、技术等要素向园区集聚，增强集聚效应。鼓励有条件的园区建设多层标准厂房，支持建设企业孵化器等，不断提升特色产业发展承载能力。推进专业化协作，加快建链、延链、补链、强链，推动产业链协同，加快培育一批关联性大、带动性强的产业链优势企业，提高产品本地化配套率，构建大中小企业融通发展的产业生态。围绕特色产业，壮大专业市场，加强产供销对接。大规模开展产业招商、集群招商、产业链招商，每个县（市）力争引进一个世界500强或中国500强企业项目落地。

2.《衡水实施方案》重点任务：工作安排

贯彻落实《衡水实施方案》重点任务的工作安排主要有：

（1）全面动员部署阶段（2019年3月底前）。市级制定具体工作方案，指导县（市）制定县域特色产业振兴计划，专题研究部署，启动县域特色产业振兴相关工作。县（市）政府要履行主体责任，按照"扬长补短"原则，突出产业特色，突出高质量发展，认真把握本地产业布局、发展方向、链条配套，加强调查研究，组织多种形式的专家论证，充分发挥比较优势，找准发展短板，提出中长期发展目标和年度目标，列出任务清单，落实重点项目，确保省、市政府决策部署落到实处。

（2）组织推动实施阶段（2019年4月—2022年12月）。市政府坚持警示、约谈、通报、报告、问责"五步工作法"，实行"月调度、季分析、年总评"，确保各项任务落到实处。市特色产业振兴领导小组办公室指导各县（市）对振兴工作实行台账式管理，制定责任清单和时间表、路线图，明确责任单位、责任人和分月推进目标任务，做到"三有三可"（有进度安排、有明确责任、有可行抓手，可检查督导、可评估考核、可问责问效），把责任压实到部门、工作分解到基层、压力传导到岗位。

（3）各县（市）政府按照省、市政府推进重大经济决策部署落地落实工作机制要求，牵紧主体责任"牛鼻子"，分管负责同志要具体抓，每月召开调度会，督促各项措施落地落实；每季度召开政府常务会议听取特色产业振兴工作情况汇报，研究解决发展中的重大问题。各县（市）每月2日前，向市工业信息化局报送上月工作推进情况，季度报、半年报和年终总结（包括相关会议纪要、指标数据完成情况）在期后15天内报送。

（4）对研究部署不到位、工作推进不积极的县（市），由市工业信息化局向相关县（市）政府进行预警提示。对工作改进不大、效果不明显的县（市），由市工业信息化局主要负责同志约谈县（市）政府主要负责同志。领导小组办公室每半年对各县（市）工作推进情况进行通报，并抄送各县（市）党委、政府主要负责同志。对经警示、约谈、通报，工作仍没有明显起色的县（市），由市工业信息化局将情况以正式文件呈报市领导，抄送市纪委监委、市委组织部。

数字与财金篇

第一章 数字产业引领

第一节 数字乡村政策

一、数字乡村与数字产业：含义、分类与政策构成体系

（一）数字经济与数字产业：含义、特征与分类

1. 数字经济：含义与特征

什么是数字经济？数字经济是以数据资源为关键要素，以现代信息网络为主要载体，以信息通信技术融合应用、全要素数字化转型为重要推动力，促进公平与效率更加统一的新经济形态。在技术层面，包括大数据、云计算、物联网、区块链、人工智能、5G通信等新兴技术。在应用层面，"新零售""新制造"等都是其典型代表。

数字经济的本质在于信息化。基本特征主要有：（1）快捷性。首先，互联网突破了传统的国家、地区界限，被网络连为一体，使整个世界紧密联系起来，把地球变成为一个"村落"。其次，突破了时间的约束，使人们的信息传输、经济往来可以在更小的时间跨度上进行。再次，数字经济是一种速度型经济。现代信息网络可用光速传输信息，数字经济以接近于实时的速度收集、处理和应用信息，节奏大大加快了。（2）高渗透性。迅速发展的信息技术、网络技术，具有极高的渗透性功能，使得信息服务业迅速地向第一、第二产业扩张，使三大产业之间的界限模糊，出现了第一、第二和第

三产业相互融合的趋势。(3)外部经济性。网络的外部性，是指每个用户从使用某产品中得到的效用与用户的总数量有关。用户人数越多，每个用户得到的效用就越高。(4)可持续性。数字经济在很大程度上能有效杜绝传统工业生产对有形资源、能源的过度消耗，造成环境污染、生态恶化等危害，实现了社会经济的可持续发展。

数字经济是继农业经济、工业经济之后的主要经济形态，数字经济发展速度之快、辐射范围之广、影响程度之深前所未有，正推动生产方式、生活方式和治理方式深刻变革，成为重组全球要素资源、重塑全球经济结构、改变全球竞争格局的关键力量。"十四五"时期，中国数字经济转向深化应用、规范发展、普惠共享的新阶段。2021年7月，中国互联网协会发布了《中国互联网发展报告(2021)》。《报告》显示，2020年，数字经济市场规模已达39.2万亿元。2021年9月1日起，《数据安全法》施行，目的是为了规范跨境数据流动，规范数字经济，保护中国网民对保障自身数据安全的合理诉求。

2. 数字产业、数字产业化与产业数字化：含义与区别

数字产业是指以信息为加工对象，以数字技术为加工手段，以意识(广义的意识概念)产品为成果，以介入全社会各领域为市场，对本身无明显利润但是可以提升其他产业利润的公共产业。

所谓数字产业化，就是通过现代信息技术的市场化应用，将数字化的知识和信息转化为生产要素，推动数字产业的形成和发展。

所谓产业数字化，就是利用现代信息技术对传统产业进行全方位、全角度、全链条的改造。

数字产业的加工对象是信息，加工手段是数字技术，市场是介入全社会各领域。数字产业化是发展数字经济的重要内容，是推动经济高质量发展的重要驱动力。数字产业化是当前和今后一个时期

各地区产业竞争和经济角逐的主战场。经过多年发展，中国在应用电子和软件、大数据与物联网等领域形成了一定的比较优势。今后应进一步聚焦发展重点，强化基础设施支撑，加快示范平台建设，完善政策支持体系，推动数字产业化加快发展。

数字产业化、产业数字化的快速发展带来了城乡商务政务的转型升级和信息基础设施建设水平的提升，为中国城乡经济高质量发展开辟了新赛道。

3. 数字经济与数字产业：分类

数字经济与数字产业根据不同的标准可以进行不同的分类：

(1)数字经济分类。常见的方法是从"数字产业化"和"产业数字化"两个方面进行分类，可将其分为数字产品制造业、数字产品服务业、数字技术应用业、数字要素驱动业、数字化效率提升业等5大类。

其中，前4大类为数字产业化部分，即数字经济核心产业，是指为产业数字化发展提供数字技术、产品、服务、基础设施和解决方案，以及完全依赖于数字技术、数据要素的各类经济活动。第5大类产业数字化部分，是指应用数字技术和数据资源为传统产业带来的产出增加和效率提升，是数字技术与实体经济的融合。该部分涵盖智慧农业、智能制造、智能交通、智慧物流、数字金融、数字商贸、数字社会、数字政府等数字化应用场景。

(2)数字产业分类。代表性的主要有：数字产品制造业、数字产品服务业、数字技术应用业、数字要素驱动业、数字化效率提升业；通信产业、计算机基础技术产业、软件产业、软硬一体化产业、互联网产业；知识信息产业、通讯产业、网络产业、航空卫星产业、文化数字技术产业、社会公共性数字化产业。

(二)数字乡村与数字乡村振兴：含义、分类与政策构成体系

1. 数字乡村与数字乡村振兴：含义与分类

数字乡村是数字科技的主要内容。所谓数字科技就是数字科学

技术、数字信息化、数字网络化与科技数字化。

什么是数字乡村？数字乡村是指网络化、信息化与数字化的乡村经济社会发展的一种进程、存在形式或模式。

数字乡村是伴随网络化、信息化和数字化在农业农村经济社会发展中的应用，以及农民现代信息技能的提高而内生的农业农村现代化发展和转型进程，既是乡村振兴的战略方向，也是建设数字中国的重要内容。

2018 年 1 月，《中共中央、国务院关于实施乡村振兴战略的意见》明确提出，要实施数字乡村战略，做好整体规划设计，加快农村地区宽带网络和第四代移动通信网络覆盖步伐，开发适应"三农"特点的信息技术、产品、应用和服务，推动远程医疗、远程教育等应用普及，弥合城乡数字鸿沟。《国家乡村振兴战略规划（2018—2022 年)》也提出数字乡村建设的任务内容。

数字乡村的基本特征体现在：网络化、信息化、数字化、产业化、模式化与过程性。

实践中，数字乡村的内容与分类包括：数字乡村建设、数字乡村发展、数字乡村产业、乡村数字产业；数字乡村政策、数字乡村规划、数字乡村法规；数字乡村农业、数字乡村工业、数字乡村流通业、数字乡村服务业。

什么是数字乡村振兴？数字乡村振兴是指数字乡村建设、数字乡村发展与数字乡村规划。主要内容与种类包括：数字乡村产业振兴、数字乡村文化振兴、数字乡村生态振兴、数字乡村人才振兴、数字乡村组织振兴。

什么是数字乡村产业振兴？数字乡村产业振兴就是依托网络化、信息化与数字化等新技术推进的乡村产业振兴。内容与种类包括：数字乡村农业振兴、数字乡村工业振兴、数字乡村流通业振兴、数字乡村服务业振兴。

2. 数字乡村与数字乡村振兴：政策文件名称与政策构成体系

数字乡村振兴的重要政策文件主要有两个：（1）《数字乡村发展战略纲要》。2019 年 5 月 16 日，中共中央办公厅、国务院办公厅印发关于数字乡村发展战略纲要的通知（以下简称《数字乡村发展战略纲要》）。该纲要是贯彻落实《中共中央、国务院关于实施乡村振兴战略的意见》《乡村振兴战略规划（2018—2022 年）》和《国家信息化发展战略纲要》等政策文件的重大工作部署，对进一步推进数字乡村建设与发展具有重要作用。

（2）《数字乡村发展行动计划》。2022 年 1 月 26 日，中央网信办等 10 部门关于印发《数字乡村发展行动计划（2022—2025 年）》的通知（以下简称《数字乡村发展行动计划》）。该行动计划对加快推进数字乡村建设，充分发挥信息化对乡村振兴的驱动引领作用，整体带动和提升农业农村现代化发展，促进农业全面升级、农村全面进步、农民全面发展等具有重要作用。

资料显示，截至 2022 年上半年，全国不少省（直辖市、自治区）都先后制定了本省"数字乡村发展战略纲要的实施意见或行动方案"，部分地市州也进一步制定了更为具体的本地市州"数字乡村发展战略纲要的行动方案"，个别县市区也制定了本县市区的"数字乡村发展战略纲要的行动方案"。例如，广东省委办公厅广东省人民政府办公厅印发《广东省贯彻落实〈数字乡村发展战略纲要〉的实施意见》的通知（2020 年 05 月 14 日）；中共云南省委办公厅云南省人民政府办公厅印发《关于加快推进数字乡村建设的实施意见》（2020 年 04 月 02 日）；湖南省委办公厅湖南省人民政府办公厅印发《湖南省数字乡村发展行动方案（2020—2022 年）》的通知（2020 年 07 月 18 日）；《三明市农业局关于印发加快推进数字农业发展实施方案的通知（明农〔2018〕111 号）》（2018 年 4 月 25 日）。

数字乡村产业振兴政策构成体系：国家层面的"数字乡村产业振兴"与地方层面的"数字乡村产业振兴"共同构成数字乡村

产业振兴政策体系。其中，地方层面包括：省自治区直辖市数字乡村产业振兴、地市州数字乡村产业振兴、县市区数字乡村产业振兴、乡镇街道数字乡村产业振兴等政策。

二、数字乡村产业振兴：国家层面数字乡村建设与发展

什么是国家层面数字乡村产业振兴政策？国家层面数字乡村产业政策是指国家与部委《数字乡村发展战略纲要》与《数字乡村发展行动计划》《数字乡村建设指南1.0》等政策中所制定的数字乡村产业政策。

《中共中央办公厅　国务院办公厅印发关于数字乡村发展战略纲要的通知》（以下简称《数字乡村发展战略纲要》）的内容包括：前言、现状与形势、总体要求、重点任务与保障措施。

《中央网信办等10部门关于印发〈数字乡村发展行动计划（2022—2025年）〉的通知》（以下简称《数字乡村发展行动计划》）的内容包括：前言、总体要求、重点任务与保障措施。

《数字乡村发展战略纲要》的基本特征体现在：宏大性、战略性、纲要性、强制性、高度权威性、顶层设计性。

《数字乡村发展行动计划》的基本特征体现在：中观性、规范性、参考性、指导性、非强制性、相对权威性。

（一）《数字乡村发展战略纲要》基本要求与主要任务

1.《数字乡村发展战略纲要》总体要求与保障措施

（1）《数字乡村发展战略纲要》总体要求

《数字乡村发展战略纲要》的总体要求包括指导思想、基本原则与战略目标等几个方面。

《数字乡村发展战略纲要》的指导思想为：以习近平新时代中国特色社会主义思想为指导，全面贯彻党的十九大和十九届二中、三中全会精神，紧紧围绕统筹推进"五位一体"总体布局和协调推进"四个全面"战略布局，坚持稳中求进工作总基调，牢固树

立新发展理念，落实高质量发展要求，坚持农业农村优先发展，按照产业兴旺、生态宜居、乡风文明、治理有效、生活富裕的总要求，着力发挥信息技术创新的扩散效应、信息和知识的溢出效应、数字技术释放的普惠效应，加快推进农业农村现代化；着力发挥信息化在推进乡村治理体系和治理能力现代化中的基础支撑作用，繁荣发展乡村网络文化，构建乡村数字治理新体系；着力弥合城乡"数字鸿沟"，培育信息时代新农民，走中国特色社会主义乡村振兴道路，让农业成为有奔头的产业，让农民成为有吸引力的职业，让农村成为安居乐业的美丽家园。

《数字乡村发展战略纲要》的基本原则主要有 6 个方面：

一是坚持党的领导。全面加强党对农村工作的领导，把数字乡村摆在建设数字中国的重要位置，加强统筹协调、顶层设计、总体布局、整体推进和督促落实。二是坚持全面振兴。遵循乡村发展规律和信息化发展规律，统筹推进农村经济、政治、文化、社会、生态文明和党的建设等各领域信息化建设，助力乡村全面振兴。三是坚持城乡融合。创新城乡信息化融合发展体制机制，引导城市网络、信息、技术和人才等资源向乡村流动，促进城乡要素合理配置。四是坚持改革创新。深化农村改革，充分发挥网络、数据、技术和知识等新要素的作用，激活主体、激活要素、激活市场，不断催生乡村发展内生动力。五是坚持安全发展。处理好安全和发展的关系，以安全保发展，以发展促安全，积极防范、主动化解风险，确保数字乡村健康可持续发展。六是坚持以人民为中心。建立与乡村人口知识结构相匹配的数字乡村发展模式，着力解决农民最关心最直接最现实的利益问题，不断提升农民的获得感、幸福感、安全感。

《数字乡村发展战略纲要》的战略目标主要划分为 4 个阶段：

第一个阶段：到 2020 年，数字乡村建设取得初步进展。农村互联网普及率明显提升，农村数字经济快速发展，"互联网+政务服务"加快向乡村延伸，网络扶贫行动向纵深发展，信息化在美丽宜居乡村建设中的作用更加显著。

第二个阶段：到 2025 年，数字乡村建设取得重要进展，城乡"数字鸿沟"明显缩小。4G 在乡村进一步深化普及，5G 创新应用逐步推广。农村流通服务更加便捷，乡村网络文化繁荣发展，乡村数字治理体系日趋完善。

第三个阶段：到 2035 年，数字乡村建设取得长足进展。城乡"数字鸿沟"大幅缩小，农民数字化素养显著提升。农业农村现代化基本实现，城乡基本公共服务均等化基本实现，乡村治理体系和治理能力现代化基本实现，生态宜居的美丽乡村基本实现。

第四个阶段：到本世纪中叶，全面建成数字乡村，助力乡村全面振兴，全面实现农业强、农村美、农民富。

（2）《数字乡村发展战略纲要》保障措施

《数字乡村发展战略纲要》保障措施主要有 4 方面：一是制定分工方案，推动督促落实各项任务。抓紧制定完成《战略纲要》主要任务分工方案，明确各项任务的牵头部门和责任部门，细化实化工作内容和政策措施，确保各项任务落地实施，见到实效。二是建立完善工作机制，统筹推进数字乡村重点任务、重大工程。建立完善数字乡村建设发展统筹协调机制，研究重大政策、重点工程和重要举措，督促落实各项任务，构建统筹协调、上下联动、整体推进的工作格局，形成强大工作合力。三是开展试点示范工作，边试点、边总结、边推广。按照《战略纲要》部署，选择部分地区按照统筹规划、整合共享、集聚提升的原则，统筹开展数字乡村试点示范工作，积极探索典型经验做法，及时总结推广有益经验。四是开展建设发展情况监测评估工作，做好跟踪调研。研究制定数字乡村评价体系，开展对数字乡村发展水平评价工作，跟踪监测各地区、各部门数字乡村发展情况，以评价促发展，以评价促提升，持续提升农业农村现代化水平。

2.《数字乡村发展战略纲要》主要任务与工作重点

《数字乡村发展战略纲要》主要部署了十项重要任务、26项重点工作。

一是在加快乡村信息基础设施建设方面，强调要大幅提升乡村网络设施水平，完善信息终端和服务供给，加快乡村基础设施数字化转型。

二是在发展农村数字经济方面，强调要夯实数字农业基础，推进农业数字化转型，创新农村流通服务体系，积极发展乡村新业态。

三是在强化农业农村科技创新供给方面，强调要推动农业装备智能化，优化农业科技信息服务。

四是在建设智慧绿色乡村方面，强调要推广农业绿色生产方式，提升乡村生态保护信息化水平，倡导乡村绿色生活方式。

五是在繁荣发展乡村网络文化方面，强调要加强农村网络文化阵地建设，加强乡村网络文化引导。

六是在推进乡村治理能力现代化方面，强调要推动"互联网+党建"，提升乡村治理能力。

七是在深化信息惠民服务方面，强调要深入推动乡村教育信息化，完善民生保障信息服务。

八是在激发乡村振兴内生动力方面，强调要支持新型农业经营主体和服务主体发展，大力培育新型职业农民，激活农村要素资源。

九是在推动网络扶贫向纵深发展方面，强调要助力打赢脱贫攻坚战，巩固和提升网络扶贫成效。

十是在统筹推动城乡信息化融合发展方面，强调要统筹发展数字乡村与智慧城市，分类推进数字乡村建设，加强信息资源整合共享与利用。

(二)《数字乡村发展行动计划》基本要求与主要任务

1. 《数字乡村发展行动计划》总体要求与保障措施

（1）《数字乡村发展行动计划》总体要求

《数字乡村发展行动计划》的总体要求包括指导思想、基本原则与战略目标等几个方面。

《数字乡村发展行动计划》的指导思想为：以习近平新时代中国特色社会主义思想为指导，全面贯彻党的十九大和十九届历次全会精神，深入贯彻中央经济工作会议、中央农村工作会议精神，坚持稳中求进工作总基调，立足新发展阶段、贯彻新发展理念、构建新发展格局、推动高质量发展，促进共同富裕，坚持和加强党对"三农"工作的全面领导，牢牢守住保障国家粮食安全和不发生规模性返贫两条底线，以解放和发展数字生产力、激发乡村振兴内生动力为主攻方向，着力发展乡村数字经济，着力提升农民数字素养与技能，着力繁荣乡村网络文化，着力提高乡村数字化治理效能，为推动乡村振兴取得新进展、农业农村现代化迈出新步伐、数字中国建设取得新成效提供有力支撑。

《数字乡村发展行动计划》的基本原则主要有 4 个方面：

一是坚持深化改革、创新驱动。围绕农业农村现代化目标，进一步深化农业农村改革，发挥新一代信息技术创新引领作用，推动制度、机制、模式和技术创新，培育发展数字乡村新产业、新业态、新模式。二是坚持以人为本、内生驱动。始终把维护好农民根本利益、促进农民农村共同富裕作为数字乡村建设的出发点和落脚点，充分发挥农民主体作用，激发农民积极性、主动性、创造性，让广大农民成为数字乡村建设的参与者、受益者。三是坚持统筹协调、城乡融合。强化资源整合、部门协同和上下联动，坚持数字乡村与新型智慧城市一体设计、协同实施，推动城乡信息基础设施互联互通、产业生态相互促进、公共服务共建共用。四是坚持规划引领、分类推进。科学规划、合理安排数字乡村建设重点任务和工程，结合各地发展基础、区位条件、资景禀赋，按照不同类型村庄发展规律，分类有序推进数字乡村发展，按需建设信息化设施，防止形象工程铺张浪费。

《数字乡村发展行动计划》的行动目标分为两个阶段：

第一阶段：到 2023 年，数字乡村发展取得阶段性进展。网络帮扶成效得到进一步巩固提升，农村互联网普及率和网络质量明显提高，农业生产信息化水平稳步提升，"互联网+政务服务"进一步向基层延伸，乡村公共服务水平持续提高，乡村治理效能有效提升。

第二阶段：到 2025 年，数字乡村发展取得重要进展。乡村 4G 深化普及、5G 创新应用，农业生产经营数字化转型明显加快，智慧农业建设取得初步成效，培育形成一批叫得响、质量优、特色显的农村电商产品品牌，促进乡村网络文化繁荣发展，乡村数字化治理体系日趋完善。

2.《数字乡村发展行动计划》保障措施

《数字乡村发展行动计划》保障措施主要有 6 个方面：

一是加强组织领导。建立健全各级数字乡村发展统筹协调机制，整合各部门数字乡村相关配套政策和资源，深入推进国家数字乡村试点工作，鼓励各地开展省级试点。二是加强政策支持。充分发挥财政资金引导作用，按规定统筹利用现有涉农政策与资金渠道，支持数字乡村重点项目建设。三是加强人才支撑。瞄准数字乡村发展需求，引导高校合理设置农业智能装备工程、智慧农业等相关专业，持续派强用好驻村第一书记和工作队，积极开展农村创业、电商服务等领域人才培训活动。四是加强指导监督。统筹推进数字乡村标准体系建设，建立数字乡村发展动态监测机制，建立数字乡村发展评价指标体系，开展数字乡村评价工作。五是加强安全保障。加强农业农村数据安全保护，依法打击涉农信贷、保险及网贷平台等领域互联网金融诈骗行为，组织开展面向农村居民的网络安全教育培训，提升个人信息保护意识。六是加强宣传引导。充分利用互联网等多种宣传渠道，宣传数字乡村建设政策措施和进展成效。积极开展数字乡村建设交流活动，及时总结推广典型经验。

3.《数字乡村发展行动计划》主要任务与工作重点

《数字乡村发展行动计划》主要部署了 8 大任务、26 项工作重点，规划了 7 大重点工程。

一是在数字基础设施升级行动方面，强调要推进乡村信息基础设施优化升级，推动乡村传统基础设施数字化改造升级。

二是在智慧农业创新发展行动方面，强调要加快推进农业农村大数据建设应用，建设天空地一体化农业观测网络，加快农业生产数字化改造，加快智慧农业技术创新，加强农业科技信息服务。

三是在新业态新模式发展行动方面，强调要深化农产品电商发展，促进农村消费升级，加快培育农村新业态。

四是在数字治理能力提升行动方面，强调要完善农村智慧党建体系，推动"互联网+政务服务"向乡村延伸，提升村级事务管理智慧化水平，推动社会综合治理精细化，加强农村智慧应急管理体系建设。

五是在乡村网络文化振兴行动方面，强调要筑牢乡村网络文化阵地，推进乡村文化资源数字化。

六是在智慧绿色乡村打造行动方面，强调要提升乡村生态保护信息化水平，加强农村人居环境数字化监管。

七是在公共服务效能提升行动方面，强调要深化乡村"互联网+教育"，推进"互联网+医疗健康"，完善农村社保与就业服务、提升面向农村特殊人群的信息服务水平，深化农村普惠金融服务。

八是在网络帮扶拓展深化行动方面，强调要巩固拓展脱贫攻坚成果，做好网络帮扶与数字乡村建设有效衔接。

九是在数字乡村发展工程建设方面，强调要设立乡村基础设施数字化改造提升工程、智慧农业建设工程、农村电商优化升级工程、乡村数字治理体系打造工程、乡村文化设施和内容数字化改造工程、乡村生态和人居环境数字化管理提升工程、乡村惠民便民服务提升工程 7 个重点工程。

三、数字乡村产业振兴：地方层面数字乡村建设与发展

什么是地方层面数字乡村产业振兴政策？地方层面数字乡村产业振兴政策是指地方政府及其相关部门"数字乡村发展"实施意见、"数字乡村发展"行动方案或"数字乡村发展"行动计划等政策所制定的数字乡村产业政策。

"数字乡村发展"实施意见、行动方案或行动计划的基本特征体现在：地区性、规范性、参考性、指导性、非强制性、相对权威性。

资料显示，全国很多地方政府都先后制定出台了"数字乡村发展"实施意见、"数字乡村发展"行动方案或"数字乡村发展"行动计划。这里选取云南省数字乡村建设与发展进行研究论述。

2020 年 4 月 2 日，中共云南省委办公厅云南省人民政府办公厅印发《关于加快推进数字乡村建设的实施意见》（以下简称《云南省数字乡村实施意见》）。该实施意见对深入贯彻落实《中共中央办公厅、国务院办公厅关于印发〈数字乡村发展战略纲要〉的通知》精神，扎实推进乡村振兴战略实施，着力加快数字乡村建设等具有重要作用。

（一）《云南省数字乡村实施意见》基本要求与保障措施

1.《云南省数字乡村实施意见》指导思想与发展目标

《云南省数字乡村实施意见》的指导思想为：以习近平新时代中国特色社会主义思想为指导，全面贯彻党的十九大和十九届二中、三中、四中全会精神，深入贯彻习近平总书记考察云南重要讲话精神，坚持农业农村优先发展，创新城乡信息化融合发展体制机制，建立与乡村人口知识结构相匹配的数字乡村发展模式，统筹推

进农村经济、政治、文化、社会、生态文明和党的建设等各领域信息化建设，助力乡村全面振兴，助推"数字云南"建设。

《云南省数字乡村实施意见》的发展目标可以分为三个阶段：

第一阶段：2020 年，数字乡村建设取得初步进展，4G 网络和光纤网络向有条件的自然村延伸，"互联网+政务服务"加快向乡村延伸，网络扶贫行动向纵深发展，信息化在美丽宜居乡村建设中的作用更加显著。

第二阶段：到 2025 年，乡村 4G 深化普及、5G 创新应用，城乡"数字鸿沟"明显缩小，培育形成一批叫得响、质量优、特色显的农村电商产品品牌，基本形成乡村智慧物流配送体系，乡村网络文化繁荣发展，乡村数字治理体系日趋完善。

第三阶段：到 2035 年，城乡"数字鸿沟"大幅缩小，农民数字化素养显著提升，农业农村现代化、城乡基本公共服务均等化、乡村治理体系和治理能力现代化基本实现；到本世纪中叶，全面建成数字乡村，助力乡村全面振兴，全面实现农业强、农村美、农民富。

2.《云南省数字乡村实施意见》保障措施

《云南省数字乡村实施意见》保障措施主要有 3 个方面：

一是加强组织领导。建立由省委农办等有关部门参与的数字乡村建设发展统筹协调机制，充分运用国家农村信息化示范省建设试点成果，做好整体规划设计，组织推动和督促落实各项任务，统筹开展数字乡村试点示范工作。

二是强化政策支持。各地区各有关部门要完善产业、财政、金融、教育、医疗等领域配套政策措施，持续推进落实。充分发挥财政资金引导作用，撬动金融和社会资本支持数字乡村战略实施。

三是营造良好氛围。充分发挥第一书记、驻村工作队员、大学生村官、科技特派员、西部计划志愿者等主体作用，加强农民信息素养培训，增强农民网络安全防护意识和技能。充分发挥主流媒体和重点新闻网站作用，宣传党的路线方针政策，讲好乡村振兴故事，做好网上舆情引导，为全面实施乡村振兴战略凝聚共识、汇聚力量。

(二)《云南省数字乡村实施意见》主要任务与工作重点

《云南省数字乡村实施意见》的主要任务有 9 个方面，工作重点有 23 条。

一是在加快乡村信息基础设施建设方面，工作重点强调要大幅提升乡村网络设施水平，完善信息终端和服务供给，加快乡村基础设施数字化转型。

二是在发展农村数字经济方面，工作重点强调要夯实数字农业基础，推进农业数字化转型，加快乡村智慧物流配送体系建设，提升农业装备智能化和科技信息服务水平。

三是在建设智慧绿色乡村方面，工作重点强调要推广农业绿色生产方式，提升乡村生态保护信息化水平，倡导乡村绿色生活方式。

四是在繁荣发展乡村网络文化方面，工作重点强调要加强乡村网络文化阵地建设，加强乡村网络文化引导。

五是在推进乡村治理能力现代化方面，工作重点强调要大力实施智慧党建，提升乡村治理能力。

六是在深化信息惠民服务方面，工作重点强调要推进乡村教育信息化，完善民生保障信息服务。

七是在激发乡村振兴内生动力方面，工作重点强调要支持新型农业经营主体和服务主体发展，大力开展农民教育培训，激活农村要素资源。

八是在推动网络扶贫向纵深发展方面，工作重点强调要助力打赢脱贫攻坚战，巩固和提升网络扶贫成效。

九是在统筹推动城乡信息化融合发展方面，工作重点强调要统筹发展数字乡村与智慧城市，加强信息资源整合共享与利用。

第二节 数字农业政策

一、数字农业与数字产业：含义、分类与政策构成体系

（一）数字农业与数字农业产业振兴：含义与分类

数字农业是与数字经济、数字产业、数字乡村、数字乡村产业、数字乡村产业振兴密切相关的重要概念。

什么是数字经济？数字经济是以数据资源为关键要素，以现代信息网络为主要载体，以信息通信技术融合应用、全要素数字化转型为重要推动力，促进公平与效率更加统一的新经济形态。

数字产业是指以信息为加工对象，以数字技术为加工手段，以意识（广义的意识概念）产品为成果，以介入全社会各领域为市场，对本身无明显利润但是可以提升其他产业利润的公共产业。包括两个方面：数字产业化与产业数字化。

什么是数字乡村？数字乡村是指网络化、信息化与数字化的乡村经济社会发展的一种进程、存在形式或模式。实践中，数字乡村的内容包括：数字乡村农业、数字乡村工业、数字乡村流通业、数字乡村服务业。

什么是数字乡村产业？数字乡村产业是指网络化、信息化与数字化的乡村产业的概括统称。实践中，数字产业包括：数字乡村农业产业、数字乡村工业产业、数字乡村流通产业、数字乡村服务产业；数字乡村第一产业、数字乡村第二产业、数字乡村第三产业。

什么是数字乡村振兴？数字乡村振兴是指数字乡村建设、数字乡村发展与数字乡村规划。主要内容与种类包括：数字乡村产业振兴、数字乡村文化振兴、数字生态乡村振兴、数字乡村人才振兴、数字乡村组织振兴。

什么是数字乡村产业振兴？数字乡村产业振兴就是依托网络

化、信息化与数字化等新技术推进的乡村产业振兴。内容与种类包括：数字乡村农业振兴、数字乡村工业振兴、数字乡村流通业振兴、数字乡村服务业振兴。

什么是数字农业？数字农业是将信息作为农业生产要素，用现代信息技术对农业对象、环境和全过程进行可视化表达、数字化设计、信息化管理的现代农业。

数字农业是数字乡村的重要内容。进一步而言，数字农业是指将遥感、地理信息系统、全球定位系统、计算机技术、通讯和网络技术、自动化技术等高新技术与地理学、农学、生态学、植物生理学、土壤学等基础学科有机地结合起来，实现在农业生产过程中对农作物、土壤从宏观到微观的实时监测，以实现对农作物生长、发育状况、病虫害、水肥状况以及相应的环境进行定期信息获取，生成动态空间信息系统，对农业生产中的现象、过程进行模拟，达到合理利用农业资源，降低生产成本，改善生态环境，提高农作物产品和质量的目的。

什么是数字农业产业？数字农业产业是指网络化、信息化与数字化的农业产业的概括统称。实践中，数字农业产业包括：数字农业种植业、数字农业加工业、数字农业流通业、数字农业服务业。

什么是数字农业产业振兴？数字农业产业振兴就是依托网络化、信息化与数字化等新技术推进的农业产业振兴。实践中，数字农业产业振兴包括：数字农业种植业振兴、数字农业加工业振兴、数字农业流通业振兴、数字农业服务业振兴。

（二）数字农业与数字农业振兴：政策文件名称与政策构成体系

2019年12月25日，农业农村部、中央网络安全和信息化委员会办公室《关于印发数字农业农村发展规划（2019—2025年）的通知（农规发「2019」33号）》（以下简称《数字农业农村发展规划》）。该发展规划是指导今后一个时期数字农业农村建设的纲领性文件，对加快建设数字中国、弥合城乡"数字鸿沟"、培育乡村振兴新动能、抢占全球农业制高点，具有十分重要的意义。

此外，《农业部关于全面推进信息进村入户工程的实施意见》、《农业部办公厅关于做好 2017 年数字农业建设试点项目前期工作的通知（农办计（2017）1 号）》、中央网信办等部委《关于印发〈2022 年数字乡村发展工作要点〉的通知》等政策文件也是数字农业振兴的重要内容。

资料显示，截至 2022 年上半年，全国不少省（直辖市、自治区）都先后制定了本省"数字农业农村发展规划的实施意见、行动方案"，部分地市州也进一步制定了更为具体的本地市州"数字农业农村发展规划的实施意见、行动方案"，个别县市区随之制定了本县市区的"数字农业农村发展规划的实施意见、行动方案"。例如，《重庆市农业农村委员会关于印发重庆市数字农业农村发展"十四五"规划（2021—2025 年）的通知（渝农发〔2021〕131号）》；《广东省农业农村厅关于印发〈广东数字农业农村发展行动计划（2020—2025 年）〉的通知粤（农农〔2020〕157 号）》（2020年 6 月 1 日）；《三明市农业局关于印发加快推进数字农业发展实施方案的通知（明农〔2018〕111 号）》（2018 年 4 月 25 日）；《清远市农业农村局关于印发〈清远市贯彻广东数字农业农村发展行动计划（2020—2025 年）〉的实施意见》的通知（清农农〔2020〕127 号）》（2020 年 7 月 21 日）。

数字农业产业振兴政策构成体系：国家层面的"数字农业产业振兴"与地方层面的"数字农业产业振兴"共同构成数字农业产业振兴政策体系。其中，地方层面包括：省自治区直辖市数字农业产业振兴、地市州数字农业产业振兴、县市区数字农业产业振兴、乡镇街道数字农业产业振兴等政策。

二、数字农业产业振兴：国家层面数字农业振兴发展与规划

什么是国家层面数字农业产业振兴政策？国家层面数字农业产

业振兴政策是指国家部委"数字农业农村发展规划"等政策规划文件所制定的数字农业产业政策。

《农业农村部、中央网络安全和信息化委员会办公室关于印发数字农业农村发展规划（2019—2025年）的通知》（以下简称《数字农业农村发展规划》）的内容包括前言、现状与形势、总体要求、重点任务与保障措施。

《数字农业农村发展规划》的基本特征体现在中观性、规范性、参考性、指导性、非强制性、相对权威性。

（一）《数字农业农村发展规划》基本要求与保障措施

1. 《数字农业农村发展规划》总体要求

《数字农业农村发展规划》对今后一个时期数字农业农村建设作出了系统安排，既有路线图，又有时间表。

《数字农业农村发展规划》明确了今后一段时期数字农业建设的发展思路，提出要以产业数字化、数字产业化为发展主线，以数字技术与农业农村经济深度融合为主攻方向，以数据为关键生产要素，着力建设基础数据资源体系，加强数字生产能力建设，加快农业农村生产经营、管理服务数字化改造，强化关键技术装备创新和重大工程设施建设，推动政府信息系统和公共数据互联开放共享，全面提升农业农村生产智能化、经营网络化、管理高效化、服务便捷化水平，用数字化引领驱动农业农村现代化，为实现乡村全面振兴提供有力支撑。

《数字农业农村发展规划》提出了数字农业农村发展目标。

一是在总体目标上，《规划》提出到2025年，数字农业农村建设取得重要进展，有力支撑数字乡村战略实施；农业农村数据采集体系建立健全，基本建成"一个网络""一个体系""一个平台"，即天空地一体化观测网络、农业农村基础数据资源体系和农业农村云平台；数字技术与农业产业体系、生产体系、经营体系加快融合，农业生产经营数字化转型取得明显进展，管理服务数字化水平明显提升，农业数字经济比重大幅提升，乡村数字治理体系日趋完善。

二是在具体指标上，细化总体目标要求，提出了三个关键性指标，使规划目标可衡量可落实。即农业数字经济占农业增加值比重由 2018 年的 7.3%提升至 2025 年的 15%，农产品网络零售额占农产品总交易额比重由 2018 年的 9.8%提升至 2025 年的 15%，农村互联网普及率由 2018 年的 38.4%大幅提升至 2025 年的 70%。

2.《数字农业农村发展规划》保障措施

《数字农业农村发展规划》的保障措施强调要重点抓好四方面的工作。

一是加强组织领导。在国家数字乡村建设发展统筹协调机制框架下，农业农村部、中央网信办会同有关部门，统筹推进数字农业农村建设工作。各级农业农村主管部门要将数字化理念融入农业农村工作全过程，加快工作流程数字化改造，构建数字农业农村发展的管理体系。

二是加大政策支持。探索政府购买服务、政府与社会资本合作、贷款贴息等方式，引导社会力量、工商资本、金融资本投入数字农业农村建设。在项目用地、技术研发、设备采购上给予大力支持。

三是强化数据采集管理。巩固和提升现有监测统计渠道，提升利用地面观测、传感器、遥感和地理信息技术等实时采集数据能力，拓展互联网数据来源，建立健全农业农村原始数据采集体系。研究出台数据共享开放政策和管理规范。加快推进农业农村数据资源协同管理和融合。

四是强化科技人才支撑。建立数字农业农村科技创新体系。培养造就一批数字农业农村领域科技领军人才、工程师和高水平管理团队。加强业务培训，提升"三农"干部和农民的数字技术应用和管理水平。

（二）《数字农业农村发展规划》主要任务与工作重点

《数字农业农村发展规划》面向乡村振兴的重大需求，面向现代农业建设主战场，紧紧围绕推进数字技术与农业农村深度融合谋篇布局，提出了五方面的重点任务、23条工作重点。

一是构建农业农村基础数据资源体系。工作重点强调要统筹建设农业自然资源、重要农业种质资源、农村集体资产、农村宅基地、农户和新型农业经营主体等五类大数据，形成农业农村基础数据资源体系，为农业农村精准管理和服务提供有力支撑。

二是加快生产经营数字化改造。工作重点强调要推进种植业信息化，加快发展数字农情，构建病虫害测报监测网络和数字植保防御体系，建设数字田园。推进畜牧业智能化，建设数字养殖牧场，加快应用个体体征智能监测技术，推进养殖场数据直联直报。推进渔业智慧化，发展智慧水产养殖，升级改造渔船船用终端和数字化捕捞装备，建设渔港综合管理系统。推进种业数字化，挖掘与深度应用种业大数据，研发推广动植物表型信息获取技术装备，完善国家种业大数据平台功能。推进新业态多元化，鼓励发展众筹农业、定制农业等基于互联网的新业态，深化电子商务进农村综合示范，鼓励发展智慧休闲农业平台。推进质量安全管控全程化，推动农产品生产标准化、标识化、可溯化，普遍推行农户农资购买卡制度，构建投入品监管溯源与数据采集机制。

三是推动管理服务数字化转型。工作重点强调要建立健全农业农村管理决策支持技术体系，提高宏观管理的科学性。健全重要农产品全产业链监测预警体系，加强市场信息发布和服务，帮助农民解决"春天种什么对、秋天卖什么贵"等生产经营瓶颈问题。建设数字农业农村服务体系，开展农业生产性服务，建设一批农民创业创新中心，提升农民生产生活智慧化、便捷化水平。建立农村人居环境智能监测体系，实现对农村污染物、污染源全时全程监测。建设乡村数字治理体系，推进乡村治理体系和治理能力现代化。

四是强化关键技术装备创新。工作重点强调要加强关键共性技术攻关，重点攻克农业生产环境、动植物生理体征智能感知与识别关键技术，突破动植物生理生态过程模拟技术，构建动植物表型的数字化表达及模拟模型，突破智能农机装备关键技术。强化战略性前沿性技术超前布局，加强农产品柔性加工、区块链+农业、人工智能、5G等新技术基础研究和攻关，形成一系列数字农业战略技术储备和产品储备。强化技术集成应用与示范，开展3S、智能感知、模型模拟、智能控制等技术及软硬件产品的集成应用和示范，熟化推广一批典型模式和范例。加强数字农业科技创新数据与平台集成与服务。加快农业人工智能研发应用，实施农业机器人发展战略，加强无人机智能化集成与应用示范。

五是加强重大工程设施建设。工作重点强调要实施国家农业农村大数据中心建设工程，重点建设国家农业农村云平台、国家农业农村大数据平台、国家农业农村政务信息系统3类项目，提高农业农村领域管理服务能力和科学决策水平。要实施农业农村天空地一体化观测体系建设工程，重点加强农业农村"天网"（农业农村天基观测网络）、"空网"（农业农村航空观测网络）、"地网"（农业物联网观测网络）建设，实现对农业生产和农村环境等全领域、全过程、全覆盖的实时动态观测。要实施国家数字农业农村创新工程，重点建设国家数字农业农村创新中心及专业分中心、重要农产品全产业链大数据、数字农业试点建设等3类项目，打造数字农业农村综合服务平台。

三、数字农业产业振兴：地方层面数字农业振兴发展与规划

什么是地方层面数字农业产业振兴政策？地方层面数字农业产业振兴政策是指地方政府及其相关部门"数字农业发展"实施意见、"数字农业发展"行动方案或"数字农业发展"行动计划等政策文件所制定的数字农业产业政策。

"数字农业发展"实施意见、行动方案或行动计划的基本特征体现在：地区性、规范性、参考性、指导性、非强制性、相对权威性。

资料显示，全国很多地方政府都先后制定出台了"数字乡村发展"实施意见、"数字乡村发展"行动方案或"数字乡村发展"行动计划。这里选取重庆市、广东省数字农业建设与发展进行研究论述。

（一）数字农业产业振兴：重庆市数字农业振兴发展与规划

2020年12月17日，重庆市农业农村委员会制定了《重庆市数字农业农村发展"十四五"规划（2021—2025年)》（以下简称《重庆市数字农业农村发展规划》)。该规划对加快推动农业农村生产经营精准化、管理服务智能化、乡村治理数字化，充分发挥大数据智能化在现代农业和乡村振兴发展中的重要作用等具有重要意义。

《重庆市数字农业农村发展规划》内容共包括发展形势、总体思路、主要任务、重点工程、保障措施五个部分。

1.《重庆市数字农业农村发展规划》总体要求与保障措施

《重庆市数字农业农村发展规划》的指导思想为：以习近平新时代中国特色社会主义思想为指导，深入贯彻党的十九大和十九届二中、三中、四中、五中、六中全会精神，全面落实习近平总书记关于"三农"工作重要论述和对重庆提出的系列重要指示要求，坚持以实施乡村振兴战略为总抓手，紧扣加快推进农业农村现代化总目标，围绕成渝地区双城经济圈建设和"一区两群"协调发展布局，坚持新发展理念，深入实施以大数据智能化为引领的创新驱动发展战略行动计划，以产业数字化、数字产业化为发展主线，以数字技术与农业农村经济深度融合为主攻方向，全面提升农业农村生产经营精准化、管理服务智能化、乡村治理数字化，不断壮大农业农村数字经济，为实现乡村全面振兴提供有力支撑，打造西部数字农业农村发展高地。

《重庆市数字农业农村发展规划》确定了四个方面的基本原则：

一是坚持创新引领。着力突破核心关键技术和瓶颈制约环节，探索形成数字农业农村创新体系和发展模式。二是坚持资源整合。打破部门壁垒，推动涉农数据互联互通、资源共建共享、业务协作协同。三是坚持试点先行。优先选择重点区域、重点领域、重点产业，积极开展试点示范，逐步全面推广。四是强化支撑保障。加强安全和标准体系建设，提升农业农村数据安全管理和规范运行能力。

《重庆市数字农业农村发展规划》确定了发展目标。其基本内容为：

一是，到 2025 年，数字农业农村发展取得明显成效。二是，"数字乡村·智慧农业"综合信息服务平台、农业农村大数据中心、国家级重庆（荣昌）生猪大数据中心建设初见成效，农业农村基础数据资源采集和汇聚体系基本建成，天空地一体化农业农村监测网络全域覆盖，重要农产品全产业链大数据基本形成，智慧农业服务体系和农户信用体系不断深化应用。三是，新建智慧农业试验示范基地 200 个，全市农业数字经济增加值达到 150 亿元，农产品网络零售额达到 240 亿元，农村互联网普及率达到 70% 以上，数字农业农村发展总体水平超过 50%，探索建设西部"智慧农业·数字乡村"示范区。

《重庆市数字农业农村发展规划》明确了四个方面的保障措施：

一是加强组织领导。要求各级农业农村主管部门要结合发展实际，因地制宜制定数字农业农村规划实施方案，细化政策措施，统筹推进本地区数字农业农村建设。

二是强化政策支持。具体措施为加大数字农业农村发展投入力度，发挥财政资金的引导和撬动作用，积极探索政府与市场相结合的机制和模式，壮大数字农业农村建设力量，为数字农业农村可持续发展提供保障。

三是强化人才支撑。具体措施为培养造就一批数字农业农村领域科技领军人才、工程师和高水平管理团队；加强数字农业农村业务培训，提高"三农"干部、新型经营主体、高素质农民的数字技术应用和管理水平；建立科学的人才评价激励制度。

四是强化安全可控。具体措施为完善数字农业农村网络和信息安全管理制度规范，建立健全信息安全体系架构，形成多层次、全方位的信息安全体系。

2.《重庆市数字农业农村发展规划》主要任务与工作重点

《重庆市数字农业农村规划》提出了重庆市"十四五"期间数字农业农村发展的五大主要任务、十大重点工程。

（1）《重庆市数字农业农村发展规划》五大主要任务

一是强化农业农村大数据建设。工作重点为建设"数字乡村·智慧农业"综合信息服务平台，构建农业农村基础数据资源采集汇聚体系、农业农村天空地智慧化监测体系等 2 个基础支撑体系，推动农户信用、智慧农业服务、农业农村数字化地图、农产品单品全产业链大数据等 N 方面农业农村大数据应用。任务目标为，到 2025 年，基本建成以"1 个基座+2 大基础支撑体系+N 方面大数据应用"为总体架构的农业农村大数据中心，农业农村大数据应用实现多领域突破。

二是提升产业智慧化水平。工作重点为以建设成渝现代高效特色农业带为目标，新建一批种植业、畜牧业、渔业、种业等智慧农业基地，加快推进农业机械、质量安全管控和农产品加工等数字化发展，探索保供产业和现代山地特色农业数字化转型路径，为全市提供可复制可推广的经验模式；在重庆市各重点区县，因地制宜建设数字化试验示范基地，不断推进不同区域农业产业数字化技术集成与示范引领，形成我市现代山地高效特色农业数字化区域发展新格局。任务目标为，到 2025 年，新建智慧农业试验示范基地 200 个。

三是促进经营服务智能化转型。工作重点为大力实施"互联网+"农产品出村进城工程，开展国家工程试点；持续开展重庆品牌农产品网销行动，鼓励发展电商新模式，加强数据监测分析，实现以销定产目标；深入实施信息进村入户工程，丰富益农信息社服务内容，运用信息化手段服务产业发展和乡村治理；持续开展农民手机应用技能培训，扩大培训规模，提升农民信息获取、使用能力。任务目标为，到 2025 年，力争全市农产品网络零售额达到 240 亿元，全市农产品出村进城更为便捷、顺畅、高效。

四是推动数字农业农村技术创新应用。工作重点为通过"外引内育"方式，在农业生产、经营、管理、服务等环节创新落地一批数字化新技术，重点打造一批数字化新产品，复制推广一批数字化新模式；强化"产学研"资源多元合作，发挥涉农科研院所和农业龙头企业在智力、科技、人才方面的优势，大力推进创新平台建设，拓展平台功能，结合现代山地特色高效农业建设，加快开展数字农业农村创新研究；总结提炼一批数字农业农村新成果，加快推进新成果的转化应用。任务目标为，到 2025 年，力争建成国家级数字畜牧业（生猪）、种植业（柑橘）创新分中心。

五是打造整合协同的信息化应用体系。工作重点为全面落实"云长制"工作部署，全面整合农业农村信息系统和平台，深入汇聚农业农村领域数据资源，加快构建统一的对内对外管理服务门户，探索跨领域、跨行业、跨单位的业务流程重组优化和机制创新，促进"设施共连、平台共用、数据共享、业务协同"。任务目标为，到 2025 年，基本形成以农业农村大数据中心为基座、"数字乡村·智慧农业"综合信息服务平台为核心枢纽、多应用体系为业务支撑的全市农业农村信息化整合建设格局。

（2）《重庆市数字农业农村发展规划》十大重点工程

《重庆市数字农业农村发展规划》围绕五大主要任务，进一步明确规定了十项数字农业农村建设重点工程。

一是农业农村大数据工程。主要内容为建设"数字乡村·智慧农业"综合信息服务平台，打造智慧农业服务、农户信用和农村物流配送涉农大数据综合应用场景。

二是基础数据资源采集汇聚工程。主要内容为强化农业农村基础数据采集和现有资源汇聚，建立从生产、流通、加工到销售的全过程农产品质量安全追溯信息采集，构建农产品质量安全大数据，建设农业农村大数据中心。

三是农业农村天空地智慧化监测工程。主要内容为强化农业农村自动化数据采集能力，农业农村发展提供数据支撑，建设农业农村"天空地"监测体系。

四是单品种全产业链大数据工程。主要内容为：运用互联网、物联网和大数据等现代信息技术，开展单品种全产业链大数据建设；支持和鼓励各区县推进以本地农业优势产业和特色农产品为主线的大数据共享共建，打造单品种大数据样板。

五是节智慧农业推广应用工程。主要内容为建设数字种植业应用推广基地，建设数字畜牧业应用推广基地，建设数字渔业应用推广基地，建设数字种业应用推广基地，农业机械智能化应用示范，农产品加工智慧化升级改造。

六是经营数字化改造工程。主要内容为：建立完善适应农产品网络销售的供应链体系、运营服务体系和支撑保障体系；持续推进重庆品牌农产品网销行动，加强与国内知名电商平台合作，培育壮大网销品牌。

七是新业态数字化提升工程。主要内容为加快新业态多元化发展，促进乡村旅游信息聚合，建立乡村休闲旅游大数据系统，推进农村数字普惠金融服务到村，建设一批重点网货生产基地和产地直播基地。

八是数字农业农村信息服务工程。主要内容为：深入推进信息进村入户工程，构建为农综合服务体系；构建数字农业农村人才技能培训体系，鼓励各类企业和服务机构建立专业培训基地和师资队伍，开展市场化专业培训。

九是数字农业农村科技创新工程。主要内容为：强化数字农业农村科技创新，整合科技资源和力量，建设西部"智慧农业·数字乡村"示范区，加快智慧农业创新平台建设，建立数字农业科技成果转化信息服务平台。

十是政务信息化建设工程。主要内容为：通过强化顶层设计、健全机制、统筹协调、规范建设，构建高度整合的农业农村信息化多应用体系，升级改造整体网络系统与高清视频会议，实现千兆网络覆盖传输与全系统高清视频会议全覆盖和互联互通。

(二)数字农业产业振兴：广东省数字农业振兴发展与规划

2020年6月1日，广东省农业农村厅关于印发〈广东数字农业农村发展行动计划（2020—2025年)〉的通知（以下简称《广东数字农业农村发展行动计划》）。该行动计划对加快数字技术推广应用，大力提升数字化生产力，推动农业高质量发展和乡村全面振兴等具有重要作用。

《广东数字农业农村发展行动计划》内容共包括前言、总体思路、主要任务、保障措施等几个部分。

1.《广东数字农业农村发展行动计划》总体要求与保障措施

(1)《广东数字农业农村发展行动计划》总体要求

《广东数字农业农村发展行动计划》的指导思想为：以习近平新时代中国特色社会主义思想为指导，深入学习贯彻习近平总书记关于"三农"工作的重要论述和对广东重要指示批示精神，紧紧围绕乡村振兴战略工作部署，实施《数字乡村发展战略纲要》和《数字农业农村发展规划（2019—2025年)》，按照《广东贯彻落实〈数字乡村发展战略纲要〉的实施意见》和广东数字政府改革建设要求，大力发展农业农村数字经济，全面提升农业农村生产智能化、经营网络化、管理高效化、服务便捷化水平，用数字化引领驱动农业农村现代化，为实现乡村全面振兴提供有力支撑。

《广东数字农业农村发展行动计划》的基本原则主要有 4 个方面：

一是统筹规划、有序推进。科学统筹规划，强化顶层设计，分阶段有序部署推进，主动适应新一代信息技术与数字经济发展新趋势、新业态。充分发挥农业农村数字化转型升级的示范带动作用，探索广东特色的数字农业农村发展模式。

二是集约建设、开放共享。集约化开展数字农业农村基础设施、信息系统、数据资源建设，实现农业农村数据互联互通、资源共建共享，坚持一张蓝图绘到底，让农民群众有更多获得感和幸福感。

三是政府引导、市场运作。强化政府引导作用，坚持市场运作，充分发挥市场主体的资金和技术优势，鼓励农民和新型经营主体开展技术创新、模式创新、应用创新，形成多元主体参与的共建格局。

四是创新引领、生态共赢。聚焦农业农村发展瓶颈，大力推进自主创新，加强试点示范，牵引农业农村数字化转型，多方参与，生态开放，共建共享共赢，提升农业生产经营管理智能化和乡村治理现代化水平。

《广东数字农业农村发展行动计划》的总体目标：

一是，到 2025 年，广东数字农业农村发展取得重要进展，有力支撑数字乡村战略实施。二是，数字技术与农业产业体系、生产体系、经营体系、消费体系加快融合。三是，农村数字化管理水平日趋完善。四是，实施数字农业发展联盟、数字农业试验区、大湾区数字农业合作峰会"三个创建"，推动数字农业产业园区、"一村一品、一镇一业"建云上云、科技示范创新团队、数字农业农村重大项目、数字农业示范龙头企业、数字农民专业合作社、数字农业农村新农民、数字农业农村重大应用场景（模式）等"八个培育"。

（2）《广东数字农业农村发展行动计划》保障措施

《广东数字农业农村发展行动计划》保障措施主要有4个方面：

一是加强组织领导。各级要成立数字农业农村工作领导小组，建立规划实施和工作推进机制，跟踪和督促各项任务落实。要加强政策衔接和工作协调，开展数字农业农村发展水平监测评价工作，持续提升数字农业农村发展水平。

二是加大政策扶持。各地要加大数字农业农村发展投入力度，建立多元化的投入和长效机制。要加强数字农业农村就业扶持力度，推动科研体制创新，促进关键适用技术研发和成果转化。

三是强化人才支撑。要建立数字农业农村专家决策咨询制度，组织智库加强理论研究。要开展数字农业农村人才下乡活动，多形式、多渠道开展现代信息技术使用能力培训工作。鼓励和引导大学生、志愿者、返乡就业人员参与数字农业农村建设。

四是营造良好氛围。创新宣传方式，加大宣传力度，展示数字农业农村建设新成果、新业态、新模式、新理念。以乡情乡愁为纽带，吸引数字化人才通过多种方式服务数字农业农村事业，探索公益性和经营性数字农业农村推广融合发展机制。

2.《广东数字农业农村发展行动计划》主要任务与工作重点

《广东数字农业农村发展行动计划》规定了10项主要任务、若干项工作重点，确定了18项重点工程。

一，创建广东数字农业发展联盟。工作重点为：集聚信息技术和人才资源要素，加快农业生产、乡村治理与信息技术的深度融合，培育数字农业社会组织和专家队伍，组建广东数字农业发展联盟。以空间共享、资源优势互补为牵引，以目标任务为导向，共同开展联盟协同创新行动，联合农业行政主管部门、农业科研院所、涉农高等院校、农业企业等各类主体，充分发挥联盟的区域性优势，统筹优势资源、搭建共享平台，创建覆盖省、市、县、镇、村五级的数字农业社会组织模式，使联盟成为支撑现代农业发展的重要力量。

二，创建广东数字农业试验区。工作重点为：以"政府引导、市场运作、企业主体"的建设模式，建设覆盖农业全产业链条的数字农业试验区，鼓励引导非农企业、数字技术产学研机构进驻，打造数字农业硅谷，推动我省数字农业跨越式发展。继续推进创建佛山市南海区里水镇"农产品跨境电子商务"综合试验区、茂名等全国农业农村信息化示范基地、阳西县省级数字农业示范县；推动广州市增城区 5G 智慧农业试验区、江门市 5G 智慧农业科创园建设，创新孵化 5G 智慧农业核心科技、推进 5G 智慧农业产业要素聚集；在湛江开展 5G+智慧水产示范应用，促进水产养殖、加工、冷链物流等产业链条有机融合。

三，创办大湾区数字农业合作峰会。工作重点为：搭建数字农业交流合作发布峰会平台，通过主题分享、产品展示、项目路演等形式，就数字农业发展现状及未来展望、创新热点及痛点、最新技术解决方案等进行深入分析和交流，推动农业区块链、大数据、物联网、遥感、人工智能等为核心的智慧农业在农业生产、加工、储运、销售、消费等领域中的应用与创新，展示建设成果，推动数字农业的应用与创新可持续发展。

四，建设一批数字农业产业园区。工作重点为：以国家级和省级现代农业产业园为重点，推进数字农业产业聚集，提升农业产业园区数字化基础设施水平，开发利用新一代信息技术提升农业产业园区竞争力，探索可复制可推广的建设模式。以园区带动、科技支撑、质量优先、培育主体、打造品牌为思路，建成主导产业突出、现代要素集聚、设施装备先进、生产方式绿色、辐射带动有力的数字农业产业园区。

五，推动一批"一村一品、一镇一业"建云上云。工作重点为：利用云计算、移动互联网技术，建立全省一村一品大数据，采集流通、销售等环节的数据资源，为农业生产企业提供市场动态信息、农业政策咨询服务。引导荔枝、菠萝、柚子、茶叶等优势产区现代农业产业园建云上云，促进广东优势农产品生产、销售、采购全过程上云，借助本地农产品云构建具有竞争优势的农业生产销售大数据服务体系。

六，培育一批数字农业农村科技示范创新团队。工作重点为：提升数字农业农村自主创新能力，发挥团队力量，加强数字农业农村理论课题研究，建设数字农业创新创业示范和成果展示基地，探索公益性和市场化有机融合的农业农村数字科技服务新模式。完善农业科技成果转化公共服务平台和农业科研成果项目库，聚合产业技术体系专家团队、农业科技创新团队和企业，推动线上线下农业科技成果转化。加大农业农村数字化项目研发，突破一批数字农业农村共性关键核心技术，形成一批重大科技成果，制订一批技术标准规范。

七，培育一批数字农业示范龙头企业。工作重点为：实施农业龙头企业培优工程，培育一批数字农业示范龙头企业，引导农业龙头企业利用数字技术加强农产品加工设施装备改造提升。开发利用农业产业化信息系统，加大对农业龙头企业发展的监测指导力度，指导建设原料与制品可溯互通、加工全程智能化控制、产品质量自动监测、生产过程可视化监管的现代数字农业示范龙头企业，推动数字技术和农业产业深度融合。推动数字技术在休闲农业与乡村旅游的应用，鼓励支持建设设施完备和功能多样的数字休闲观光园区、乡村民宿和康养基地等，宣传农业科普知识，传承农耕文化，加快推动农村一二三产业融合发展。

八，培育一批数字农民专业合作社工作重点为：加大农民合作社示范社信息化建设力度，通过信息化手段规范农民合作社社务、财务、经营管理。鼓励市场主体积极参与农民合作社信息化建设，为农民合作社提供功能完善、简单易用的管理软件。搭建农民合作社管理服务平台，统筹整合农民合作社经营、管理等信息，建立健全农民合作社动态监测机制，依托专业化数字服务，为农民合作社提供精准化的生产、销售、金融、物流等社会化服务。

九，培育一批数字农业农村新农民。工作重点为：建立新型数字农民学习平台，低门槛、智能化地开展农业数字化技能培训，提升新型数字农民质量。联合专家资源，形成"平台+专家+服务"的业务模式，全省推广，提升线上培育的普及性。建立农民新技术创业创新培训体系，对家庭农场主、种养大户、创业青年农民等进行农业新理念、新技术和新应用培训，提升数字化技能操作及管理能力。

十，推广一批数字农业农村重大应用场景（模式）。工作重点为：开展数字农业农村示范（试点）市县遴选工作，推进数字农业农村重大场景应用到市县，并组织宣传推广，营造数字农业农村发展的良好氛围。弥合城乡"数字鸿沟"，建立地方农业特色产业与消费结构相匹配的数字农业农村应用场景（模式），加快促进农业农村数字化转型。通过试点示范，全面推动我省农业农村全面升级、农村全面进步、农民全面发展。

《广东数字农业农村发展行动计划》确定了 18 项重点工程，强调要培育一批数字农业农村重大项目。主要内容为：

1)"互联网+"农产品出村进城工程；2)农业农村大数据基础工程；3)农村社会事业数据项目工程；4)农村集体资产数字化工程；5)农村宅基地数字化工程；6)信息进村入户工程；7)重要农产品全产业链监测预警工程；8)农产品质量安全监管数字化工程；9)畜禽养殖管理智能化工程；10)渔业智能化工程；11)现代数字

种业发展工程；12）智慧农机发展工程；13）农田建设管理智能化工程；14）农业植保和病虫疫情防控治理智能化工程；15）农业执法和应急指挥智能化工程；16）农业数字化对外合作工程；17）农业面源污染监测与防控数字化工程；18）农产品"短视频+网红"营销工程。

第二章　财政金融支撑

第一节　多元投入保障机制

一、乡村产业振兴：财政金融投资的基本要求与总体目标

乡村产业振兴财政金融投资政策的基本要求与总体目标是：健全多元投入保障机制。主要体现在两个方面：

一是，2018 年，国家《乡村振兴战略规划（2018—2022 年）》明确规定：要健全多元投入保障机制。强调要健全投入保障制度，完善政府投资体制，充分激发社会投资的动力和活力，加快形成财政优先保障、社会积极参与的多元投入格局。

二是，2021 年，《乡村振兴促进法》第 58 条规定："国家建立健全农业支持保护体系和实施乡村振兴战略财政投入保障制度。"第 62 条进一步规定："县级以上地方人民政府应当优化乡村营商环境，鼓励创新投融资方式，引导社会资本投向乡村。"

财政金融投资政策包括两个方面：一是，国家层面的财政金融投资政策，被称为国有资本投资；二是，民间层面的金融投资政策，被称为民间资本投资或社会资本投资。

二、乡村产业振兴：财政投入的含义与综合性财政投入政策规定

（一）乡村产业振兴：财政投入的含义与政策构成体系

1. 财政投入政策：含义、范围与政策构成体系

什么是财政投入？什么是财政投入政策？财政投入又称财政投资、财政投资性支出。

财政投入（或投资）是指以政府为主体、将其从社会产品或国民收入中筹集起来的财政资金用于国民经济各部门的一种集中性、政策性投资。换言之，财政投入就是指财政用于社会公共服务管理、外交、国防、公共安全、教科文、社会保障、医疗卫生、节能环保、城乡社区事务、农林水、交通运输、资源勘探、电力信息、商业服务业、金融监管、国土资源气象、住房保障、粮油物资储备等各方面的支出。

根据投资对象性质的不同，财政投入（或投资）可采取三种形式：一种是，既不收息也不收回本金的财政无偿拨款。另一种是，既低收息又收回本金的财政性拨贷款。再一种是，财政投资形成国家资本金并收取资本收益的投资。

财政投入（或投资）的范围主要包括三个方面：（1）基础产业。狭义上主要包括基础设施和基础工业。基础设施主要包括交通运输、机场、港口、桥梁、通信、水利和城市供排水、供气、供电等设施，而基础工业主要包括能源工业和基础原材料（包括建材、钢材、石油化工材料等）工业。广义上还包括一些提供无形产品或服务的部门，如科学、教育等部门。（2）农业。投资主要集中在农业固定资产和农业科研、科技推广、农民教育等方面。（3）战略新兴产业。如新能源、新材料、生物等方面。

财政投资（或投入）政策构成体系是指由全国人大、国务院、财政部等制定出台的若干促进乡村产业振兴的财政投资政策而构成的政策体系。主要包括：全国人大类财政投资（或投入）政策、国务院类财政投资（或投入）政策、财政部类财政投资（或投入）政策。

财政投入一般是国家、政府投入，所以，财政投入通常被称

为国家财政投入或国家财政投资。根据财政投入政策的性质与内容，一般又可划分为：综合性财政投入政策与专项性财政投入政策。

2. 乡村产业振兴财政投入政策：含义与政策构成体系

什么是乡村产业振兴财政投入政策？乡村产业振兴财政投入政策是指国家财政运用于乡村产业振兴的一种集中性、政策性投资。

什么是乡村产业振兴财政投入政策构成体系？乡村产业振兴财政投入政策构成体系是指由全国人大、国务院、财政部等制定出台的若干财政投资政策而构成的政策体系。主要包括：全国人大类财政投资（或投入）政策、国务院类财政投资（或投入）政策、财政部类财政投资（或投入）政策。

实践中，乡村产业振兴财政投入政策可以划分为：综合性乡村产业振兴财政投入政策与专项性乡村产业振兴财政投入政策。综合性强调的是：宏观性、纲要性、战略性与规划性。专项性强调的是专门性、专业性、相对具体性、可操作性。

什么是综合性乡村产业振兴财政投入政策？综合性乡村产业振兴财政投入政策是指由国家规划纲要、战略规划与法律法规制定的关于财政投入促进乡村产业振兴的政策。

这里的国家规划纲要是指国民经济和社会发展规划纲要，即《中华人民共和国国民经济和社会发展第十四个五年规划和2035年远景目标纲要（2021年3月11日第十三届全国人大四次会议通过）》（以下简称《国家"十四五"规划纲要》）；这里的战略规划是指乡村振兴战略规划，即《中共中央国务院乡村振兴战略规划（2018—2022年）》（以下简称《乡村振兴战略规划（2018—2022年）》）；这里的法律法规是指《中华人民共和国乡村振兴促进法（2021年4月29日第十三届全国人民代表大会常务委员会第二十八次会议通过）》（以下简称《乡村振兴促进法》）。

综合性乡村产业振兴财政投入政策主要有：《国家"十四五"规划纲要》《乡村振兴战略规划（2018—2022年)》与《乡村振兴促进法》。

专项性乡村产业振兴财政投入政策是相对于综合性乡村振兴金融服务支持政策而言的一种专门性、具体性与可操作性的政策。主要有：2018年《财政部贯彻落实实施乡村振兴战略的意见（财办〔2018〕34号)》；2019年国务院办公厅《关于有效发挥政府性融资担保基金作用切实支持小微企业和"三农"发展的指导意见（国办发〔2019〕6号)》；2021年《财政部关于运用政府采购政策支持乡村产业振兴的通知（财库〔2021〕19号)》等。

（二）乡村产业振兴：综合性财政投入政策规定的基本内容

1.《国家"十四五"规划纲要》财政投入政策

2021年《国家"十四五"规划纲要》对金融服务支持政策进行了原则性、纲要性规定。主要内容包括：

一是健全农业农村投入保障制度，加大中央财政转移支付、土地出让收入、地方政府债券支持农业农村力度。

二是健全农业支持保护制度，完善粮食主产区利益补偿机制，构建新型农业补贴政策体系，完善粮食最低收购价政策。

2.《乡村振兴战略规划（2018—2022年)》财政投入政策

2018年《乡村振兴战略规划（2018—2022年)》对促进乡村产业振兴的财政投入政策进行了原则性、战略性规定。

（1）继续坚持财政优先保障。主要内容包括：

一是建立健全实施乡村振兴战略财政投入保障制度，明确和强化各级政府"三农"投入责任，公共财政更大力度向"三农"倾斜，确保财政投入与乡村振兴目标任务相适应。

二是规范地方政府举债融资行为，支持地方政府发行一般债券用于支持乡村振兴领域公益性项目，鼓励地方政府试点发行项目融资和收益自平衡的专项债券，支持符合条件、有一定收益的乡村公益性建设项目。

三是加大政府投资对农业绿色生产、可持续发展、农村人居环境、基本公共服务等重点领域和薄弱环节支持力度，充分发挥投资对优化供给结构的关键性作用。

四是充分发挥规划的引领作用，推进行业内资金整合与行业间资金统筹相互衔接配合，加快建立涉农资金统筹整合长效机制。

五是强化支农资金监督管理，提高财政支农资金使用效益。

（2）提高土地出让收益用于农业农村比例。主要内容包括：

一是开拓投融资渠道，健全乡村振兴投入保障制度，为实施乡村振兴战略提供稳定可靠资金来源。

二是坚持取之于地，主要用之于农的原则，制定调整完善土地出让收入使用范围、提高农业农村投入比例的政策性意见，所筹集资金用于支持实施乡村振兴战略。

三是改进耕地占补平衡管理办法，建立高标准农田建设等新增耕地指标和城乡建设用地增减挂钩节余指标跨省域调剂机制，将所得收益通过支出预算全部用于巩固脱贫攻坚成果和支持实施乡村振兴战略。

3.《乡村振兴促进法》财政投入保障制度

2021 年《乡村振兴促进法》对促进乡村产业振兴的财政投入政策进行了原则性、法定性规定。

（1）优先保障财政投入政策。

《乡村振兴促进法》第 58 条规定："县级以上人民政府应当优先保障用于乡村振兴的财政投入，确保投入力度不断增强、总量持续增加、与乡村振兴目标任务相适应。省、自治区、直辖市人民政府可以依法发行政府债券，用于现代农业设施建设和乡村建设。各级人民政府应当完善涉农资金统筹整合长效机制，强化财政资金监督管理，全面实施预算绩效管理，提高财政资金使用效益。"

（2）构建新型农业补贴政策体系。

《乡村振兴促进法》第 60 条规定："国家按照增加总量、优化存量、提高效能的原则，构建以高质量绿色发展为导向的新型农业补贴政策体系。"

（3）调整完善土地使用权出让收入使用范围。

《乡村振兴促进法》第 61 条规定："各级人民政府应当坚持取之于农、主要用之于农的原则，按照国家有关规定调整完善土地使用权出让收入使用范围，提高农业农村投入比例，重点用于高标准农田建设、农田水利建设、现代种业提升、农村供水保障、农村人居环境整治、农村土地综合整治、耕地及永久基本农田保护、村庄公共设施建设和管护、农村教育、农村文化和精神文明建设支出，以及与农业农村直接相关的山水林田湖草沙生态保护修复、以工代赈工程建设等。"

（4）逐步完善融资担保与资本债券政策。

《乡村振兴促进法》第 63 条规定："国家综合运用财政、金融等政策措施，完善政府性融资担保机制，依法完善乡村资产抵押担保权能，改进、加强乡村振兴的金融支持和服务。财政出资设立的农业信贷担保机构应当主要为从事农业生产和与农业生产直接相关的经营主体服务。"《乡村振兴促进法》第 64 条规定："国家健全多层次资本市场，多渠道推动涉农企业股权融资，发展并规范债券市场，促进涉农企业利用多种方式融资；丰富农产品期货品种，发挥期货市场价格发现和风险分散功能。"

三、乡村产业振兴财政支持政策：专项性总体要求与基本内容

2018 年 9 月 27 日，财政部发布了《财政部贯彻落实实施乡村振兴战略的意见（财办〔2018〕34 号）》（以下简称《财政支持政策 15 条》）。该意见是深入贯彻落实《中共中央国务院关于实施乡村振兴战略的意见》文件精神的具体体现，对积极发挥财政职能

作用，支持乡村振兴战略顺利实施，加快推进农业农村现代化具有重要意义。

根据乡村产业振兴财政投资政策的定义，《财政支持政策 15条》属于一种专项性财政支持政策。该促进乡村振兴战略的财政政策规定，同样适用于乡村产业振兴。《财政支持政策 15 条》的基本内容包括指导思想、基本原则、主要任务、推进举措与保障措施等几个方面。这些政策规定，也适用于乡村产业振兴。

（一）乡村振兴财政支持政策：指导思想与基本原则

1. 乡村振兴财政支持政策：指导思想

各级财政部门要贯彻落实习近平新时代中国特色社会主义思想和党的十九大精神，围绕农业农村现代化的总目标和产业兴旺、生态宜居、乡风文明、治理有效、生活富裕的总要求，坚持农业农村优先发展的总方针，与《乡村振兴战略规划（2018—2022 年)》相衔接，提高政治站位，主动担当作为，锐意改革创新，扎实苦干实干，着力构建完善财政支持实施乡村振兴战略的政策体系和体制机制，确保投入保障到位、政策落实到位、机制创新到位、监督管理到位、职能发挥到位，加快推进乡村治理体系和治理能力现代化，加快推进农业农村现代化，坚持走中国特色乡村振兴之路。

2. 乡村振兴财政支持政策：基本原则

（1）坚持优先发展，压实责任。要推进财政事权和支出责任划分改革，明确和强化各级政府"三农"投入责任，层层传导压力，推动责任落实，促进农业农村优先发展。

（2）坚持综合施策，系统推进。与党的十九大确定的其他战略协同推进，与坚决打好防范化解重大风险、精准脱贫、污染防治三大攻坚战紧密衔接，协调推进乡村产业振兴、人才振兴、文化振兴、生态振兴、组织振兴。

（3）坚持改革创新，激发活力。鼓励基层解放思想、大胆实践，支持探索形成一系列各具特色的乡村振兴模式和经验。

（4）坚持绩效导向，加强管理。将财政资金的分配和使用管理与支持乡村振兴工作的实际成效紧密结合起来，与提升农民的获得感、幸福感、安全感紧密结合起来，努力使财政资金发挥出最大效益，不断推动乡村振兴取得新的成效。

（二）乡村振兴财政支持政策：主要任务与推进举措

乡村振兴财政支持政策的主要任务有 3 大方面，具体推进举措有 11 条。

1. 建立健全实施乡村振兴战略多元投入保障制度

推进举措有 3 条：（1）完善农业农村投入优先保障机制。一是坚持把农业农村作为财政支出的优先保障领域，公共财政更大力度向"三农"倾斜，健全投入保障制度，创新投融资机制，加快形成财政优先保障、金融重点倾斜、社会积极参与的多元投入格局，确保财政投入与乡村振兴目标任务相适应。二是政府投资继续向农业农村领域倾斜，加大对乡村振兴重点领域和薄弱环节支持力度。落实涉农税费减免政策，引导金融和社会资本加大乡村振兴投入。要尽力而为、量力而行，科学评估财政收支状况、集体经济实力和群众承受能力，合理确定投资规模、筹资渠道、负债水平，合理设定阶段性目标任务和工作重点，形成可持续发展的长效机制。

（2）创新乡村振兴多渠道资金筹集机制。一是拓宽资金筹集渠道。落实高标准农田建设等新增耕地指标和城乡建设用地增减挂钩节余指标跨省域调剂政策，加强资金收支管理，将所得收益通过支出预算全部用于支持实施乡村振兴战略和巩固脱贫攻坚成果。二是推动完善农村金融服务。落实农村金融机构定向费用补贴政策，积极发挥国家融资担保基金作用，激发金融机构服务"三农"的内生动力。健全农业信贷担保体系，推动农业信贷担保服务网络向市县延伸，支持地方农业信贷担保机构降低担保门槛、扩大担保覆盖面，切实增强农业新型经营主体贷款的可得性，着力解决新型经营主体融资难、融资贵的问题。积极发挥农业领域政府投资基金引导作用，严格基金设立，规范基金管理，加强基金监督，推动基金政策性定位与市场化运作有机融合。三是鼓励地方政府在法定债务限额内发行一般债券用于支持乡村振兴、脱贫攻坚领域的公益性项目。四是创新财政涉农资金使用方式。在规范运作的基础上，充分发挥财政资金的引导作用，因地制宜推行一事一议、以奖代补、先建后补、贷款贴息等，探索在农业农村领域有稳定收益的公益性项目推广 PPP 模式的实施路径和机制。

（3）加快构建财政涉农资金统筹整合长效机制。一是适应新一轮机构改革总体部署，深入推动相关涉农资金源头整合。进一步理顺资金项目管理职责，加快实现农业投资、农业综合开发、农田整治、农田水利建设等项目资金归口管理和统筹使用。二是落实完善"大专项+任务清单"管理机制。与资金同步下达任务清单，合理划分约束性任务和指导性任务，进一步明确划分依据，提高任务清单制定的科学性。推动建立省级以下任务清单落实机制，及时按要求分解落实工作任务，优先保障约束性任务落实，结合实际加强指导性任务与相关规划或实施方案的衔接。脱贫攻坚期内，贫困县涉农资金统筹整合试点继续按照相关规定实施。三是加快支农支出执行进度。积极盘活财政存量资金，加强执行情况跟踪分析，狠抓涉农资金执行管理，减少执行中新增的沉淀资金，切实提高资金支出效率。

2. 构建完善财政支持实施乡村振兴战略政策体系

推进举措有 4 条：（1）大力支持农业高质量发展。一是支持巩固提升农业综合生产能力。理顺机制着力推进农村土地整治和高标准农田建设，加强耕地地力保护和质量提升，支持主要农作物生产全程机械化，大力推动种业创新发展，支持提高科技为农服务水平，加强农业气象服务体系建设。加快补齐水利薄弱环节和突出短板，支持流域面积 200~3000 平方公里中小河流治理、小型病险水库除险加固、农村基层防汛预报预警体系建设以及山洪灾害防治等。二是支持深化农业供给侧结构性改革。统筹考虑区域生产力布局和市场化导向，支持调整优化农业结构，加快构建粮经饲统筹、种养加一体、农牧渔结合的现代农业结构。稳步推进国家现代农业产业园创建，打造质量兴农的引领示范平台。支持实施产业兴村强县行动，促进农村一二三产业深度融合。深入推进粮食、棉花收储制度改革，逐步将库存降至合理水平。积极支持农业走出去，提高我国农产品国际竞争能力，扩大绿色优质、高附加值农产品出口。三是完善农业支持保护制度。落实和完善农业补贴制度，巩固农业"三项补贴"改革成果。大力支持发展农业生产全程社会化服务，促进小农户和现代农业发展有机衔接。健全粮食主产区利益补偿机制，继续实施玉米和大豆生产者补贴政策，完善棉花目标价格补贴政策。支持做好防汛抗旱和农业生产救灾工作，加强农村气象灾害防御体系建设，创新和完善农业保险保费补贴政策，开展农业大灾保险试点，强化农业风险防范和保障体系。

(2)大力支持乡村绿色发展。一是支持开展农业绿色发展行动。大力推进绿色循环优质高效农业发展，有序扩大耕地轮作休耕制度试点，建立长江流域重点水域禁捕补偿机制，加大力度支持畜禽粪污资源化利用，开展秸秆综合利用试点，落实以绿色生态为导向的农业补贴制度改革方案。二是促进农业节水。加快发展高效节水灌溉等农业节水工程，加大农业水价综合改革工作力度，建立农业用水精准补贴机制。支持推行河长制、湖长制以及最严格水资源管理制度，支持扩大地下水超采区综合治理范围，加快水土流失综合治理，开展水土保持工程建设以奖代补试点，实施江河湖库水系连通。三是支持加强林业和草原生态建设。支持启动大规模国土绿化行动，大力支持实施天然林保护、新一轮退耕还林还草等林业生态保护修复重大工程，强化湿地保护和恢复，继续实施新一轮草原生态保护补助奖励政策。四是支持改善农村人居环境。支持实施农村人居环境整治三年行动，进一步推动宜居宜业的美丽乡村建设提档升级，积极稳妥开展田园综合体建设试点示范，促进加快构建生态循环的田园生产体系。支持中国传统村落保护，推动农耕文明和历史文化更好地传承。

（3）大力支持城乡基本公共服务均等化。一是支持完善公共文化服务体系。重点向基层公共文化服务体系建设倾斜，繁荣兴盛农村文化。支持实施文化惠民工程，支持地方博物馆、公共图书馆、美术馆、文化馆（站）等公益性文化设施免费开放，支持为边远贫困地区、边疆民族地区和革命老区培养、选派文化工作者和文艺人才，支持实施少数民族新闻出版广电重大工程。二是把基础设施建设重点放在农村，加快农村公路、供水、供气、环保、电网、物流、信息、广播电视、邮政等基础设施建设，推动城乡基础设施互联互通。三是优先发展农村教育事业。巩固完善"城乡统一、重在农村"的义务教育经费保障机制，大力支持职业教育改革发展，坚持公办、民办并举发展农村学前教育，继续支持特殊教育发展，实施高中阶段教育普及攻坚计划。落实完善高校毕业生赴基层就业学费补偿和贷款代偿以及师范生公费教育政策。四是支持农村社会保障体系建设。完善城乡居民基本养老保险待遇确定机制，引导激励符合条件的城乡居民早参保、多缴费，促进实现"老有所养"。整合城乡居民基本医疗保险制度，合理确定政府补助标准，落实城乡医疗救助政策，提升农村医疗卫生服务水平，促进实现"病有所医"。完善农村低保制度、危房改造、残疾人保障等社会救助和福利政策，切实保障好城乡困难群众的基本生活，促进实现"弱有所扶"。

（4）推动建立健全现代乡村治理体系。一是支持强化乡村振兴制度性供给。深入推进农村综合改革，积极推动农村集体资产清产核资，实施新型农村集体经济振兴计划，开展农村综合性改革试点试验，完善村级公益事业建设一事一议财政奖补政策。持续深入推进农垦改革、集体林权制度和国有林场林区改革，支持完成农村土地承包经营权确权登记颁证、农垦国有土地使用权确权登记发证工作，配合推进农村土地制度改革、农村集体产权制度改革、经济发达镇改革等相关改革工作，研究制定农民专业合作社接受国家财政直接补助形成财产的处置办法。二是支持推动乡村人才振兴。因地制宜扶持种粮大户、家庭农场、农民合作社、农业企业等新型经营主体，实施新型职业农民培育工程，培育各类专业化市场化服务组织。实施乡村基层组织运转经费保障计划和乡村财会管理"双基"提升计划。支持农村科技人才培养。

3. 着力提升财政资金管理水平和政策成效

推进举措有3条：（1）推动全面实施财政涉农资金绩效管理。建立健全以结果导向配置涉农资金的绩效管理机制，逐步将绩效管理涵盖所有财政涉农资金项目。推动建立全过程绩效管理机制，在预算编制环节明确绩效目标，执行中强化绩效监控，执行后开展绩效评价，推进绩效管理与预算编制、执行、监督有机结合。针对重点涉农资金项目开展重点绩效评价，进一步完善绩效评价指标体系，强化绩效评价结果运用，将评价结果作为预算安排、政策调整和改进管理的重要依据。

（2）切实加强财政涉农资金监管。加强扶贫、教育、医疗、养老等重点民生资金监管。建立扶贫资金实时动态监控机制，依托动态监控平台建立扶贫资金总台账，将用于脱贫攻坚的财政资金全部纳入台账，实行精细化管理。开展财政扶贫领域作风问题专项治理。组织开展财政支持脱贫攻坚政策落实情况专项检查。加强涉农资金事前、事中监管，充分借助审计、纪检监察等力量，发挥社会监督作用，在涉农资金项目管理中大力推行公示公告公开，让农民群众依法享有知情权、监督权。严肃财经纪律，对发现的违法违规违纪问题，严格依法依规依程序处理。

（3）深入推进财政涉农资金管理内控建设。加强涉农资金管理制度和内控制度建设，建立健全及时有序的风险应对机制，运用信息技术手段对重大业务开展监控。推动涉农资金业务内控建设向基层财政延伸，形成一级抓一级、层层抓落实的局面。

四、乡村产业振兴融资担保支持政策：专项性总体要求与基本内容

2019 年 1 月 22 日，国务院办公厅印发了《关于有效发挥政府性融资担保基金作用切实支持小微企业和"三农"发展的指导意见（国办发〔2019〕6 号）》（以下简称《融资担保支持政策 27 条》）。该意见是贯彻落实《国务院关于促进融资担保行业加快发展的意见（国发〔2015〕43 号）》文件精神的具体体现，对进一步发挥政府性融资担保基金作用，引导更多金融资源支持小微企业和"三农"发展具有重要意义。

根据乡村产业振兴财政投资政策的定义，《融资担保支持政策 17 条》属于一种专项性财政支持政策。该"三农"融资担保政策，同样适用于乡村产业振兴。《融资担保支持政策 27 条》的基本内容有：指导思想、基本原则、主要任务与保障措施。这些政策规定，也适用于乡村产业振兴。

（一）乡村振兴融资担保支持政策：指导思想与基本原则

1. 乡村振兴融资担保支持政策：指导思想

乡村振兴融资担保支持政策的指导思想为：以习近平新时代中国特色社会主义思想为指导，全面贯彻党的十九大和十九届二中、三中全会精神，坚持和加强党的全面领导，坚持稳中求进工作总基调，坚持新发展理念，紧扣我国社会主要矛盾变化，按照高质量发展要求，紧紧围绕统筹推进"五位一体"总体布局和协调推进"四个全面"战略布局，坚持以供给侧结构性改革为主线，规范政府性融资担保基金运作，坚守政府性融资担保机构的准公共定位，

弥补市场不足，降低担保服务门槛，着力缓解小微企业、"三农"等普惠领域融资难、融资贵，支持发展战略性新兴产业，促进大众创业、万众创新。

2. 乡村振兴融资担保支持政策：基本原则

一是聚焦支小支农主业。政府性融资担保、再担保机构要严格以小微企业和"三农"融资担保业务为主业，支持符合条件的战略性新兴产业项目，不断提高支小支农担保业务规模和占比。

二是坚持保本微利运行。政府性融资担保、再担保机构不以营利为目的，在可持续经营的前提下，保持较低费率水平，切实有效降低小微企业和"三农"综合融资成本。

三是落实风险分担补偿。构建政府性融资担保机构和银行业金融机构共同参与、合理分险的银担合作机制。优化政府支持、正向激励的资金补充和风险补偿机制。

四是凝聚担保机构合力。加强各级政府性融资担保、再担保机构业务合作和资源共享，不断增强资本实力和业务拓展能力，聚力引导金融机构不断加大支小支农贷款投放。

(二)乡村振兴融资担保支持政策：主要任务与推进举措

乡村振兴融资担保支持政策的主要任务有7个方面，具体推进举措有25条。

1. 聚焦支小支农融资担保业务，切实加强业务引导

推进举措有5条：(1)明确支持范围。各级政府性融资担保、再担保机构要合理界定服务对象范围，聚焦小微企业、个体工商户、农户、新型农业经营主体等小微企业和"三农"主体，以及符合条件的战略性新兴产业企业。其中，小微企业认定标准按照中小企业划型标准有关规定执行，农户认定标准按照支持小微企业融资税收政策有关规定执行。

(2)聚焦重点对象。各级政府性融资担保、再担保机构要重点支持单户担保金额500万元及以下的小微企业和"三农"主体，

优先为贷款信用记录和有效抵质押品不足但产品有市场、项目有前景、技术有竞争力的小微企业和"三农"主体融资提供担保增信。

（3）回归担保主业。各级政府性融资担保、再担保机构要坚守支小支农融资担保主业，主动剥离政府债券发行和政府融资平台融资担保业务，严格控制闲置资金运作规模和风险，不得向非融资担保机构进行股权投资，逐步压缩大中型企业担保业务规模，确保支小支农担保业务占比达到80%以上。

（4）加强业务引导。国家融资担保基金和省级担保、再担保基金（机构）要合理设置合作机构准入条件，带动合作机构逐步提高支小支农担保业务规模和占比。合作机构支小支农担保金额占全部担保金额的比例不得低于80%，其中单户担保金额500万元及以下的占比不得低于50%。

（5）发挥再担保功能。国家融资担保基金和省级担保、再担保基金（机构）要积极为符合条件的融资担保业务提供再担保，向符合条件的担保、再担保机构注资，充分发挥增信分险作用。不得为防止资金闲置而降低合作条件标准，不得为追求稳定回报而偏离主业。

2. 切实降低"三农"综合融资成本，全面清理规范收费

推进举措有3条：（1）引导降费让利。各级政府性融资担保、再担保机构要在可持续经营的前提下，适时调降再担保费率，引导合作机构逐步将平均担保费率降至1%以下。其中，对单户担保金额500万元及以下的小微企业和"三农"主体收取的担保费率原则上不超过1%，对单户担保金额500万元以上的小微企业和"三农"主体收取的担保费率原则上不超过1.5%。

（2）实行差别费率。国家融资担保基金再担保业务收费一般不高于省级担保、再担保基金（机构），单户担保金额500万元以上的再担保业务收费，原则上不高于承担风险责任的0.5%，单户担

保金额 500 万元及以下的再担保业务收费，原则上不高于承担风险责任的 0.3%。优先与费率较低的融资担保、再担保机构开展合作。对于担保业务规模增长较快、代偿率较低的合作机构，可以适当返还再担保费。

（3）清理规范收费。规范银行业金融机构和融资担保、再担保机构的收费行为，除贷款利息和担保费外，不得以保证金、承诺费、咨询费、顾问费、注册费、资料费等名义收取不合理费用，避免加重企业负担。

3. 完善银担合作工作机制，落实银担相关责任

推进举措有 4 条：（1）明确风险分担比例。银担合作各方要协商确定融资担保业务风险分担比例。原则上国家融资担保基金和银行业金融机构承担的风险责任比例均不低于 20%，省级担保、再担保基金（机构）承担的风险责任比例不低于国家融资担保基金承担的比例。对于贷款规模增长快、小微企业和"三农"主体户数占比大的银行业金融机构，国家和地方融资担保基金可以提高自身承担的风险责任比例或扩大合作贷款规模。

（2）加强"总对总"合作。国家融资担保基金要推动与全国性银行业金融机构的"总对总"合作，引导银行业金融机构扩大分支机构审批权限并在授信额度、担保放大倍数、利率水平、续贷条件等方面提供更多优惠。省级担保、再担保基金（机构）要推动辖内融资担保机构与银行业金融机构的"总对总"合作，落实银担合作条件，夯实银担合作基础。

（3）落实银担责任。银担合作各方要细化业务准入和担保代偿条件，明确代偿追偿责任，强化担保贷款风险识别与防控。银行业金融机构要按照勤勉尽职原则，落实贷前审查和贷中贷后管理责任。各级政府性融资担保机构要按照"先代偿、后分险"原则，落实代偿和分险责任。

（4）实施跟踪评估。各级政府性融资担保机构要对合作银行业

金融机构进行定期评估，重点关注其推荐担保业务的数量和规模、担保对象存活率、代偿率以及贷款风险管理等情况，作为开展银担合作的重要参考。

4. 强化财税正向激励，落实各项扶持政策

推进举措有4条：（1）加大奖补支持力度。中央财政要对扩大实体经济领域小微企业融资担保业务规模、降低小微企业融资担保费率等工作成效明显的地方予以奖补激励。有条件的地方可对单户担保金额500万元及以下、平均担保费率不超过1%的担保业务给予适当担保费补贴，提升融资担保机构可持续经营能力。

（2）完善资金补充机制。探索建立政府、金融机构、企业、社会团体和个人广泛参与，出资入股与无偿捐资相结合的多元化资金补充机制。中央财政要根据国家融资担保基金的业务拓展、担保代偿和绩效考核等情况，适时对其进行资金补充。鼓励地方政府和参与银担合作的银行业金融机构根据融资担保、再担保机构支小支农业务拓展和放大倍数等情况，适时向符合条件的机构注资、捐资。鼓励各类主体对政府性融资担保、再担保机构进行捐赠。

（3）探索风险补偿机制。鼓励有条件的地方探索建立风险补偿机制，对支小支农担保业务占比较高，在保余额、户数增长较快，代偿率控制在合理区间的融资担保、再担保机构，给予一定比例的代偿补偿。

（4）落实扶持政策。国家融资担保基金，省级担保、再担保基金（机构）以及融资担保、再担保机构的代偿损失核销，参照金融企业呆账核销管理办法有关规定执行。符合条件的融资担保、再担保机构的担保赔偿准备金和未到期责任准备金企业所得税税前扣除，按照中小企业融资（信用）担保机构准备金企业所得税税前扣除政策执行。

5. 构建上下联动机制，注意加强协同配合

推进举措有2条：（1）推进机构建设。国家融资担保基金要充

分依托现有政府性融资担保机构开展业务，主要通过再担保、股权投资等方式与省、市、县融资担保、再担保机构开展合作，避免层层下设机构。鼓励通过政府注资、兼并重组等方式加快培育省级担保、再担保基金（机构），原则上每个省（自治区、直辖市）培育一家在资本实力、业务规模和风险管控等方面优势突出的龙头机构。加快发展市、县两级融资担保机构，争取三年内实现政府性融资担保业务市级全覆盖，并向经济相对发达、小微企业和"三农"主体融资需求旺盛的县（区）延伸。

（2）加强协同配合。国家融资担保基金和省级担保、再担保基金（机构）要加强对市、县融资担保机构的业务培训和技术支持，提升辅导企业发展能力，推行统一的业务标准和管理要求，促进业务合作和资源共享。市、县融资担保机构要主动强化与国家融资担保基金和省级担保、再担保基金（机构）的对标，提高业务对接效率，做实资本、做强机构、做精业务、严控风险，不断提升规范运作水平。

6. 逐级放大增信效应，逐步提升服务能力

推进举措有 4 条：（1）营造发展环境。县级以上地方人民政府要落实政府性融资担保、再担保机构的属地管理责任和出资人职责，推进社会信用体系建设，强化守信激励和失信惩戒，严厉打击逃废债行为，为小微企业和"三农"主体融资营造良好信用环境。要维护政府性融资担保、再担保机构的独立市场主体地位，不得干预其日常经营决策。完善风险预警和应急处置机制，切实加强区域风险防控。

（2）简化担保要求。国家融资担保基金和省级担保、再担保基金（机构）要引导融资担保机构加快完善信用评价和风险防控体系，逐步减少、取消反担保要求，简化审核手续，提供续保便利，降低小微企业和"三农"主体融资门槛。

（3）防止风险转嫁。各级政府性融资担保机构要严格审核有银

行贷款记录的小微企业和"三农"主体的担保申请，防止银行业金融机构将应由自身承担的贷款风险转由融资担保、再担保机构承担，避免占用有限的担保资源，增加小微企业和"三农"主体综合融资成本。

（4）提升服务能力。各级政府性融资担保、再担保机构要充分发挥信用中介作用，针对小微企业和"三农"主体的信用状况和个性化融资需求，提供融资规划、贷款申请、担保手续等方面的专业辅导，并加强经验总结和案例宣传，不断增强融资服务能力，提高小微企业和"三农"主体融资便利度。

7. 优化监管考核机制，提高融资担保效率

推进举措有 4 条：（1）实施差异化监管措施。金融管理部门要对银行业金融机构和融资担保、再担保机构的支小支农业务实施差异化监管，引导加大支小支农信贷供给。加强对支小支农业务贷款利率和担保费率的跟踪监测，对贷款利率和担保费率保持较低水平或降幅较大的机构给予考核加分，鼓励进一步降费让利。对政府性融资担保、再担保机构提供担保贷款，结合银行业金融机构实际承担的风险责任比例，合理确定贷款风险权重。适当提高对担保代偿损失的监管容忍度，完善支小支农担保贷款监管政策。

（2）健全内部考核激励机制。银行业金融机构和融资担保、再担保机构要优化支小支农业务内部考核激励机制。提高支小支农业务考核指标权重，重点考核业务规模、户数及其占比、增量等指标，降低或取消相应利润考核要求。对已按规定妥善履行授信审批和担保审核职责的业务人员实行尽职免责。银行业金融机构要对支小支农业务实行内部资金转移优惠定价。

（3）完善绩效评价体系。各级财政部门要会同有关方面研究制定对政府性融资担保、再担保机构的绩效考核办法，合理使用外部信用评级，落实考核结果与资金补充、风险补偿、薪酬待遇等直接挂钩的激励约束机制，激发其开展支小支农担保业务的内生动力。

第二节　金融服务支持体系

一、乡村产业振兴：金融服务支持的含义与综合性政策规定

（一）乡村产业振兴：金融服务与金融支持政策

什么是乡村产业振兴金融服务支持政策？乡村产业振兴金融服务支持政策是指金融机构运用货币、信贷、保险等工具与产品为乡村产业振兴提供服务与支持的一种政策。

乡村产业振兴金融服务支持政策包括乡村产业振兴金融服务政策与乡村产业振兴金融支持政策两个方面。

实践中，乡村产业振兴金融服务支持政策可分为：综合性乡村产业振兴金融服务支持政策与专项性乡村产业振兴金融服务支持政策。综合性强调的是：宏观性、纲要性、战略性与规划性。专项性强调的是专门性、专业性、相对具体性、可操作性。

什么是乡村产业振兴金融服务支持政策构成体系？乡村产业振兴金融服务支持政策构成体系是指国家部委制定的金融服务支持政策与地方政府相关部门制定的金融服务支持政策共同构成的一种金融政策体系。主要包括：

国家级乡村产业振兴金融服务支持政策、国家部委级乡村产业振兴金融服务支持政策、地方省级（省、自治区、直辖市）乡村产业振兴金融服务支持政策、地市州级乡村产业振兴金融服务支持政策、县市区乡村产业振兴金融服务支持政策、乡镇街道乡村产业振兴金融服务支持政策。

（二）综合性乡村产业振兴金融服务支持政策：含义与主要政策规定

什么是综合性乡村产业振兴金融服务支持政策？综合性乡村产业振兴金融服务支持政策是指由国家规划纲要、战略规划与法律法

规制定的金融服务与支持乡村振兴的政策。

这里的国家规划纲要是指国民经济和社会发展规划纲要，即《中华人民共和国国民经济和社会发展第十四个五年规划和2035年远景目标纲要（2021年3月11日第十三届全国人大四次会议通过）》（以下简称《国家"十四五"规划纲要》）；这里的战略规划是指乡村振兴战略规划，即《中共中央国务院乡村振兴战略规划（2018—2022年）》（以下简称《乡村振兴战略规划（2018—2022年）》）；这里的法律法规是指《中华人民共和国乡村振兴促进法（2021年4月29日第十三届全国人民代表大会常务委员会第二十八次会议通过）》（以下简称《乡村振兴促进法》）。

综合性乡村产业振兴金融服务支持政策主要有：《国家"十四五"规划纲要》《乡村振兴战略规划（2018—2022年）》与《乡村振兴促进法》。

专项性乡村产业振兴金融服务支持政策是相对于综合性乡村产业振兴金融服务支持政策而言的一种专门性、具体性与可操作性的政策。代表性政策文件主要有：2019年，中国人民银行等部委《关于金融服务乡村振兴的指导意见》；2021年，中国人民银行等部委《关于金融支持巩固拓展脱贫攻坚成果　全面推进乡村振兴的意见（银发〔2021〕171号）》；2022年，《中国人民银行关于做好2022年金融支持全面推进乡村振兴重点工作的意见》。

(三)综合性乡村产业振兴金融服务支持政策：基本要求与基本内容

1.《国家"十四五"规划纲要》金融服务支持政策

《国家"十四五"规划纲要》对金融服务支持政策进行了总体性、原则性、纲要性规定。

《国家"十四五"规划纲要》明确规定，要坚持农业农村优先发展，全面推进乡村振兴，强调要加强农业农村发展要素保障。主要内容包括：健全农村金融服务体系，完善金融支农激励机制，扩大农村资产抵押担保融资范围，发展农业保险。

2.《乡村振兴战略规划（2018—2022 年）》金融服务支持政策

《乡村振兴战略规划（2018—2022 年）》对金融服务支持政策的总体要求、主要任务进行了总体性、原则性、战略性等规定规划。

（1）总体要求与基本内容

金融服务支持政策的总体要求就是要加大金融支农力度。其主要内容包括：健全适合农业农村特点的农村金融体系，把更多金融资源配置到农村经济社会发展的重点领域和薄弱环节，更好满足乡村振兴多样化金融需求。

（2）主要任务与基本内容

金融服务支持政策的主要任务有 3 个方面：

一是健全金融支农组织体系。基本内容包括：发展乡村普惠金融。深入推进银行业金融机构专业化体制机制建设，形成多样化农村金融服务主体。指导大型商业银行立足普惠金融事业部等专营机制建设，完善专业化的"三农"金融服务供给机制。完善中国农业银行、中国邮政储蓄银行"三农"金融事业部运营体系，明确国家开发银行、中国农业发展银行在乡村振兴中的职责定位，加大对乡村振兴信贷支持。支持中小型银行优化网点渠道建设，下沉服务重心。推动农村信用社省联社改革，保持农村信用社县域法人地位和数量总体稳定，完善村镇银行准入条件。引导农民合作金融健康有序发展。鼓励证券、保险、担保、基金、期货、租赁、信托等金融资源聚焦服务乡村振兴。

二是创新金融支农产品和服务。基本内容包括：加快农村金融产品和服务方式创新，持续深入推进农村支付环境建设，全面激活农村金融服务链条。稳妥有序推进农村承包土地经营权、农民住房财产权、集体经营性建设用地使用权抵押贷款试点。探索县级土地储备公司参与农村承包土地经营权和农民住房财产权"两权"抵押试点工作。充分发挥全国信用信息共享平台和金融信用信息基础数据库的作用,探索开发新型信用类金融支农产品和服务。结合农村集体产权制度改革,探索利用量化的农村集体资产股权的融资方式。提高直接融资比重,支持农业企业依托多层次资本市场发展壮大。创新服务模式,引导持牌金融机构通过互联网和移动终端提供普惠金融服务,促进金融科技与农村金融规范发展。

三是完善金融支农激励政策。基本内容包括:继续通过奖励、补贴、税收优惠等政策工具支持"三农"金融服务。抓紧出台金融服务乡村振兴的指导意见。发挥再贷款、再贴现等货币政策工具的引导作用,将乡村振兴作为信贷政策结构性调整的重要方向。落实县域金融机构涉农贷款增量奖励政策,完善涉农贴息贷款政策,降低农户和新型农业经营主体的融资成本。健全农村金融风险缓释机制,加快完善"三农"融资担保体系。充分发挥好国家融资担保基金的作用,强化担保融资增信功能,引导更多金融资源支持乡村振兴。制定金融机构服务乡村振兴考核评估办法。改进农村金融差异化监管体系,合理确定金融机构发起设立和业务拓展的准入门槛。守住不发生系统性金融风险底线,强化地方政府金融风险防范处置责任。

3.《乡村振兴促进法》金融服务支持政策

《乡村振兴促进法》对金融服务支持政策进行了原则性、法定性规定。

(1)健全农村金融服务体系。《乡村振兴促进法》第 65 条规定:"国家建立健全多层次、广覆盖、可持续的农村金融服务体系,完善金融支持乡村振兴考核评估机制,促进农村普惠金融发展,鼓励金融机构依法将更多资源配置到乡村发展的重点领域和薄弱环节。政策性金融机构应当在业务范围内为乡村振兴提供信贷支持和其他金融服务,加大对乡村振兴的支持力度。商业银行应当结合自身职能定位和业务优势,创新金融产品和服务模式,扩大基础金融服务覆盖面，增加对农民和农业经营主体的信贷规模，为乡村振兴提供金融服务。农村商业银行、农村合作银行、农村信用社等农村中小金融机构应当主要为本地农业农村农民服务，当年新增可贷资金主要用于当地农业农村发展。"

（2）健全多层次农业保险体系。《乡村振兴促进法》第66条规定："国家建立健全多层次农业保险体系，完善政策性农业保险制度，鼓励商业性保险公司开展农业保险业务，支持农民和农业经营主体依法开展互助合作保险。县级以上人民政府应当采取保费补贴等措施，支持保险机构适当增加保险品种，扩大农业保险覆盖面，促进农业保险发展。"

二、乡村产业振兴：专项性金融服务的总体要求与基本内容

（一）乡村产业振兴：金融服务的含义与政策构成体系

什么是乡村产业振兴金融服务政策？乡村产业振兴金融服务政策是指金融机构运用货币、信贷、保险等工具与产品为乡村产业振兴提供服务的一种专门性、具体性与可操作性的政策。

实践中，乡村产业振兴金融服务政策可划分为：综合性乡村产业振兴金融服务政策与专项性乡村产业振兴金融服务政策。综合性强调的是：宏观性、纲要性、战略性与规划性。专项性强调的是专门性、专业性、相对具体性、可操作性。

什么是乡村产业振兴金融服务政策构成体系？乡村产业振兴金融服务政策构成体系是指国家部委制定的金融服务政策与地方政府相关部门制定的金融服务政策共同构成的一种金融政策体系。主要包括：国家级乡村产业振兴金融服务政策、国家部委级乡村产业振兴金融服务政策、地方省级（省、自治区、直辖市）乡村产业振兴金融服务政策、地市州级乡村产业振兴金融服务政策、县市区乡村产业振兴金融服务政策、乡镇街道乡村产业振兴金融服务政策。

实践中，专项性乡村产业振兴金融服务政策包括国家层面与地

方层面两个方面：（1）国家层面的政策文件主要有：2019 年 1 月，中国人民银行、银保监会、证监会、财政部、农业农村部《关于金融服务乡村振兴的指导意见》。（2）地方层面的代表性政策文件主要有：2019 年 8 月，广西壮族自治区人民政府办公厅《关于金融服务乡村振兴的实施意见（桂政办发〔2019〕90 号）》；2021 年 6 月，江苏省如皋市政府办公室关于印发《如皋市金融服务乡村振兴工作实施方案》的通知；2021 年 5 月，大姚县人民政府办公室印发《大姚县金融服务乡村振兴战略实施意见和大姚县 2021 年金融服务乡村振兴实施方案的通知（大政办发〔2021〕38 号）》。

2019 年 1 月，中国人民银行等部委印发《关于金融服务乡村振兴的指导意见》（以下简称《金融服务指导意见》）。该指导意见是进一步贯彻落实《中共中央国务院关于实施乡村振兴战略的意见》和《乡村振兴战略规划（2018—2022 年)》的具体体现，对进一步做好金融服务乡村产业振兴工作具有重要作用。

根据乡村产业振兴金融服务的定义，《金融服务指导意见》属于一种专项性金融服务政策。该政策同样适用于乡村产业振兴。《金融服务指导意见》的基本内容包括：指导思想、总体目标与基本原则、主要任务、推进举措与保障措施等几个方面。

（二）乡村产业振兴金融服务：指导思想与基本原则

1. 乡村产业振兴金融服务：指导思想

乡村产业振兴金融服务的指导思想为：以习近平新时代中国特色社会主义思想为指导，紧紧围绕党的十九大关于实施乡村振兴战略的总体部署，按照产业兴旺、生态宜居、乡风文明、治理有效、生活富裕的总要求，坚持目标导向和问题导向相结合、市场运作和政策支持相结合，聚焦重点领域，深化改革创新，建立完善金融服务乡村振兴的市场体系、组织体系、产品体系，完善农村金融资源回流机制，把更多金融资源配置到农村重点领域和薄弱环节，更好满足乡村振兴多样化、多层次的金融需求，推动城乡融合发展。

2. 乡村产业振兴金融服务：工作目标

金融服务乡村产业振兴的工作目标主要分为两个阶段：

（1）短期目标。一是金融精准扶贫力度不断加大。2020年以前，乡村振兴的重点就是脱贫攻坚。涉农银行业金融机构在贫困地区要优先满足精准扶贫信贷需求。新增金融资源要向深度贫困地区倾斜，深度贫困地区贷款增速力争每年高于所在省（区、市）贷款平均增速，力争每年深度贫困地区扶贫再贷款占所在省（区、市）的比重高于上年同期水平。二是金融支农资源不断增加。涉农银行业金融机构涉农贷款余额高于上年，农户贷款和新型农业经营主体贷款保持较快增速。债券、股票等资本市场服务"三农"水平持续提升。农业保险险种持续增加，覆盖面有效提升。三是农村金融服务持续改善。基本实现乡镇金融机构网点全覆盖，数字普惠金融在农村得到有效普及。农村支付服务环境持续改善，银行卡助农取款服务实现可持续发展，移动支付等新兴支付方式在农村地区得到普及应用。农村信用体系建设持续推进，农户及新型农业经营主体的融资增信机制显著改善。四是涉农金融机构公司治理和支农能力明显提升。涉农金融机构差别化定价能力不断增强，农村金融产品和服务创新加快推进，涉农贷款风险管理持续改进，确保涉农不良贷款水平稳定在可控范围，县域法人金融机构商业可持续性明显改善，金融服务乡村振兴能力和水平持续提升。

（2）中长期目标。一是，到2035年，基本建立多层次、广覆盖、可持续、适度竞争、有序创新、风险可控的现代农村金融体系，金融服务能力和水平显著提升，农业农村发展的金融需求得到有效满足。二是，到2050年，现代农村金融组织体系、政策体系、产品体系全面建立，城乡金融资源配置合理有序，城乡金融服务均等化全面实现。

3. 乡村产业振兴金融服务：基本原则

一是以市场化运作为导向。尊重市场规律，充分发挥市场机制在农村金融资源配置和定价中的决定性作用，通过运用低成本资金、增加增信措施等引导涉农贷款成本下行，推动金融机构建立收益覆盖成本的市场化服务模式，增强农村金融服务定价能力。

二是以机构改革为动力。持续深化全国政策性、商业性涉农金融机构改革，增强中长期信贷投放能力和差别化服务水平。规范县域法人金融机构公司治理，促进服务当地、支持城乡融合发展，增加农村金融资源有效供给。

三是以政策扶持为引导。加大货币政策支持力度，完善差异化监管，发挥财政资金对金融的引导和撬动作用。建立健全政府性融资担保和风险分担机制，发挥农业信贷担保体系和农业保险作用，弥补农业收益低风险高、信息不对称的短板，促进金融资源回流农村。

四是以防控风险为底线。金融机构要坚持信贷投放和风险防控两手抓，探索与服务乡村振兴相适应的资本补充渠道、合理回报机制和风险资本管理模式，提高法人治理水平，关注贷款质量，完善市场化风险处置机制，增强涉农业务风险防控能力，提高金融服务乡村振兴的可持续性。

(三) 乡村产业振兴金融服务：主要任务与推进举措

乡村产业振兴金融服务的主要任务有 6 个方面，推进举措主要有 22 条：

1. 坚持农村金融改革发展的正确方向，健全适合乡村振兴发展的金融服务组织体系

推进举措主要有 3 条：(1) 鼓励开发性、政策性金融机构在业务范围内为乡村振兴提供中长期信贷支持。国家开发银行要按照开发性金融机构的定位，充分利用服务国家战略、市场运作、保本微利的优势，加大对乡村振兴的支持力度，培育农村经济增长动力。农业发展银行要坚持农业政策性银行职能定位，提高政治站位，在粮食安全、脱贫攻坚等重点领域和关键薄弱环节发挥主力和骨干

作用。

（2）加大商业银行对乡村振兴支持力度。中国农业银行要强化面向"三农"、服务城乡的战略定位，进一步改革完善"三农"金融事业部体制机制，确保县域贷款增速持续高于全行平均水平，积极实施互联网金融服务"三农"工程，着力提高农村金融服务覆盖面和信贷渗透率。中国邮政储蓄银行要发挥好网点网络优势、资金优势和丰富的小额贷款专营经验，坚持零售商业银行的战略定位，以小额贷款、零售金融服务为抓手，突出做好乡村振兴领域中农户、新型经营主体、中小企业、建档立卡贫困户等小微普惠领域的金融服务，完善"三农"金融事业部运行机制，加大对县域地区的信贷投放，逐步提高县域存贷比并保持在合理范围内。股份制商业银行和城市商业银行要结合自身职能定位和业务优势，突出重点支持领域，围绕提升基础金融服务覆盖面、推动城乡资金融通等乡村振兴的重要环节，积极创新金融产品和服务方式，打造综合化特色化乡村振兴金融服务体系。

（3）强化农村中小金融机构支农主力军作用。农村信用社、农村商业银行、农村合作银行要坚持服务县域、支农支小的市场定位，保持县域农村金融机构法人地位和数量总体稳定。积极探索农村信用社省联社改革路径，理顺农村信用社管理体制，明确并强化农村信用社的独立法人地位，完善公司治理机制，保障股东权利，提高县域农村金融机构经营的独立性和规范化水平，淡化农村信用社省联社在人事、财务、业务等方面的行政管理职能，突出专业化服务功能。村镇银行要强化支农支小战略定力，向乡镇延伸服务触角。县域法人金融机构资金投放使用应以涉农业务为主，不得片面追求高收益。要把防控涉农贷款风险放在更加重要的位置，提高风险管控能力。积极发挥小额贷款公司等其他机构服务乡村振兴的有益补充作用，探索新型农村合作金融发展的有效途径，稳妥开展农民合作社内部信用合作试点。

2. 明确金融重点支持领域，加大金融资源向乡村振兴重点领域和薄弱环节的倾斜力度

推进举措主要有4条：（1）不断加大金融精准扶贫力度，助力打赢脱贫攻坚战。加大对建档立卡贫困户的扶持力度，用好用足扶贫小额信贷、农户小额信用贷款、创业担保贷款、助学贷款、康复扶贫贷款等优惠政策，满足建档立卡贫困户生产、创业、就业、就学等合理贷款需求。推动金融扶贫和产业扶贫融合发展，按照穿透式原则，建立金融支持与企业带动贫困户脱贫的挂钩机制。

（2）围绕藏粮于地、藏粮于技，做好国家粮食安全金融服务。以国家确定的粮食生产功能区、重要农产品生产保护区和特色农产品优势区为重点，创新投融资模式，加大对高标准农田建设和农村土地整治的信贷支持力度，推进农业科技与资本有效对接，持续增加对现代种业提升、农业科技创新和成果转化的投入。结合粮食收储制度及价格形成机制的市场化改革，支持农业发展银行做好政策性粮食收储工作，探索支持多元市场主体进行市场化粮食收购的有效模式。

（3）聚焦产业兴旺，推动农村一二三产业融合发展。积极满足农田水利、农业科技研发、高端农机装备制造、农产品加工业、智慧农业产品技术研发推广、农产品冷链仓储物流及烘干等现代农业重点领域的合理融资需求，促进发展节水农业、高效农业、智慧农业、绿色农业。支持农业产业化龙头企业及联合体发展，延伸农业产业链，提高农产品附加值。充分发掘地区特色资源，支持探索农业与旅游、养老、健康等产业融合发展的有效模式，推动休闲农业、乡村旅游、特色民宿和农村康养等产业发展。加大对现代农业产业园、农业产业强镇等的金融支持力度，推动产村融合、产城融合发展。

（4）重点做好新型农业经营主体和小农户的金融服务，有效满足其经营发展的资金需求。针对不同主体的特点，建立分层分类的

农业经营主体金融支持体系。鼓励家庭农场、农民合作社、农业社会化服务组织、龙头企业等新型农业经营主体通过土地流转、土地入股、生产性托管服务等多种形式实现规模经营，探索完善对各类新型农业经营主体的风险管理模式，增强金融资源承载力。鼓励发展农业供应链金融，将小农户纳入现代农业生产体系，强化利益联结机制，依托核心企业提高小农户和新型农业经营主体融资可得性。支持农业生产性服务业发展，推动实现农业节本增效。

3. 强化金融产品和服务方式创新，更好满足乡村振兴多样化融资需求

推进举措主要有 4 条：（1）积极拓宽农业农村抵质押物范围。推动厂房和大型农机具抵押、圈舍和活体畜禽抵押、动产质押、仓单和应收账款质押、农业保单融资等信贷业务，依法合规推动形成全方位、多元化的农村资产抵质押融资模式。积极稳妥开展林权抵押贷款，探索创新抵押贷款模式。鼓励企业和农户通过融资租赁业务，解决农业大型机械、生产设备、加工设备购置更新资金不足问题。

（2）创新金融机构内部信贷管理机制。各涉农银行业金融机构要单独制定涉农信贷年度目标任务，并在经济资本配置、内部资金转移定价、费用安排等方面给予一定倾斜。完善涉农业务部门和县域支行的差异化考核机制，落实涉农信贷业务的薪酬激励和尽职免责。适当下放信贷审批权限，推动分支机构尤其是县域存贷比偏低的分支机构，加大涉农信贷投放。在商业可持续的基础上简化贷款审批流程，合理确定贷款的额度、利率和期限，鼓励开展与农业生产经营周期相匹配的流动资金贷款和中长期贷款等业务。

（3）推动新技术在农村金融领域的应用推广。规范互联网金融在农村地区的发展，积极运用大数据、区块链等技术，提高涉农信贷风险的识别、监控、预警和处置水平。加强涉农信贷数据的积累和共享，通过客户信息整合和筛选，创新农村经营主体信用评价模

式，在有效做好风险防范的前提下，逐步提升发放信用贷款的比重。鼓励金融机构开发针对农村电商的专属贷款产品和小额支付结算功能，打通农村电商资金链条。

（4）完善"三农"绿色金融产品和服务体系。完善绿色信贷体系，鼓励银行业金融机构加快创新"三农"绿色金融产品和服务，通过发行绿色金融债券等方式，筹集资金用于支持污染防治、清洁能源、节水、生态保护、绿色农业等绿色领域，助力打好污染防治攻坚战。加强绿色债券后续监督管理，确保资金专款专用。

4. 建立健全多渠道资金供给体系，拓宽乡村振兴融资来源

推进举措主要有 4 条：（1）加大多层次资本市场的支持力度。支持符合条件的涉农企业在主板、中小板、创业板以及新三板等上市和挂牌融资，规范发展区域性股权市场。加强再融资监管，规范涉农上市公司募集资金投向，避免资金"脱实向虚"。鼓励中介机构适当降低针对涉农企业上市和再融资的中介费用。在门槛不降低的前提下，继续对国家级贫困地区的企业首次公开募股（IPO）、新三板挂牌、公司债发行、并购重组开辟绿色通道。健全风险投资引导机制，积极引导风险资金投早投小，加大对初创期涉农企业的支持力度。鼓励有条件的地区发起设立乡村振兴投资基金，推动农业产业整合和转型升级。

（2）创新债券市场融资工具和产品。鼓励地方政府发行一般债券，用于农村人居环境整治、高标准农田建设等领域。支持地方政府根据乡村振兴项目资金需求，试点发行项目融资和收益自平衡的专项债券。鼓励商业银行发行"三农"专项金融债券，募集资金用于支持符合条件的乡村振兴项目建设。加大对非金融企业债务融资工具的宣传力度，支持对优质涉农企业开辟注册发行绿色通道，在满足信息披露要求的前提下简化注册发行流程。

（3）发挥期货市场价格发现和风险分散功能。加快推动农产品期货品种开发上市，创新推出大宗畜产品、经济作物等期货交易，

丰富农产品期货品种。积极运用期货价格信息引导农业经营者优化种植结构，完善农产品期货交易、交割规则。创新农产品期权品种，改进白糖、豆粕期权规则，加快推进并择机推出玉米、棉花等期权合约，丰富农业风险管理手段。稳步扩大"保险+期货"试点，探索"订单农业+保险+期货（权）"试点，探索建立农业补贴、涉农信贷、农产品期货（权）和农业保险联动机制，形成金融支农综合体系。

（4）持续提高农业保险的保障水平。科学确定农业保险保费补贴机制，鼓励有条件的地方政府结合财力加大财政补贴力度，拓宽财政补贴险种，合理确定农业经营主体承担的保费水平。探索开展地方特色农产品保险以奖代补政策试点。落实农业保险大灾风险准备金制度，组建中国农业再保险公司，完善农业再保险体系。逐步扩大农业大灾保险、完全成本保险和收入保险试点范围。引导保险机构到农村地区设立基层服务网点，下沉服务重心，实现西藏自治区保险机构地市级全覆盖，其他省份保险机构县级全覆盖。

5. 加强金融基础设施建设，营造良好的农村金融生态环境

推进举措主要有3条：（1）在可持续的前提下全面提升农村地区支付服务水平。大力推动移动支付等新兴支付方式的普及应用，鼓励和支持各类支付服务主体到农村地区开展业务，积极引导移动支付便民工程全面向乡村延伸，推广符合农村农业农民需要的移动支付等新型支付产品。推动银行卡助农取款服务规范可持续发展，鼓励支持助农取款服务与信息进村入户、农村电商、城乡社会保障等合作共建，提升服务点网络价值。推动支付结算服务从服务农民生活向服务农业生产、农村生态有效延伸，不断优化银行账户服务，加强风险防范，持续开展宣传，促进农村支付服务环境建设可持续发展。

（2）加快推进农村信用体系建设。按照政府主导、人民银行牵头、各方参与、服务社会的整体思路，全面开展信用乡镇、信用

村、信用户创建活动，发挥信用信息服务农村经济主体融资功能。强化部门间信息互联互通，推行守信联合激励和失信联合惩戒机制，不断提高农村地区各类经济主体的信用意识，优化农村金融生态环境。稳步推进农户、家庭农场、农民合作社、农业社会化服务组织、农村企业等经济主体电子信用档案建设，多渠道整合社会信用信息，完善信用评价与共享机制，促进农村地区信息、信用、信贷联动。

（3）强化农村地区金融消费权益保护。深入开展"金惠工程""金融知识普及月"等金融知识普及活动，实现农村地区金融宣传教育全覆盖。加大金融消费权益保护宣传力度，增强农村金融消费者的风险意识和识别违法违规金融活动的能力。规范金融机构业务行为，加强信息披露和风险提示，畅通消费者投诉的处理渠道，构建农村地区良好的金融生态环境。

6. 完善政策保障体系，强化政策激励和约束

推进举措主要有4条：（1）加大货币政策支持力度。发挥好差别化存款准备金工具的正向激励作用，引导金融机构加强对乡村振兴的金融支持。加大再贷款、再贴现支持力度。根据乡村振兴金融需求合理确定再贷款的期限、额度和发放时间，提高资金使用效率。加强再贷款台账管理和效果评估，确保支农再贷款资金全部用于发放涉农贷款，再贷款优惠利率政策有效传导至涉农经济实体。

（2）更好发挥财政支持撬动作用。更好地发挥县域金融机构涉农贷款增量奖励等政策的激励作用，引导县域金融机构将吸收的存款主要投放当地。健全农业信贷担保体系，推动农业信贷担保服务网络向市县延伸，扩大在保贷款余额和在保项目数量。充分发挥国家融资担保基金作用，引导更多金融资源支持乡村振兴。落实金融机构向农户、小微企业及个体工商户发放小额贷款取得的利息收入免征增值税政策。鼓励地方政府通过财政补贴等措施支持农村地区

尤其是贫困地区支付服务环境建设，引导更多支付结算主体、人员、机具等资源投向农村贫困地区。

（3）完善差异化监管体系。适当放宽"三农"专项金融债券的发行条件，取消"最近两年涉农贷款年度增速高于全部贷款平均增速或增量高于上年同期水平"的要求。适度提高涉农贷款不良容忍度，涉农贷款不良率高出自身各项贷款不良率年度目标 2 个百分点（含）以内的，可不作为银行业金融机构内部考核评价的扣分因素。

（4）推动完善农村金融改革试点相关法律和规章制度。配合乡村振兴相关法律法规的研究制定，研究推动农村金融立法工作，强化农村金融法律保障。结合农村承包土地的经营权和农民住房财产权抵押贷款试点经验，推动修改完善农村土地承包法等法律法规，使农村承包土地的经营权和农民住房财产权抵押贷款业务有法可依。

三、乡村产业振兴：专项性金融支持的总体要求与基本内容

（一）乡村产业振兴：金融支持的含义与政策构成体系

什么是乡村产业振兴金融支持政策？乡村产业振兴金融支持政策是指金融机构运用货币、信贷、保险等工具与产品为乡村产业振兴提供支持的一种专门性、具体性与可操作性的政策。

实践中，乡村产业振兴金融支持政策可划分为：综合性乡村产业振兴金融支持政策与专项性乡村产业振兴金融支持政策。综合性强调的是：宏观性、纲要性、战略性与规划性。专项性强调的是专门性、专业性、相对具体性、可操作性。

什么是乡村产业振兴金融支持政策构成体系？乡村产业振兴金融支持政策构成体系是指国家部委制定的金融支持政策与地方政府相关部门制定的金融支持政策共同构成的一种金融政策体系。主要包括：国家级乡村产业振兴金融支持政策、国家部委级乡村产业振

兴金融支持政策、地方省级（省、自治区、直辖市）乡村产业振兴
金融支持政策、地市州级乡村产业振兴金融支持政策、县市区乡村
产业振兴金融支持政策、乡镇街道乡村产业振兴金融支持政策。

实践中，专项性乡村产业振兴金融支持政策包括国家层面与地
方层面两个方面：（1）国家层面的政策文件主要有：2020 年 1 月，
中国人民银行等部委《关于进一步强化金融支持防控新型冠状病
毒感染肺炎疫情的通知（银发〔2020〕29 号）》；2021 年 3 月，中
国人民银行等部委《关于金融支持海南全面深化改革开放的意见
（银发〔2021〕84 号）》；2020 年 4 月，中国人民银行等部委《关
于金融支持粤港澳大湾区建设的意见（银发〔2020〕95 号）》。
（2）地方层面的代表性政策文件主要有：2019 年 5 月，上海市金融
工作局等关于印发《关于促进金融创新支持上海乡村振兴的实施
意见（沪金工〔2019〕30 号)的通知》；2014 年 9 月，陕西省人民
政府办公厅《关于金融支持战略性新兴产业发展的指导意见（陕
政办发〔2014〕119 号)》；2021 年 11 月，陕西省农业农村厅、陕
西省地方金融监督管理局《关于推进农业产业化重点龙头企业上
市及挂牌培育工作的通知》等。

2021 年 6 月 29 日，中国人民银行等部委联合制定发布了《关
于金融支持巩固拓展脱贫攻坚成果　全面推进乡村振兴的意见
（银发〔2021〕171 号）》（以下简称《金融支持意见》）。该意见
对进一步做好"十四五"时期农村金融服务工作，支持巩固拓展
脱贫攻坚成果、持续提升金融服务乡村振兴能力和水平具有重要
意义。

根据乡村产业振兴金融支持的定义，《金融支持意见》属于一
种专项性金融支持政策。该金融支持乡村振兴政策，同样适用于乡
村产业振兴。《金融支持意见》的基本内容包括指导思想、总体目
标与基本原则、主要任务、推进举措与保障措施等几个方面。

（二）乡村产业振兴金融支持：指导思想、总体目标与基本

原则

1. 乡村产业振兴金融支持：指导思想与总体目标

（1）乡村产业振兴金融支持：指导思想

乡村产业振兴金融支持的指导思想为：以习近平新时代中国特色社会主义思想为指导，全面贯彻党的十九大和十九届二中、三中、四中、五中全会精神，深入落实中央经济工作会议、中央农村工作会议精神，按照《中共中央国务院关于实现巩固拓展脱贫攻坚成果同乡村振兴有效衔接的意见》和《中共中央国务院关于全面推进乡村振兴加快农业农村现代化的意见》部署，贯彻新发展理念，围绕巩固拓展脱贫攻坚成果、全面推进乡村振兴，创新金融产品和服务，健全金融组织体系，完善基础金融服务，引导更多金融资源投入"三农"领域，助力农业高质高效、乡村宜居宜业、农民富裕富足，为加快构建以国内大循环为主体、国内国际双循环相互促进的新发展格局提供金融支撑。

（2）乡村产业振兴金融支持：总体目标

第一阶段：2021年，金融精准扶贫政策体系和工作机制同金融服务乡村振兴有效衔接、平稳过渡，各项政策和制度调整优化。存量金融精准扶贫贷款风险可控，对脱贫地区和脱贫人口的信贷支持接续推进，涉农贷款稳步增长，多元化融资渠道进一步拓宽。

第二阶段：到2025年，金融扶贫成果巩固拓展，脱贫地区和脱贫人口自我发展能力明显增强。金融服务乡村振兴的体制机制进一步健全，信贷、债券、股权、期货、保险等金融子市场支农作用有效发挥，农村信用体系建设深入推进，乡村振兴重点领域融资状况持续改善，金融服务乡村振兴能力和水平显著提升。

2. 乡村振兴金融支持：基本原则。

一是平稳过渡和梯次推进相结合。严格落实"四个不摘"要求，分层次、有梯度地调整优化金融帮扶政策，合理把握节奏、力度和时限，确保对脱贫地区和脱贫人口的金融支持力度总体稳定，切实巩固好脱贫攻坚成果。接续推进脱贫地区乡村振兴,支持脱贫地区通过发展产业、改善农业农村基础设施等,夯实发展基础,稳步提升发展水平。

二是统筹谋划和因地制宜相结合。按照巩固拓展脱贫攻坚成果、全面推进乡村振兴的统一部署,统筹谋划布局,增强政策合力,逐步实现由集中资源支持脱贫攻坚向全面推进乡村振兴平稳过渡。同时,鼓励各地结合发展实际,因地制宜探索形成特色化金融支持方案,加强典型经验的总结宣传推广。

三是市场化运作和政策扶持相结合。充分发挥市场机制的决定性作用,综合运用货币政策、金融监管政策和考核评估手段,健全金融服务乡村振兴的体制机制,推动形成市场化、可持续的业务模式。发挥财政资金的引导和撬动作用,健全政府性融资担保和风险分担机制,提高金融机构开展涉农业务的积极性。

四是鼓励创新和防控风险相结合。鼓励金融机构创新工作机制、产品体系和服务模式,加强金融科技手段运用,推出更多差异化金融产品和服务,持续提升农村金融服务质效。同时,督促金融机构强化信贷风险防控,规范法人治理和内控机制,加强贷款资金用途和质量监测。

(三)乡村产业振兴金融支持:主要任务与推进举措

乡村产业振兴金融支持的主要任务有 5 个方面,推进举措有34 条。

1. 加大对重点领域的金融资源投入

推进举措有 8 条:(1)巩固拓展脱贫攻坚成果。过渡期内,保持主要金融帮扶政策总体稳定。加大对脱贫人口、易返贫致贫人口和有劳动能力的低收入人口的信贷投放,支持脱贫人口就业创业,增强可持续发展的内生动力。支持脱贫地区发展乡村特色产业,鼓励扩大对脱贫地区产品和服务消费,推动产品和服务"走出去"。继续做好易地搬迁后续帮扶工作,加大对易地搬迁安置区后续发展的金融支持力度。继续做好定点帮扶工作，选优配强干部，为帮扶地区提供政策、资金、信息、技术、人才等支持。

（2）加大对国家乡村振兴重点帮扶县的金融资源倾斜。在总结金融精准扶贫典型经验的基础上，鼓励和引导金融机构在产品和服务创新、信贷资源配置、资金转移定价、绩效考核等方面对国家乡村振兴重点帮扶县予以倾斜。过渡期内，国家开发银行、农业发展银行和国有商业银行应在依法合规、风险可控前提下，力争每年对全部国家乡村振兴重点帮扶县各项贷款平均增速高于本机构各项贷款平均增速。

（3）强化对粮食等重要农产品的融资保障。全力做好粮食安全金融服务，围绕高标准农田建设、春耕备耕、农机装备、粮食流通收储加工等全产业链制定差异化支持措施。鼓励有实力有意愿的农业企业"走出去"，支持培育具有国际竞争力和定价权的大粮商。继续做好生猪、棉、油、糖、胶等重要农产品稳产保供金融服务，促进农产品市场平稳健康发展。

（4）建立健全种业发展融资支持体系。建立重点种业企业融资监测制度，强化银企对接，对符合条件的育种基础性研究和重点育种项目给予中长期信贷支持，加大对南繁硅谷、制种基地和良种繁育体系的金融支持力度。鼓励天使投资、风险投资、创业投资基金加大对种子期、初创期种业企业和农业关键核心技术攻关的资金投入，支持符合条件的种业企业通过股权、债券市场进行直接融资。

（5）支持构建现代乡村产业体系。积极满足乡村特色产业、农产品加工业、农产品流通体系、农业现代化示范区建设、智慧农业建设、农业科技提升等领域的多样化融资需求，创新支持休闲农业、乡村旅游、农村康养、海洋牧场等新产业新业态的有效模式，推动农村一二三产业融合发展。发挥优质核心企业作用，加强金融机构与核心企业协同配合，因地制宜创新供应链金融产品。推动开展生产、供销、信用"三位一体"综合合作试点。推进现代农业全产业链标准化试点。支持创建产业强镇、农业产业化联合体。

（6）增加对农业农村绿色发展的资金投入。围绕畜禽粪污资源化利用、秸秆综合利用、农业面源污染综合治理、农村水系综合整治、国土绿化等领域，创新投融资方式。鼓励金融机构发行绿色金融债券，募集资金支持农业农村绿色发展。

（7）研究支持乡村建设行动的有效模式。在明确还款来源、收益覆盖成本、符合地方政府债务管理规定的基础上，鼓励金融机构创新金融产品，加大对乡村建设的中长期信贷支持力度，推动改善农村道路交通、水利、供电、供气、通信、人居环境整治、仓储保鲜冷链物流、农产品产地市场等基础设施，助力农村基础设施提档升级。

（8）做好城乡融合发展的综合金融服务。支持引导工商资本下乡，促进城乡要素双向流动，鼓励金融机构依法合规开发适应城乡融合发展需求的金融产品和服务模式。加大金融服务县域内城乡融合发展力度，支持县域打造特色主导产业和各类人员返乡入乡创业就业，增强县域经济发展实力。完善针对农村电商的融资、结算等金融服务。

2. 丰富服务乡村振兴的金融产品体系

推进举措有 10 条：（1）大力开展小额信用贷款。做好过渡期脱贫人口小额信贷工作，强化户贷户用户还原则，继续对脱贫户和边缘易致贫户发放脱贫人口小额信贷，支持其发展生产和开展经营。做好脱贫人口小额信贷质量监测和续贷展期管理，符合条件的要及时启动风险补偿机制，推动脱贫人口小额信贷持续健康发展。进一步发展农户小额信用贷款，人民银行分支机构要根据当地经济发展情况，指导辖区内银行业金融机构制定完善农户小额信用贷款政策，合理确定贷款额度、利率、期限。

（2）创新开展产业带动贷款。将产业扶贫贷款调整为产业带动贷款，银行业金融机构根据经营主体带动脱贫人口、易返贫致贫人口和农村低收入人口数量，按照商业可持续原则，自主确定贷款的额度、利率、期限等，充分发挥经营主体的带动作用，促进小农户和现代农业发展有机衔接。

（3）开发新型农业经营主体贷款产品。鼓励银行业金融机构针对家庭农场、农民合作社、农业产业化龙头企业等新型农业经营主体特点，开发专属贷款产品，并在市场化、可持续的基础上积极开办新型农业经营主体贷款业务，增加首贷、信用贷。各地农业农村部门定期更新发布示范类新型农业经营主体名单，向银行业金融机构和政府性融资担保机构推送。

（4）加大民生领域贷款支持力度。继续实施创业担保贷款政策，逐步落实免除反担保相关政策要求，切实满足脱贫人口、小微企业等主体创新创业资金需求。继续实施国家助学贷款政策，帮助高校家庭经济困难学生支付在校学习期间的学费、住宿费等，减轻高校家庭经济困难学生经济负担。

（5）拓宽农村资产抵押质押物范围。积极推广农村承包土地的经营权抵押贷款业务，大力开展保单、农机具和大棚设施、活体畜禽、圈舍、养殖设施等抵押质押贷款业务。在农村宅基地制度改革试点地区，依法稳妥开展农民住房财产权（宅基地使用权）抵押贷款业务。在具备条件的地区探索开展农村集体经营性资产股份质押贷款、农垦国有农用地使用权抵押贷款、农村集体经营性建设用地使用权抵押贷款、林权抵押贷款等业务。相关单位要继续完善确权登记颁证、价值评估、流转交易、抵押物处置等配套机制，加大动产和权利担保统一登记业务推广力度，畅通农村资产抵押质押融资链条。

（6）增加农业农村基础设施建设贷款投放。银行业金融机构要努力增加农村基础设施建设贷款和农田基本建设贷款投放，在风险可控的前提下，鼓励根据借款人资信状况和偿债能力、项目建设进度、投资回报周期等，适当延长贷款期限，积极发放中长期贷款。

对于国家乡村振兴重点帮扶县的基础设施建设项目，在不增加地方政府隐性债务风险的前提下，支持金融机构在审慎合规经营基础上，在授信审批、贷款额度、利率、期限等方面给予优惠。

（7）提升农业保险服务能力。扩大稻谷、小麦、玉米三大粮食作物完全成本保险和种植收入保险实施范围，将地方优势特色农产品保险以奖代补做法逐步扩大到全国，鼓励各地因地制宜创新地方优势特色农产品保险，增加特色产业保险品类，提高养殖保险覆盖面，提升天然橡胶保险保障水平。支持保费补贴资金向粮食主产区倾斜。完善农业再保险体系，健全农业大灾风险分散机制，鼓励降低脱贫地区再保险业务分保费率。

（8）进一步发挥保险保障作用。积极运用保险产品巩固脱贫成果，支持具备条件的地区开展商业防止返贫保险，逐步健全针对脱贫人口和农村低收入人口的保险产品体系。支持保险公司继续做好城乡居民大病保险承办工作，配合各地政府对特困人员、低保对象、返贫致贫人口等实施政策倾斜，包括降低起付线、提高报销比例、逐步取消封顶线等。鼓励保险公司加大产品创新力度，医疗保险产品可在定价、赔付条件、保障范围等方面对脱贫人口适当优惠。鼓励保险公司经办基本医保、医疗救助，实现不同医保制度间的有效衔接。鼓励保险公司围绕乡村振兴战略，开发相应的养老保险、健康保险产品。

（9）畅通涉农企业直接融资渠道。继续做好存量扶贫票据的接续工作，推广乡村振兴票据，支持企业筹集资金用于乡村振兴领域，鼓励募集资金向国家乡村振兴重点帮扶县倾斜。对脱贫地区继续实施企业上市"绿色通道"政策，继续支持符合条件的涉农企业在上海证券交易所、深圳证券交易所首发上市和再融资、在新三板市场挂牌融资。鼓励上市公司、证券公司等市场主体设立或参与市场化运作的脱贫地区产业投资基金和公益基金，通过注资、入股等方式支持脱贫地区发展。

（10）发挥期货市场的价格发现和避险功能。持续丰富农产品期货产品体系，上市更多涉农期货品种，完善期货合约和规则体系，提供更多符合乡村产业发展需求的标准化期货产品，引导带动农业经营主体提高农产品的标准化程度，努力实现"优质优价"。支持农业经营主体利用期货市场开展套期保值，优化套期保值审批流程，减免套期保值交易、交割和仓单转让手续费。发挥"保险+期货"在服务乡村产业发展中的作用。鼓励期货公司风险管理子公司发挥专业优势，为乡村产业发展提供更加多元便捷的风险管理服务。

3. 提升银行业金融机构服务能力

推进举措有3条：（1）健全农村金融组织体系。鼓励银行业金融机构建立服务乡村振兴的内设机构，国家开发银行和农业发展银行将扶贫金融事业部调整为乡村振兴部，鼓励国有商业银行和股份制商业银行设立专门的乡村振兴金融部或在相关部门下单列乡村振兴金融服务条线，下沉服务重心，延伸服务半径，保持农村地区尤其是脱贫地区网点基本稳定，支持打造乡村振兴金融服务特色支行或网点。农村商业银行、农村信用社等农村中小金融机构要强化支农支小定位，优化资金投向，合理控制用于非信贷业务的资金比例，加大涉农贷款投放力度。继续做好县域农村金融机构监督管理、风险化解、深化改革工作，督促其完善治理结构和内控机制，保持县域农村金融机构法人地位和数量总体稳定。

（2）改进内部资源配置和政策安排。鼓励银行业金融机构改革内部资金转移定价机制，加大对涉农业务的支持力度。对于国家乡村振兴重点帮扶县，全国性银行要制定明确的内部资金转移定价优惠方案，中小银行可结合自身实际合理确定优惠幅度。鼓励银行业金融机构完善内部绩效考核，在分支机构综合绩效考核中明确涉农业务的权重，并将金融管理部门对金融机构服务乡村振兴情况的考核评估结果纳入对分支机构的考核，与分支机构及其班子成员评先评优、薪酬激励、奖金分配挂钩。改进贷款尽职免责内部认定标准和流程，明确从业人员尽职免责范围，在有效防范道德风险的前提下，探索对涉农贷款不良率符合监管规定的业务网点，其从业人员免于问责。

(3)强化金融科技赋能。鼓励银行业金融机构运用大数据、云计算等技术，有效整合涉农主体的信用信息，优化风险定价和管控模型，提高客户识别和信贷投放能力，减少对抵押担保的依赖，逐步提高发放信用贷款的比重。发展农村数字普惠金融，依托5G、智能终端等技术，开发线上服务平台或移动应用程序，推进全流程数字化的移动展业，支持涉农主体通过线上渠道自主获取金融服务，打造线上线下有机融合的服务模式，破解农村偏远地区网点布局难题。开展金融科技赋能乡村振兴示范工程，探索运用新一代信息技术因地制宜打造惠农利民金融产品与服务。

4. 持续完善农村基础金融服务

推进举措有4条：(1)因地制宜深入推进农村信用体系建设。继续开展信用户、信用村、信用乡(镇)创建，鼓励开展符合地方实际的农村信用体系建设行动，不断提升乡村治理水平。支持市县构建域内共享的涉农信用信息数据库，用3年时间基本建成比较完善的新型农业经营主体信用体系，探索开展信用救助。支持有条件的地区设立市场化征信机构运维地方征信平台，引导市场化征信机构提供高质量的涉农征信服务。进一步完善金融信用信息基础数据库功能，扩大覆盖主体范围。

(2)持续改善农村支付服务环境。推动移动支付等新兴支付方式的普及应用，积极引导移动支付便民工程向乡村下沉。鼓励和支持各类支付服务主体到农村地区开展业务，鼓励符合"三农"特点的新型支付产品创新。巩固和规范银行卡助农取款服务发展。继续推广"乡村振兴主题卡"产品。推动支付结算服务从服务农民生活向服务农业生产、农村生态有效延伸，加强风险防范，持续开展宣传，不断提升农村支付服务水平。

（3）推动储蓄国债下乡。积极开展储蓄国债下乡活动，支持符合条件的农村商业银行加入国债承销团，进一步丰富农村居民购债渠道，鼓励承销团成员在农村销售储蓄国债。

（4）继续开展金融知识宣传教育和金融消费者权益保护。加强农村金融教育，开展集中性金融知识普及活动，推进金融教育示范基地建设。深入实施"金惠工程"项目，推动金融知识纳入国民教育体系，实现脱贫地区和脱贫人口金融宣传教育全覆盖，探索数字化智能化服务。提升农村居民数字金融能力，逐步弥合城乡数字鸿沟。畅通金融消费者投诉渠道，完善诉调对接、小额纠纷快速解决、中立评估等金融纠纷多元化解机制，加强农村地区金融消费者权益保护。

5. 强化对银行业金融机构的激励约束

推进举措有3条：（1）强化对银行业金融机构服务乡村振兴的资金支持。对机构法人在县域且业务在县域的金融机构实施最优惠的存款准备金率。运用支农支小再贷款、再贴现等政策工具引导地方法人金融机构扩大对乡村振兴的信贷投放。存量扶贫再贷款可按照现行规定进行展期，适度向乡村振兴重点帮扶县倾斜。鼓励银行业金融机构多渠道补充资本，通过发行金融债券筹集资金，提高放贷能力，拓宽可贷资金来源。

（2）落实财税奖补政策和风险分担机制。积极宣传农户和小微企业金融服务税收优惠政策，提高政策知晓度和覆盖面。加强普惠金融发展专项资金保障，确保资金及时足额拨付到位。深化银担合作机制，逐步减少对贷款项目的重复调查和评估，明确风险分担比例和启动条件。充分发挥全国农业信贷担保体系、国家融资担保基金作用，坚持政策性定位，努力做大担保业务规模，根据合作担保机构支农业务规模降低或减免担保费用。加强对农业信贷担保体系的绩效评价，提高放大倍数在绩效评价中的权重，评价结果与中央财政奖补资金规模挂钩。推动地方政府在贷款清收处置等方面提供协助。

（3）加强考核评价和监管约束。过渡期内，对位于国家乡村振兴重点帮扶县的银行业金融机构，继续开展金融帮扶政策效果评估工作，督促金融机构加大对国家乡村振兴重点帮扶县的资源倾斜。全面开展金融机构服务乡村振兴考核评估，加强评估结果运用。适度提高涉农贷款风险容忍度，涉农贷款不良率高出自身各项贷款不良率年度目标 3 个百分点（含）以内的，可不作为监管部门监管评价和银行业金融机构内部考核评价的扣分因素。落实好商业银行绩效评价办法。

第三节　引导社会资本投资

一、乡村产业振兴：社会资本投资的含义与综合性政策规定

（一）乡村产业振兴：社会资本政策投资的含义与分类

什么是社会资本？什么是民间资本？什么是民间资金？

民间资本又称民间资金。民间资本是指民营企业的流动资产和金融资产。换言之，所谓民间资本就是掌握在民营企业以及股份制企业中属于私人股份和其他形式的所有私人资本的统称。

什么是社会资本投资？什么是民间资本投资？社会资本投资是单位或个人运用民营企业的流动资产和金融资产所进行的投资。

改革开放以来，中国以市场经济为取向的改革，创造了大量社会财富，集聚了大量的民间资本。2010 年，国务院《民间投资 36 条》，鼓励和引导民间资本进入基础产业和基础设施领域，鼓励和引导民间资本进入市政公用事业和政策性住房建设领域，鼓励和引导民间资本进入社会事业领域。2014 年 4 月 24 日，国家为民间资本列出涉及交通基础设施、油气管网设施等领域共 80 个项目的投

资菜单，并承诺要让市场发动机更强劲有力。

什么是乡村产业振兴社会资本投资？乡村产业振兴社会资本投资又称乡村产业振兴社会资本投入，是指在促进乡村产业振兴过程中运用民间社会资本所进行的投资活动的统称。

实践中，乡村产业振兴社会资本投资划分为：综合性乡村产业振兴社会资本投资与专项性乡村产业振兴社会资本投资。

什么是乡村产业振兴社会资本投资政策？乡村产业振兴社会资本投资政策是指国家或地方政府制定的关于鼓励和引导社会资本投资乡村产业，促进乡村产业振兴的一系列政策的统称。

实践中，乡村产业振兴社会资本投资政策划分为：综合性乡村产业振兴社会资本投资与专项性乡村产业振兴社会资本投资政策。综合性强调的是：宏观性、纲要性、战略性与规划性。专项性强调的是专门性、专业性、相对具体性、可操作性。

（二）乡村产业振兴：综合性社会资本投资政策与政策规定内容

什么是综合性乡村产业振兴社会资本投资政策？综合性乡村产业振兴社会资本投资政策是指由国家战略规划、法律法规与重要政策文件制定的关于社会资本投资促进乡村产业振兴的政策。

这里的战略规划是指乡村振兴战略规划，即《中共中央国务院乡村振兴战略规划（2018—2022 年)》（以下简称《乡村振兴战略规划（2018—2022 年)》）；这里的法律法规是指《中华人民共和国乡村振兴促进法（2021 年 4 月 29 日第十三届全国人民代表大会常务委员会第二十八次会议通过)》（以下简称《乡村振兴促进法》）；这里的重要政策文件是指《国务院关于鼓励和引导民间投资健康发展的若干意见（国发〔2010〕13 号)》（以下简称《民间投资 36 条》）。

综合性乡村产业振兴社会资本投资政策主要有：《乡村振兴战略规划（2018—2022 年)》《乡村振兴促进法》与《民间投资

36 条》。

专项性乡村产业振兴社会资本投资政策是相对于综合性乡村振兴金融服务支持政策而言的一种专门性、具体性与可操作性的政策。主要有：2021 年 4 月 22 日，农业农村部办公厅国家乡村振兴局综合司关于印发《社会资本投资农业农村指引（2021 年)》的通知。

1. 《乡村振兴战略规划（2018—2022 年)》社会资本投资政策

《乡村振兴战略规划（2018—2022 年)》对健全多元投入保障机制的总体要求、主要任务进行了规定规划。

《乡村振兴战略规划（2018—2022 年)》的总体要求是健全多元投入保障机制。基本内容包括：健全投入保障制度，完善政府投资体制，充分激发社会投资的动力和活力，加快形成财政优先保障、社会积极参与的多元投入格局。

《乡村振兴战略规划（2018—2022 年)》的主要任务是引导和撬动社会资本投向农村。基本内容包括：优化乡村营商环境，加大农村基础设施和公用事业领域开放力度，吸引社会资本参与乡村振兴。规范有序盘活农业农村基础设施存量资产，回收资金主要用于补短板项目建设。继续深化"放管服"改革，鼓励工商资本投入农业农村，为乡村振兴提供综合性解决方案。鼓励利用外资开展现代农业、产业融合、生态修复、人居环境整治和农村基础设施等建设。推广一事一议、以奖代补等方式，鼓励农民对直接受益的乡村基础设施建设投工投劳，让农民更多参与建设管护。

2. 《乡村振兴促进法》社会资本投资政策

《乡村振兴促进法》第 62 条规定："国家支持以市场化方式设立乡村振兴基金，重点支持乡村产业发展和公共基础设施建设。县级以上地方人民政府应当优化乡村营商环境，鼓励创新投融资方式，引导社会资本投向乡村。"

《乡村振兴促进法》第 64 条规定："国家健全多层次资本市

场，多渠道推动涉农企业股权融资，发展并规范债券市场，促进涉农企业利用多种方式融资；丰富农产品期货品种，发挥期货市场价格发现和风险分散功能。"

3.《民间投资 36 条》民间资本投资政策

2010 年，《国务院关于鼓励和引导民间投资健康发展的若干意见（国发〔2010〕13 号）》首次对于鼓励和引导民间投资健康发展进行了全面、系统的规定，该政策规定对社会资本促进乡村产业振兴也同样适用。

《民间投资 36 条》的总体要求与基本内容主要包括 11 个方面：进一步拓宽民间投资的领域和范围；鼓励和引导民间资本进入基础产业和基础设施领域；鼓励和引导民间资本进入市政公用事业和政策性住房建设领域；鼓励和引导民间资本进入社会事业领域；鼓励和引导民间资本进入金融服务领域；鼓励和引导民间资本进入商贸流通领域；鼓励和引导民间资本进入国防科技工业领域；鼓励和引导民间资本重组联合和参与国有企业改革；推动民营企业加强自主创新和转型升级；鼓励和引导民营企业积极参与国际竞争；为民间投资创造良好环境。

二、乡村产业振兴：专项性社会资本投资政策的总体要求与基本内容

2021 年 4 月 22 日，农业农村部办公厅、国家乡村振兴局综合司印发《社会资本投资农业农村指引（2021 年）》（以下简称《社会资本投资指引》）。该指引强调要充分发挥财政政策、产业政策引导撬动作用，引导好、保护好、发挥好社会资本投资农业农村的积极性、主动性，切实发挥社会资本投资农业农村、服务乡村全面振兴的作用。

《社会资本投资指引》的基本特征体现在：引导性、方向性、参考性、可操作性；非强制性、相对权威性。《社会资本投资指引》的基本内容包括：总体要求、主要任务、引导工作重点与保障措施等几个方面。

（一）乡村产业振兴：专项性社会资本投资政策的总体要求与保障措施

1. 乡村产业振兴：专项性社会资本投资政策的总体要求

乡村产业振兴专项性社会资本投资政策的指导思想为：以习近平新时代中国特色社会主义思想为指导，按照新发展阶段优先发展农业农村、全面推进乡村振兴的总体部署，坚持创新驱动发展，深入推进农业供给侧结构性改革，把乡村建设摆在社会主义现代化建设的重要位置，突出"保供固安全、振兴畅循环"，聚焦乡村振兴重点领域，创新投融资机制，营造良好营商环境，激发社会资本投资活力，更好满足全面推进乡村振兴多样化投融资需求，为粮食、生猪等重要农产品稳产保供、解决好种子与耕地两个要害问题、巩固拓展脱贫攻坚成果同乡村振兴有效衔接、大力实施乡村建设行动提供有力支撑。

乡村产业振兴专项性社会资本投资政策的基本原则主要有3条：

一是尊重农民主体地位。充分尊重农民意愿，切实发挥农民在乡村振兴中的主体作用，引导社会资本与农民建立紧密利益联结机制，不断提升人民群众获得感。支持社会资本依法依规拓展业务，注重合作共赢，多办农民"办不了、办不好、办了不合算"的产业，把收益更多留在乡村；多办链条长、农民参与度高、受益面广的产业，把就业岗位更多留给农民；多办巩固拓展脱贫攻坚成果、帮农带农的产业，带动农村同步发展、农民同步进步。

二是遵循市场规律。充分发挥市场在资源配置中的决定性作用，更好发挥政府作用，引导社会资本将人才、技术、管理等现代生产要素注入农业农村，加快建成现代农业产业体系、生产体系和经营体系。坚持"放管服"改革方向，建立健全监管和风险防范机制，营造公平竞争的市场环境、政策环境、法治环境，降低制度性交易成本，创造良好稳定的市场预期，吸引社会资本进入农业农村重点领域。

三是坚持开拓创新。鼓励社会资本与政府、金融机构开展合作，充分发挥社会资本市场化、专业化等优势，加快投融资模式创新应用，为社会资本投资农业农村开辟更多有效路径，探索更多典型模式。有效挖掘乡村服务领域投资潜力，拓宽社会资本投资渠道，保持农业农村投资稳定增长，培育经济发展新动能，增强经济增长内生动力。

2. 乡村产业振兴：专项性社会资本投资政策的保障措施

乡村产业振兴专项性社会资本投资政策的保障措施主要有3条：

一是加强组织领导。各级农业农村部门要把引导社会资本投资农业农村作为重要任务，加强与财政、发改、金融、自然资源等部门的沟通，推进信息互通共享，协调各有关部门立足职能、密切配合，形成合力。要建立规范的合作机制，引导社会资本积极参与相关规划编制、项目梳理，严格遵循乡村规划"三区三线"的空间管制，准确把握投资方向，积极探索具体方式，提高各类项目落地效率，充分发挥政府、市场和社会资本的合力作用。

二是强化政策激励。积极协调各部门完善激励引导政策，完善盘活农村存量建设用地政策，实行负面清单管理，优先保障乡村产业发展、乡村建设用地。根据乡村休闲观光等产业分散布局的实际需要，探索灵活多样的供地新方式。规范开展城乡建设用地增减挂钩，完善审批实施程序、节余指标调剂及收益分配机制。加快健全以农村产权交易政策、农村人才队伍建设等为重要内容的政策保障体系；加快推进以深化"放管服"改革、优化项目审批程序和招投标程序、建立政企常态化沟通机制和投资需求信息发布机制、健全社会资本进入退出渠道等为主要内容的配套服务体系；加快构建以农村土地流转风险防范制度、农村社会信用评价制度，以及农业保险"扩面、增品、提标"和农产品期货价格发现机制等为重要内容的风险防范体系。落实提高土地出让收入用于农业农村比例政策要求，集中用于乡村振兴重点任务。推进增加地方政府一般债券、专项债券用于现代农业设施和乡村建设行动的规模与比例，鼓励符合条件的主体发行乡村振兴票据。加快健全商业性、合作性和政策性、开发性金融，以及信贷担保等为重要内容的多层次农村金融服务体系，发展供应链金融，不断加大对社会资本投资农业农村的支持力度。

三是广泛宣传引导。大力宣传社会资本投资农业农村的重大意义，做好政策解读，回应社会关切，稳定市场预期，培育合作理念，正确引导社会资本有序进入农业农村经济领域。各地要加强社会资本投资农业农村的成功经验和案例的总结，推介一批典型模式。充分利用报刊、广播、电视、互联网等媒体，全方位、多角度、立体式宣传社会资本投资建设成果，营造社会资本投资农业农村的良好氛围。

(二)乡村产业振兴：专项性社会资本投资政策的主要任务与引导重点

乡村产业振兴专项性社会资本投资政策的主要任务有 5 个方面，引导工作重点有 23 条。

1. 鼓励投资的重点产业和领域：6 大产业与 7 大领域

(1)基本要求与方向：对标全面推进乡村振兴、加快农业农村现代化目标任务，立足当前农业农村新形势新要求，聚焦农业供给侧结构性改革和乡村建设的重点领域、关键环节，促进农业农村经济转型升级。

(2)引导投资产业工作重点有 6 条：

1)现代种养业。支持社会资本发展规模化、标准化、品牌化和绿色化种养业，推动品种培优、品质提升、品牌打造和标准化生产，助力提升粮食和重要农产品供给保障能力。巩固主产区粮棉油糖胶生产，大力发展设施农业，延伸拓展产业链，增加绿色优质产品供给。鼓励社会资本大力发展青贮玉米、高产优质苜蓿等饲草料生产，发展草食畜牧业。支持社会资本加快构建现代养殖体系，合理布局规模化养殖场，稳定生猪基础产能，加大生猪深加工投资，加快形成养殖与屠宰加工相匹配的产业布局，健全生猪产业平稳有序发展长效机制；积极发展牛羊产业，增加基础母畜存栏；稳步推进禽肉等产业发展，增加肉类市场总体供应。鼓励社会资本建设优质奶源基地，升级改造中小奶牛养殖场，做大做强民族奶业。鼓励社会资本发展水产绿色健康养殖，开展集约化、工厂化循环水养殖、稻渔综合种养、大水面生态养殖、盐碱水养殖和深远海智能网箱养殖，推进海洋牧场和深远海大型智能化养殖渔场建设，加大对远洋渔业的投资力度。2）现代种业。鼓励社会资本投资创新型种业企业，推进科企深度融合，支持种业龙头企业健全商业化育种体系，提升商业化育种创新能力，提升我国种业国际竞争力。引导社会资本参与现代种业自主创新能力提升，加强种质资源保存与利用、育种创新、品种检测测试与展示示范、良种繁育等能力建设，促进育繁推一体化发展，建立现代种业体系。在尊重科学、严格监管的基础上，鼓励社会资本积极参与生物育种产业化应用。创新推广"龙头企业+优势基地"模式，支持社会资本参与国家南繁育种基地建设，推进甘肃、四川国家级制种基地建设与提档升级，加快制种大县和区域性良繁基地建设。鼓励社会资本投资畜禽水产保种场（保护区）、国家育种场、品种测定站、种畜禽场站建设，提升畜禽水产种业发展水平。3）乡村富民产业。鼓励社会资本开发特色农业农村资源，积极参与建设现代农业产业园、农业产业强镇、优势特色产业集群，发展特色农产品优势区，发展绿色农产品、有机农产品和地理标志农产品。发展"一村一品""一镇一特""一县一业"，建设标准化生产基地、集约化加工基地、仓储物流基地，完善科技支撑体系、生产服务体系、品牌与市场营销体系、质量控制体系，建立利益联结紧密的建设运行机制。因地制宜发展具有民族、文化与地域特色的乡村手工业，发展一批家庭工厂、手工作坊、乡村车间。加快农业品牌培育，加强品牌营销推介，鼓励社会资本支持区域公用品牌建设，打造一批"土字号""乡字号"特色产品品牌和具有市场竞争力的农业企业品牌。支持社会资本投资建设规范化乡村工厂、生产车间，发展特色食品、制造、手工业和绿色建筑建材等乡村产业。4）农产品加工流通业。鼓励社会资本参与粮食主产区和特色农产品优势区发展农产品加工业，推动初加工、精深加工和副产物综合利用加工协调发展，提升行业机械化、标准化水平，助力建设一批农产品精深加工基地和加工强县。统筹农产品产地、集散地、销地批发市场建设，鼓励社会资本参与建设国家级农产品产地专业市场和田头市场。鼓励社会资本联合家庭农场、农民合作社共同开展农产品仓储保鲜冷链物流体系建设，建设一批贮藏保鲜、分级包装、冷链配送等设施设备和田头小型仓储保鲜冷链设施，鼓励有条件的地方建设产地低温直销配送中心，提高冷链物流服务效率和质量，打造农产品物流节点，发展农超、农社、农企、农校等产销对接的新型流通业态。5）乡村新型服务业。鼓励社会资本发展休闲农业、乡村旅游、餐饮民宿、创意农业、农耕体验、康养基地等产业，充分发掘农业农村生态、文化等各类资源优势，打造一批设施完备、功能多样、服务规范的乡村休闲旅游目的地。引导社会资本发展乡村特色文化产业，推动农商文旅体融合发展，挖掘和利用农耕文化遗产资源，建设农耕主题博物馆、村史馆，传承农耕手工艺、曲艺、民俗节庆。支持社会资本发展农业生产托管服务，提供市场信息、农技推广、农资供应、统防统治、深松整地、农产品营销等社会化服务，建设一批农业科技服务企业、服务型农民合作社，推动将先进适用的品种、投入品、技术、装备导入小农户。鼓励社会资本改造传统小商业、小门店、小集市等商业网点，满足农村居民消费升级需要，积极发展批发零售、养老托幼、文化教育、环境卫生等生活性服务业，发展线上线下相结合的服务网点，推动便利化、精细化、品质化发展，为乡村居民提供便捷周到的服务。6）生态循环农业。鼓励社会资本积极参与农业农村减排固碳。支持社会资本参与绿色种养循环农业试点、畜禽粪污资源化利用、秸秆综合利用、农膜农药包装物回收行动、病死畜禽无害化处理、废弃渔网具回收再利用，加大对收储运和处理体系等方面的投入力度。鼓励社会资本投资农村可再生能源开发利用，加大对农村能源综合建设投入力度，推广农村可再生能源利用技术，探索秸秆打捆直燃和成型燃料供暖供热，沼气生物天然气供气供热新模式。支持社会资本参与长江黄河等流域生态保护、东北黑土地保护、农业面源污染治理、重金属污染耕地治理修复。

（3）引导投资领域工作重点有 7 条：

1）农业科技创新。鼓励社会资本创办农业科技创新型企业，参与农业关键核心技术攻关，开展生物种业、高端智能和丘陵山区农机、渔业装备、绿色投入品、环保渔具和玻璃钢等新材料渔船等领域的研发创新、成果转化与技术服务。鼓励社会资本牵头建设农业领域国家重点实验室等科技创新平台基地，参与农业科技创新联盟、国家现代农业产业科技创新中心等建设，推动产学研用深度融合，打造科企融合创新联合体。引导社会资本发展技术交易市场和科技服务机构，提供科技成果转化服务，加快先进实用技术集成创新与推广应用。2）农业农村人才培养。支持社会资本参与农业生产经营人才、农村二三产业发展人才、乡村公共服务人才、乡村治理人才、农业农村科技人才、乡村基础设施建设和管护人才等培养。鼓励社会资本依托原料基地、产业园区等建设实训基地，依托信息、科技、品牌、资金等优势打造乡村人才孵化基地。鼓励社会资本为优秀农业农村人才提供奖励资助、技术支持、管理服务，促进农业农村人才脱颖而出。3）农业农村基础设施建设。支持社会资本参与高标准农田建设、农田水利建设，农村资源路、产业路、旅游路和村内主干道建设，丘陵山区农田宜机化改造，规模化供水工程建设和小型工程标准化改造，以及建设乡村储气罐站和微管网供气系统，推动实施区域化整体建设，推进田水林路电综合配套，同步发展高效节水灌溉。鼓励参与渔港和避风锚地建设。4）智慧农业建设。鼓励社会资本参与建设智慧农业，推进农业遥感、物联网、5G、人工智能、区块链等应用，推动新一代信息技术与农业生产经营、质量安全管控深度融合，提高农业生产智能化、经营网络化水平。鼓励参与农业农村大数据建设，基础数据资源体系和重要农产品全产业链大数据中心建设。为新型农业经营主体、小农户提供信息服务。鼓励参与农村地区信息基础设施建设，提高乡村治理、社会文化服务等信息化水平。鼓励参与"互联网+"农产品出村进城工程建设，推进优质特色农产品网络销售，促进农产品产销对接。5）农村创业创新。鼓励社会资本投资建设返乡入乡创业园、农村创业创新园区和孵化实训基地等平台载体，加强各类平台载体的基础设施、服务体系建设，推动产学研用合作，激发农村创业创新活力。鼓励社会资本联合普通高校、职业院校、优质教育培训机构等开展面向农村创业创新带头人的创业能力、产业技术、经营管理培训，建设产学研用协同创新基地。6）农村人居环境整治。支持社会资本参与农村人居环境整治提升五年行动。鼓励社会资本参与农村厕所革命、农村生活垃圾治理、农村生活污水治理等项目建设运营，健全农村生活垃圾收运处置体系，建设一批有机废弃物综合处置利用设施。鼓励社会资本参与村庄清洁和绿化行动。推进农村人居环境整治与发展乡村休闲旅游等有机结合。7）农业对外合作。鼓励社会资本参与海外农业投资合作，在"一带一路"共建国家投资经营粮、棉、油、糖、胶、畜、渔等生产加工、仓储物流项目，建设境外农业合作园区，与国内农业生产形成有益补充；参与农业服务出口，集成有关农业生产要素，提供面向问题的一体化解决方案，带动农资、农机、农产品加工等领域产能走出去；参与农业国际贸易高质量发展基地、农业对外开放合作试验区等建设，创新农业经贸合作模式、对接有关规则标准、培育出口农产品品牌、建设国际营销促销网络，培育农业国际竞争新优势。

2. 创新投入方式：开发模式、投资基金与共赢机制

（1）基本要求与方向：根据各地农业农村实际发展情况，因地制宜创新投融资模式，通过独资、合资、合作、联营、租赁等途径，采取特许经营、公建民营、民办公助等方式，健全联农带农有效激励机制，稳妥有序投入乡村振兴。

（2）引导创新投入方式工作重点有5条：1）完善全产业链开发模式。支持农业产业化龙头企业联合家庭农场、农民合作社等新型经营主体、小农户，加快全产业链开发和一体化经营、标准化生产，开展规模化种养，发展加工和流通，开创品牌、注重营销，推进产业链生产、加工、销售各环节有机衔接，推进种养业与农产品加工、流通和服务业等渗透交叉，强化农村一二三产业融合发展，提升产业链供应链现代化水平。鼓励社会资本聚焦比较优势突出的产业链条，补齐产业链条中的发展短板。支持社会资本参与农机生产、销售、应用等产业发展，壮大农业机械化产业群和产业链。支持龙头企业下乡进村，建分支机构、生产加工基地等，发挥农业产业化龙头企业的示范带动作用。2）探索区域整体开发模式。支持有实力的社会资本在符合法律法规和相关规划、尊重农民意愿的前提下，因地制宜探索区域整体开发模式，统筹乡村基础设施和公共服务建设、高标准农田建设、集中连片水产健康养殖示范建设、产业融合发展等进行整体化投资，建立完善合理的利益分配机制，为当地农业农村发展提供区域性、系统性解决方案，促进农业提质增效，带动农村人居环境显著改善、农民收入持续提升，实现社会资本与农户互惠共赢。3）创新政府和社会资本合作模式。鼓励信贷、保险机构加大金融产品和服务创新力度，配合财政支持农业农村重

大项目实施，加大投贷联动、投贷保贴一体化等投融资模式探索力度。积极探索农业农村领域有稳定收益的公益性项目，推广政府和社会资本合作（PPP）模式的实施路径和机制，让社会资本投资可预期、有回报、能持续，依法合规、有序推进政府和社会资本合作。鼓励各级农业农村部门按照农业领域政府和社会资本合作相关文件要求，对本地区农业投资项目进行系统性梳理，筛选并培育适于采取 PPP 模式的乡村振兴项目，优先支持农业农村基础设施建设等有一定收益的公益性项目。鼓励社会资本探索通过资产证券化、股权转让等方式，盘活项目存量资产，丰富资本进入退出渠道。4）探索设立乡村振兴投资基金。各地要结合当地发展实际，推动设立政府资金引导、金融机构大力支持、社会资本广泛参与、市场化运作的乡村振兴基金。鼓励有实力的社会资本结合地方农业产业发展和投资情况规范有序设立产业投资基金。充分发挥农业农村部门的行业优势，积极稳妥推进基金项目储备、项目推介等工作，鼓励相关基金通过直接股权投资和设立子基金等方式，充分发挥在乡村振兴产业发展、基础设施建设等方面的引导和资金撬动作用。5）建立紧密合作的利益共赢机制。强化社会资本责任意识，让农民更多分享产业增值收益。鼓励农民以土地经营权、水域滩涂、劳动、技术等入股，支持农村集体经济组织通过股份合作、租赁等形式，参与村庄基础设施建设、农村人居环境整治和产业融合发展。创新村企合作模式，充分发挥产业化联合体等联农带农作用，激发和调动农民参与乡村振兴的积极性、主动性。鼓励社会资本采用"农民+合作社+龙头企业""土地流转+优先雇用+社会保障""农民入股+保底收益+按股分红"等利益联结方式，与农民建立稳定合作关系，形成稳定利益共同体，做大做强新型农业经营主体，健全农业专业化社会化服务体系，提升小农户生产经营能力和组织化程度，让社会资本和农民共享发展成果。

3. 打造合作平台：3 大平台与信息共享

（1）基本要求与方向：打造一批社会资本投资农业农村的合作平台，为社会资本投向"三农"提供规划、项目信息、融资、土地、建设运营等一揽子、全方位投资服务，促进要素集聚、产业集中、企业集群，实现控风险、降成本、提效率。

（2）引导打造合作平台工作重点有 4 条：1）完善规划体系平台。统筹做好发展引导规划、专项规划、区域规划、建设规划等的管理制定、信息发布等工作，充分发挥以《乡村振兴战略规划（2018—2022 年）》、农业农村发展"十四五"规划等为总纲，以种植业、渔业、畜牧业、种业、乡村产业、农垦和农业科技、农业机械化、农田建设和农业国际合作等相关规划为指导，以地方农业农村发展有关规划为补充的农业农村规划体系作用，引导社会资本突出重点、科学决策，有序投向补短板、强弱项的重点领域和关键环节。2）构建现代农业园区平台。围绕农业现代化示范区、粮食生产功能区、重要农产品生产保护区、特色农产品优势区和农业绿色发展试点先行区为核心，以及国家现代农业产业园、农业产业强镇、优势特色产业集群、全国"一村一品"示范村镇、农村产业融合发展示范园、农村创业创新园区和孵化实训基地、精深加工基地、南繁硅谷、农业对外开放合作试验区等重大农业园区，建立社会资本投资指导服务机构，发挥园区平台的信息汇集、投资对接作用。健全完善政策支持体系，加快园区公共服务设施和能力水平建设，增强各类园区对社会资本的引导和聚集功能，不断提升农业绿色化、优质化、特色化、品牌化水平。3）建设重大工程项目平台。依托高标准农田建设、优质粮食工程、大豆振兴计划，农业生产"三品一标"提升行动，奶业振兴行动、畜禽种业振兴行动，农产品产地冷藏保鲜设施建设工程，以及畜禽粪污资源化利用整县推进、农村人居环境整治、新一轮畜禽水产遗传改良计划和现代种业提升工程等，建立项目征集和发布机制，引导各类资源要素互相融合。加强宣传和解读，提高重大工程项目参与方式、运营方式、盈利模式、投资回报等相关信息透明度和可获得性；充分发挥政府投资"四两拨千斤"的引导带动作用，稳定市场收益预期，调动社会投资积极性。4）推进项目数据信息共享。汇集农业领域基建项目、财政项目，以及各行各业重大项目，形成重点项目数据库，通过统一的信息共享平台集中向社会资本公开发布，发挥信息汇集、交流、对接等服务作用，引导各环节市场主体自主调节生产经营决策。推广大数据应用，引导整合线上线下企业的资源要素，推动业态创新、模式变革和效能提高。鼓励行业协会商会主动完善和提升行业服务标准，发布高标准的服务信息指引，发挥行业协会、开发区、孵化器的沟通桥梁作用，加强与资本市场对接。

借鉴与选择篇

第一章 域外借鉴

第一节 日本、韩国与荷兰

一、日本的做法、成效与经验

(一)日本乡村振兴的基本情况

日本是个典型的岛国,陆地面积约 38 万平方公里。山地面积占国土面积的 71%。平原面积小,人均耕地面积仅为 0.04 公顷。特殊的地理位置以及恶劣的自然条件使得日本农业发展基础薄弱,资源匮乏。日本农业用地主要集中在关东平原、东北地区、北海道以及九州等太平洋沿岸地区。

20 世纪 50 年代中期,日本进入经济高速增长期,农业发展的内在矛盾加剧。一是城乡居民收入差距逐步扩大,城市工业迅猛发展,而农业发展陷入困境,农业增产增效不增收问题日益突出;二是农村人口不断减少,离岛和山村丘陵地区的地方政府税收下降,农村凋敝现象严重,地方政府留住农村人口的需求迫切;三是农村环境污染严重,农业高投入高产出发展模式不可持续。在此背景下,日本 1961 年颁布《农业基本法》,开启了乡村振兴运动,着力发展现代化农业,缩小城乡收入差距,探索乡村振兴之路。

20 世纪 90 年代中期,日本经济泡沫破灭,乡村振兴面临新的环境。日本政府于 1999 年出台新的《食品、农业和农村基本法》,进一步调整乡村振兴运动的战略举措,强调农业的多功能性,不断推进农业现代化进程。

（二）日本乡村产业振兴：做法、成效与经验

1. 重视立法先行，提供乡村振兴制度保障

一是制定《农业基本法》及其配套法规。日本政府于 1961 年颁布实施《农业基本法》，明确提出要缩小城乡居民收入差距，发展现代农业。为了促进和配合《农业基本法》的实施，日本政府相继修订和制定了"地区振兴五法"，包括《离岛振兴法》（1961年修订完善）、《山村振兴法》（1965 年）、《半岛振兴法》（1985 年）、《促进特定农山村地区农林业发展基础整备法》（1993 年）、《过疏地区自立促进法》（2000 年）。这些配套的法律法规在《农业基本法》的基础上明确了不同地区农业发展的政策目标与具体举措，为推动日本乡村发展形成了上下协调、互为支撑的立法体系。

二是制定乡村振兴发展规划。为适应国内外经济形势变化，1999 年日本政府出台新的《食品、农业和农村基本法》，明确了农业政策改革的新方向，提出要注重发挥农业的多功能性，推动乡村振兴，从而促进农业可持续发展，并改善农村人居环境。新基本法提出，每 5 年制定包括乡村振兴在内的农业发展规划，即《食品、农业和农村基本计划》，地方政府负责编制本地区的乡村振兴发展规划。到 2015 年，日本政府已颁布实施了 4 次《食品、农业和农村基本计划》。

2. 理顺体制机制，形成乡村振兴工作合力

一是成立乡村振兴联席会议机制。日本农林水产省牵头国土交通省、厚生劳动省、环境省、经济产业省等成员单位，指导地方政府开展乡村振兴规划编制工作，确保地方与中央规划的有效衔接与配合。

二是设立乡村振兴专门机构。日本政府对农林水产省内设机构进行了重大调整，增加设立乡村振兴局，统筹整合农林水产省内原设结构调整局、国土厅下属地方振兴局的相关职能与职责。乡村振

兴局下设规划部和建设部等共 11 个部门，定编 525 人，主要职责是研究制定乡村振兴规划及综合性政策，组织实施有关项目，指导和协调地方政府、团体和农民组织参与乡村振兴计划的制定和实施工作。由农林水产省牵头乡村振兴联席会议机制，并设立乡村振兴局，理顺政府推动乡村振兴的工作机制，实现各方政策与资源的统筹整合、统一实施，聚焦乡村振兴，形成工作合力。①

3. 强化资金保障，完善政策性支农体系

一是构建农村金融体系。日本构建了合作金融与政策金融相融合的农村金融体系，为农村发展提供低成本的资金支持。日本设立了"农林渔业金融公库"，2008 年改为"日本政策金融公库"，该机构主要为基本农田改造、新型农业经营主体的农地流转、设备采购与改造等提供中长期、大规模、低利率贷款，贷款期限为 1~55 年。

二是明确中央和地方政府的职责。日本政府于 1961 年颁布《农业现代化资金助成法》，明确了中央和地方政府的职责，即向符合政府融资条件的农民提供 5~15 年期贷款贴息。其他符合规定的乡村振兴项目，一般由中央财政承担 40%~50% 的利息补贴，地方政府承担 20%~30% 的利息补贴。

4. 注重人才培养，提升农村劳动力素质

一是提供有针对性的实习、培训机会。日本农林水产省为不同人群提供有针对性的实习、培训机会。对于希望短期体验农村生活的个人，提供专车，安排为期 1 天的农村生活体验；对于希望较长时期在农村实习的个人，提供 1 周至 1 个月的农业实践机会。农林水产省对愿意从事 10 天以上实习的人员，每日提供 8000 日元补助，并提供交通补贴，对从事 1 年实习的人员提供每月 14 万日元的生活费；为愿意长期从事农业经营的青年人和老年人提供培训

---

① 茹蕾：日本乡村振兴战略借鉴及政策建议. 世界农业. 2019（3）：90-93.

服务。

二是建立夜校制度与设立远程教育。日本还利用各地农业大学、私人农业教育机构以及"农业者大学"提供学习机会；对无法脱产学习的人员，通过全国农村青年教育振兴会等建立夜校制度，开设远程教育平台，通过网络、电视传授农业技术。对于经济困难、无法支付学费的个人，设立了无息贷款制度。

5. 完善基础建设，创造良好的宜居环境

一是建立有个性、有魅力的新农村。实施造村运动，发动农民通过自身努力实现农村的自我完善和发展，进而推动农业生产和农村生活环境综合治理，在提高农业生产率的同时，保证生活环境和定居环境的舒适性，建立有个性、有魅力的新农村。

二是实施低碳村落示范支援项目，建设环保型农村。对于在自然资源、能源资源丰富的农村地区修建绿色能量供给设施（小型水力发电设施、太阳能发电设施等)以及使用减排 CO_2 设施的项目提供财政扶持，补助金额按建设数量确定，合计在 3500 万日元~5500 万日元，补助期长达 8 年。

三是实施农村振兴综合整备项目，加强农村生活基础建设。要求地方政府从地区经济发展全局出发，针对当地村落存在的问题，在当地居民参与和中央行政单位的配合下，做好符合地方需求、具有地方特色的农业生产建设，改善农村生活环境。

四是实施信息化基础设施建设项目。对于中标团体，给予 200万日元以下的与项目相关的人员工资、差旅费、设备购置费等科目补贴，推动农村信息化建设。

6. 强调增收创收，提高农民生活水平。

一是保障收入，拓宽农民增收渠道。日本通过发展新产业、新业态来促进农民增收。发挥农业的多功能性，促进环境友好型农业发展，增加农民经营性收入；促进乡村非农产业、乡村旅游产业发展，增加农民工资性收入；在地理区位劣势地区发放直接补贴，增加农民转移性收入。

二是完善保障，提升乡村福祉。日本不断完善乡村医疗制度，提升政府兜底标准，减轻贫困人口负担；完善农民养老制度，使农民获得与城镇职工一样的退休保障，实现老有所依；完善乡村教育制度，加大对乡村中小学设施的投入，鼓励城镇教师下乡授课，提升了公共服务能力。[①]

7. 制定六次产业化政策，推进乡村产业发展创新

一是制定六次产业化政策。"六次产业化"是指农村第一、第二、第三产业之和，旨在通过农业生产向第二、第三产业延伸，通过三产融合，构建完善的农业产业链。据此，日本政府整合经营计划，推进农业、工业、商业充分发展合作，以工带农、以商促农，运用工商业带动产业融合发展，促进农业产业链和价值链的延伸。

二是推进乡村产业发展创新。日本乡村产业发展进行了一些调整和创新，主要表现为：①发挥区域优势，打造特色农产品的产业基地，如水产品基地（姬岛村、鹤见町）、菇产业基地（大田村、国见町和潼町）、草莓产业基地（佐伯市、挟间町）等；②通过发展本地农产品加工、开设直销店、发展观光农园以及农家餐厅等，促进产业链延伸，提升农业价值链，既能更好地迎合消费者需求，又能将外流的产品附加值和就业岗位内部化，还促进了产业集群效应的实现；③地产地销，即当地生产的农产品在当地消费，一是以本地产品为加工原料以代替外地引进的产品；二是以本地加工产品代替原料产品输出，将加工、流通、消费等环节内化于农村地域内部。[②]

---

① 曹斌：日本乡村振兴的实践与启示. 经济日报. 2019 年 6 月 12 日.

② 廖菁：国外乡村产业发展经验及对中国乡村产业振兴的启示. 世界农业，2022（5）：16-26.

二、韩国的做法、成效与经验

(一)韩国乡村振兴的基本情况

韩国乡村振兴包括韩国"新村运动"与农业发展两部分内容。

韩国国土面积约为 10 万平方公里,2016 年末农户数 106.8 万户,农户人口 249.6 万人,约占总人口的 5%。韩国农业资源禀赋稀缺,耕地面积仅有国土面积的 17% 左右,人均耕地面积约 0.05 亩,远低于欧美发达国家,农产品大多依赖进口。1970 年,韩国以提升国民生活水平为宗旨,展开了"新村运动",彻底改变了韩国乡村落后萧条的状况,有效拉动了国民经济的增长,获得了巨大的经济、社会效益。

"新村运动"的正式实施始于 1970 年 4 月,根据目标和内容的不同可分为 5 个阶段。(1)基础设施阶段。该阶段的主要目标是改善农村居住环境,增加基础设施建设。通过思想教育的方式消除农民的负面情绪,鼓励互帮互助的合作氛围。(2)扩张阶段。该阶段主要是增加农民经济来源,实现农业经济的多样化发展。调整种植结构,普及农业技术,为农民收入的增加和农村生产力的提高打下良好的基础。(3)丰富和完善阶段。该阶段由政府主导,大力发展特色农业、畜牧业,进一步增加农民收入。(4)国民自发运动阶段。通过之前的宣传和培训,"新村运动"的组织者由政府转变为民间组织,政府的主要职责变为满足农业发展必要的物质和资金需求。(5)自我发展阶段。该阶段政府致力于法制建设,提倡公民的自发意识、共同体意识,提高农民的法制教育思想。随着韩国经济的快速发展,"新村运动"的优越性逐渐凸显,"新村运动"完全由民间组织进行组织和实施。1988 年以后,"新村运动"的范围由农村转向社区,并提出"共同和谐生活"的新理念。①

---

① 王鹏:日韩乡村发展经验及对中国乡村振兴的启示.世界农业.2020 (3):107–111.

（二）韩国乡村产业振兴：做法、成效与经验

韩国乡村振兴从新村运动起步，重视农业发展，内容广泛，涉及规划、政策、资金、人才等多方面。

1."新村运动"先行，大力促进农村产业发展

一是自上而下，发挥政府作用。在韩国乡村发展初期，推动农村发展主要依靠中央政府的统筹。早期的新村运动就是采取自上而下的推动模式，由中央政府主导实施，地方政府和村民配合。随着乡村发展战略的实施，各地区的乡村发展呈现不同水平。这时候，韩国地方政府根据各地发展实际，制定适合本地的地方乡村发展策略。到了后期的乡村综合发展阶段，采取的是自下而上的实施策略，由地方政府根据当地发展情况制定综合发展计划，上报上级主管部门后实施。这说明，在较贫穷国家或是乡村发展的初级阶段，政府主导的自上而下施政策略对消除绝对贫困较为有效。而当乡村发展到一定水平并且不同地区的乡村发展产生较大差异后，则应根据地方自身特点，采取自下而上的发展策略效果更佳。

二是全民参与，注重村民自治。新村运动离不开政府的主导作用，需要全民参与，但也需要注重村民自治。新村运动归根到底还是农民的事情，政府可以帮助，但不能越俎代庖，不能包办。韩国政府积极倡导成立村民自治组织，如在乡村成立邻里会组织，针对妇女群体、青年群体等，相继成立了新农村妇女协会、新农村青年协会、新农村领袖协会等民间组织，这些民间组织的成员积极参与新村建设运动，发挥了政府组织不能发挥的作用。政府大力支持村民自治，支持村庄建设，政府任命公共官员参与每个乡村社区建设，并积极组织村民通过村民大会的形式来参与村庄建设，如新村运动一些具体项目的选定与组织实施大都是经过村民大会的形式来完成的。[①]

---

① 邱春林：国外乡村振兴经验及其对中国乡村振兴战略实施的启示——以亚洲的韩国、日本为例．天津行政学院学报，2019（1）81–88.

2. 制定法律政策，大力促进农业产业化发展

一是中央政府颁布法规政策。中央政府颁布有关农村产业融合发展的政策文件，引导各地方政府发展乡村产业。(1)制定产业推进计划。2013 年韩国颁布《农业产业化推进计划》，该计划提出通过产业融合的发展途径，培养目标经营主体。(2)制定产业发展规划。制定《农业、农村及食品产业发展规划（2013 年—2017年)》，以产业园区带动农业产业发展，加强对农村体验等高附加值项目的旅游服务质量的政策支持，不断推动农村产业融合发展。(3)制定产业融合法规。2014 年颁布了《农村融合复合产业培育及支援法》，进一步加强了农村产业融合。

二是地方政府的政府行为以及政策支持直接推动农村产业融合发展。各地方政府根据自身资源禀赋、经济发展水平等实际情况制定发展目标，逐步实现产业自主性发展。过去韩国农村产业融合发展的政策是自上向下执行的，现在已经逐渐形成自主制定切合自身实际的政策，政策执行由下至上延伸。

3. 产业融合发展多元化，生产经营内容多样化

一是农业产业融合发展方向多元化。韩国的农业产业融合主要表现为横向水平发展、纵向垂直发展以及农工商一体化发展。横向发展主要是促进农村农业发展，提高农产品发展质量，扩大农业发展规模，增加农产品种类，促进农产品多样化。纵向发展则是为了促进农村产业融合。农村产业融合初始阶段是通过第一产业、第二产业和第三产业的叠加，扩大农业的前后产业链，形成了从农业生产、加工到销售和服务的完整的农业产业链和价值链。农工商一体化是农村产业一体化的高级阶段，即三个产业相互联系、相互耦合。通过第二产业和第三产业，不断促进和引导第一产业的发展，实现农业经济的进步、农村生活环境的改善和农民收入的增加。

二是农业生产者的经营内容多种多样。随着韩国农村产业融合发展进程的不断深入，从事农产品加工、餐饮、家庭住宿等农业相

关业务的经营者数量不断增加。经营者数量的增加，带动了区域农业经济的进步，有利于提升农业附加值，更好地促进农村经济的增长，推动产业融合发展。

4. 注重培养复合型人才，强化财政金融保障

一是注重复合型人才的培养。农业产业一体化的核心内容主要体现在"一、二、三产业融合发展"，逐步提高农产品附加值。因此，农业、工商业的协调发展一直被视为农业产业融合发展战略的"重中之重"。韩国农业具有"小农经济"的特点，经营单位相对较小，但它以小农经济为基础，发展农业产业联盟道路，实现科研、生产、加工一体化。为了促进农业、工商业的协调发展，韩国非常重视对复合型人才的培养，不但具有农业技术，并且具备销售能力。韩国的农业大学基本免收学费，并提供一系列高额奖学金，大力培养优秀的现代农业人才，甚至投入资金设立农业协会、研究机构等其他组织，对农民进行全面的专业培训。

二是财政金融的保障。为了促进农林渔业的发展，为相关农业产业的整合提供资金、进一步促进农业向新领域的延伸，韩国政府高度重视财政政策支持。韩国财政支持的对象主要是农业产业融合过程中的经营主体。根据经营主体发展情况，财政支持分为贷款和补贴两种形式，贷款包括低利率贷款和无偿还款贷款，补贴一般包括一定数额、最高数额和一定比例三种形式。为充分保障经营主体在生产、加工、流通和销售环节获得足够的资金，韩国农林食品部于 2013 年 8 月投资 70 亿韩元，民间投资 30 亿韩元，设立"农业产业融合相生基金"。此外，韩国政府还重视对农业设施、水利建设和农产品的补贴。

三、荷兰的做法、成效与经验

（一）荷兰乡村振兴的基本情况

荷兰位于欧洲西偏北部，是著名的亚欧大陆桥的欧洲始发点。

荷兰是世界有名的低地之国。国土总面积 41864 平方千米,与德国、比利时接壤。2014 年,总人口 1685 万人。荷兰设 12 个省,下设 443 个市镇。荷兰是一个高度发达的资本主义国家,以海堤、风车、郁金香和宽容的社会风气而闻名。

荷兰的农业发展受自然环境制约较大。在气候方面,荷兰处于高纬度地区,阳光照射不足,不利于大田作物的种植生长。在地形方面,荷兰多为低地,土地容易受到海水泛滥的威胁,影响着农业的发展。在土地资源方面,土地资源受限,能发展农业生产的空间有限。19 世纪后半期至 20 世纪 40 年代,荷兰政府加强农业干预与保护力度,促进了农业合作组织的发展,为农业进一步发展奠定了基础。荷兰人利用不适于耕种的土地因地制宜发展畜牧业,现已达人均一头牛、一头猪,跻身于世界畜牧业最发达国家的行列,畜牧业仅次于丹麦。他们在沙质地上种植马铃薯,并发展薯类加工,世界种薯贸易量的一半以上从这里输出。花卉是荷兰的支柱性产业。荷兰共有 1.1 亿平方米的温室用于种植鲜花和蔬菜,有"欧洲花园"的称号。荷兰把美丽送到世界各个角落,花卉出口占国际花卉市场的 40%~50%。

(二)乡村产业振兴:荷兰的做法、成效与经验

20 世纪 50 年代至 20 世纪 80 年代,荷兰通过调整农业结构,形成了以园林业和畜牧业为主的农业结构,随后,又通过调整农业生产结构,缓解了土地资源短缺的状况。20 世纪 80 年代至 21 世纪,"链战略行动计划"的实施和创意农业产业链模式的实施,让荷兰成为欧盟农业高度发达的国家,土地生产率世界第一,设施农业世界一流,农产品出口贸易总量位居世界第二位。荷兰政府强化政策对于产业链和价值链的试点项目的扶持力度,进一步推动其农业产业各个环节的有效联动和协同,形成完善而系统的产业体系。[①]

---

① 廖菁:国外乡村产业发展经验及对中国乡村产业振兴的启示.世界农业,2022(5):16-26.

1. 实施"链战略行动计划",推进农业提档升级

一是制定"链战略行动计划"。荷兰的"链战略行动计划"围绕创意农业产业链,推行专业化和规模化生产,加强对农业产业链的协作和整合,将农作物的产供销融为一体,实现农业、工业和商业的有机结合,形成了风险共担的利益共同体,共享产业链的积聚外部效应。荷兰以集约化、专业化、高新技术与现代化管理模式为特点,深度融合农村一二三产业,在高效的农业产业链基础上打造了产业集群,创造了荷兰农业的一个个奇迹。

二是形成高效完整产业链网络。以荷兰园艺业为例,已经形成了包括研究开发、生产组织、市场营销到物流管理的高效完整产业链网络,有很强的市场竞争力,特别是荷兰花卉产业,其鲜花销售量能占世界70%之多。荷兰还借鉴花卉产业经验,按集群模式生产优质蔬菜等。

2. 重视研究开发,强调科技兴农。

一是注重研发,管理专业。重视科学研究,研发比较投入。大荷兰企业对科研的重视程度非常高。荷兰最大的蔬菜种子公司瑞克斯旺每年把30%~35%的营收投入到科研中,远高于种子行业平均15%的水平。目前的130名员工中,有50%左右从事科研工作。科伯特公司每年也至少会把10%的营收投入到研发当中。管理科学严谨,注重每个细节。无论是生产中管理,还是产后筛选,荷兰人的严格承兑超乎想象。骑士、瑞克斯旺等公司都有自己的检测中心,不仅检测本国生产产品质量,也对世界各地分公司产品进行检测,合格后方可投入市场。

二是善于引入先进的科学技术。为了克服资源匮乏劣势,荷兰引入先进的科学技术,采用先进的装备和精细化设施,大力发展温室农业,提升农产品品质和科技含量。以花卉产业为例,在研发和育种上,每一种花都设有专业的育种公司进行研发;在生产环节上,荷兰采用现代化温室栽培技术,利用电脑控制,对播种、栽

种、收获和包装的各个环节都采用机械化作业，努力提高产量；在储存和销售环节上，荷兰花卉有专业的冷库储藏技术；在运输环节上，荷兰发达的航空物流为农产品的运送提供了便捷的途径。

3. 发展理念先进，注重农业可持续性

一是采用高投入、高产出经营模式。骑士创新中心，生产面积 30 hm^2，建设成本为 350 欧元/m^2，番茄产量 675 t/hm^2，销售收入约为 105 万欧元/hm^2。据 Viscon 介绍，荷兰盆栽花卉基地，每 m^2 的投入为 400 欧元，其中 100 欧元为土地价格，300 欧元为建设成本，但高投入换来的农产品产量高、品质好。土地利用率高，是典型的高投入、高产出模式，设施大果型番茄最高产量可达95 kg/m^2。

二是专注生物防治生态理念。科伯特公司 40 多年来为全球农业安全生产所作出的杰出贡献和技术上的不断创新，得到了全世界的广泛认可，获得了各项殊荣，是目前世界上熊蜂、天敌和生物防治产品生产和销售量最大的公司。从保持作物生物系统平衡的全新视角来提高作物抗性和生产力，着眼于提高土壤的综合能力、植物营养管理方式、更好的水分管理和综合生物防治技术，以恢复和激发植物自身的免疫力和主动抗御能力。

三是无土栽培，水肥循环利用。在荷兰设施栽培中，无土栽培比例高达 80%，而设施园艺的无土栽培比例高达 90%。并且普遍采用岩棉做栽培基质的全岩棉营养液栽培模式，避免水分流失或渗漏。在 Viscon 水培基地，使用水肥管理系统是闭环式的，实现自身循环，处理后再利用，不会有废水或肥料流入下水道或其他区域，在荷兰企业下水管道和生产肥水系统是完全独立开来的。

4. 产业政策完备，市场经营规范有序

一是融资政策完善。在农业发展过程中，农民的融资成本非常低，农业产业化投资较高。据估算，一个先进的温室造价约为 400 欧元/m^2，合人民币 3000~4000 元/m^2。为有效解决农业产业的融资困难问题，采取了多方面措施：1）构建农民合作金融制度，设立农民合作银行，用吸收的存款和其他经营活动的信贷资金来提供信贷支持和各类金融服务；设立担保基金，给予农户担保信贷支持。2）建立农业合作社，设置农业安全基金，对受灾害而经营困难的农户施以帮助，提高农户抵抗风险的能力。

二是市场经营规范有序。荷兰农产品销售是一个完整的体系，规范的市场体系为荷兰温室产品快速进入消费领域提供了优质的服务和保障。温室企业生产的产品均标有生产厂家、注册商标和产品品牌，消费者通过产品品牌从市场上购买满意产品。荷兰温室产品市场分类明确，如有花卉拍卖市场、蔬菜拍卖市场、温室作业机具和专用产品市场等。现代农业生产是一个高投入、高产出的产业，政府应以市场为导向，加强对农业发展的宏观调控，做好结构规划和调整工作，制定相关政策，严格农产品生产和加工标准，创造有利于现代农业产业体系生存与发展的环境和政策保障体系。

三是市场价格体系稳定。荷兰农产品价格远高于国内，且价格全年趋于稳定，而国内受季节差异、市场供应量的影响特别明显。此外，其出口价格和出口量保持平稳。[①]

第二节　美国、德国与法国

一、美国的做法、成效与经验

（一）美国乡村振兴的基本情况

美国位于美洲，国土面积963万平方公里，2015年人口3.2亿。美国国土地形变化多端，尤其是在西部。美国大部分地区属于大陆性气候，南部属亚热带气候。中北部平原温差很大，芝加哥1

---

① 许占伍：荷兰农业发展经验及其对国内现代农业的启示．安徽农学通报，2022（7）：13-15.

月平均气温-3℃，7月平均气温24℃；墨西哥湾沿岸1月平均气温11℃，7月平均气温28℃。美国自然资源丰富，矿产资源总探明储量居世界首位。煤、石油、天然气、铁矿、森林资源、钾盐、磷酸盐、硫磺等矿物储量均居世界前列。

美国农业高度发达，机械化程度高。2009年共有农场220万个，耕地面积9.2亿英亩。2010年美国粮食产量约占世界总产量的16.5%。2011年农产品出口总额为1374亿美元，中国首次成为美国农产品最大出口市场，出口额接近200亿美元，出口产品包括大豆、棉花、坚果和毛皮等。2011年农业产值约占国内生产总值的1.2%。农、林、渔等部门就业人数约占总就业人口的0.7%。

美国在20世纪30年代开始了促进乡村发展的实践，提出了乡村发展概念。20世纪70年代，美国国会提出振兴乡村经济的议题，开启了农村政策的法制化进程。20世纪80年代乡村传统的伐木和采矿等资源型经济日益萎缩，新兴产业步履维艰，美国政府把"振兴乡村经济"纳入了农村可持续发展的总体战略，并就农业地区的发展问题进行专题研究，出台各项优惠政策措施。截至目前，美国已形成完备的乡村农业产业体系，并将政府、大学、农民、组织、企业等有机纳入农业产业体系中，确保产业的稳固发展。

(二)美国乡村产业振兴：做法、成效与经验

1. 重视构建法律政策体系，依法推进乡村振兴建设

一是注重立法先行，依法治理乡村。美国注重立法先行，制定和完善联邦或地方性法律法规，发挥法律的规范、调控和监督职能，夯实乡村建设发展的法律基础。目前已形成了以农业法为基础和中心，以100多个重要法律为配套的比较完善的农业法律法规体系，为美国乡村的建设发展提供了完备的法律保障。

二是政策支持，重视乡村发展政策管理体系建设。美国乡村发展政策的管理体系的内容与建设主要体现在：1)围绕振兴乡村经

济、实现城乡共生的长期目标，美国政府设立了专门的乡村发展管理机构，以多种手段助力乡村发展。农业部乡村发展署作为美国推进乡村发展的主要责任机构，在以财政手段帮助乡村经济发展的同时，还注重鼓励社会与市场力量的参与，以"信贷支持+政府担保"的形式促进乡村经济多层次和多元化的增长。2）乡村发展三大管理机构权责清晰，职能分工明确，形成相互补充。公共事业服务局关注基础设施，为乡村发展提供基本条件；商业与合作发展局注重乡村的经济增长，强调乡村产业发展能力的提升和就业机会的创造；农村住宅服务局强调乡村地区的生活质量，为低收入群体和偏远乡村地区提供特殊保障。三大机构各行其职、相互监督、互相依存，保障了美国乡村发展政策的有效落实。3）政策工具多样，呈现出阶段性和系统性特征。美国乡村发展署一直重视乡村经济发展、公共社会事业和生态环境保护的投入，实施了多样化的支持计划。有些属于长期性的基础政策，如1936年实行的《农村电气化法》至今仍是公用事业服务局"电力计划"中的重要内容；有些则根据环境的变化被取消或更新，如2014年农业法对"农村商业计划"和"电子通讯计划"中的多个项目进行了合并。从政策工具的使用上看，美国乡村发展政策的覆盖面广、灵活性高。[①]

2. 重视乡村区域规划功能分区，打造个性化小城镇

一是重视乡村区域规划，严格功能分区。1）乡村区域规划要注重以民为本。以民为本是美国乡村区域规划的特色。美国主要遵从四个原则进行乡村区域规划。A、满足当地民众生活的基本需求。乡村区域规划充分考虑当地民众利益，增加当地民众收入和提高生活质量乡村规划的目的，在乡村建立幼儿园和医院门诊等生活基础设施。B、最大限度地绿化美化乡村环境。美国政府从20世纪60年代开始进行"生态村"建设，注重水源保护和空气清新，

---

① 胡月：如何实现乡村的振兴：基于美国乡村发展政策演变的经验借鉴. 中国农村经济. 2019
（3）：128-144.

每个乡村社区都配有垃圾场和污水处理设施，保证乡村环境可持续发展。C、充分尊重当地民众生活传统。在进行区域规划时，美国注重结合当地风俗习惯，保护乡村物质与非物质文化遗存，依托当地的民俗风情和乡村意境发展乡村旅游。D、突出乡村固有的鲜明特色。美国乡村区域规划注重挖掘资源优势，凸显当地特色。

2）乡村区域规划要严格功能分区。美国乡村规划实行严格的功能分区制度，政府在进行乡村区域规划时，严格划分土地使用类别，划分为农田、居住区和商业区等不同的功能区，通常用道路、景观区和绿化带分隔，主干道和高速公路分隔农田和居住区；农业生产区和居住区用公共空间走廊和主干道作为缓冲分隔；商业功能区与居住区用道路和景观隔离。

二是集中资源打造个性化小城镇。20 世纪 20 年代，美国城市中心已经过度拥挤，加上城乡交通路网十分发达，汽车等交通工具不断普及，大量中产阶级开始向郊区迁移。顺应这一趋势，美国推行"示范城市"实验计划，结合各地区位优势和地区特色，大力建设富有个性化功能的小城镇，建立带动乡村发展的人口中心和经济中心。"硅谷"小镇就是典型代表。"硅谷"位于美国旧金山半岛南端的圣克拉拉县，是该县下属的帕罗奥多市到县府圣何塞市一段长约 25 英里的谷地。经过多项政策法律支持和当年的大力发展，现在的"硅谷"已经成为高新技术产业聚集地和创业投资地的代名词。[①]

3. 农业企业化推动农业专业化发展，农业科技带动农业产业链变革

一是农业企业化推动农业专业化发展。土地的农民私人所有制推动了美国家庭农场的迅速扩张，但在市场经济的优胜劣汰以及设备农业的可得性中，农业经营单位逐渐转变为以股份公司为主。在

---

① 陈兆红：美国乡村振兴的运行机制与实现路径. 中国国情国力. 2019（3）：61-64.

市场分工不断深化下，农业企业经营的专业化水平也不断提高，不仅体现在不同的农产品集中连片的生产区域，还体现在每个农场专门生产某种特定农产品或进行某种农产品特定环节的生产经营，由此形成了分工细致，但相对完整的产业体系。

二是农业科技带动农业产业链变革。从 19 世纪后期开始，农业生产的机械化、生物技术、信息技术等发展，促成了美国农业的"绿色革命"。为了进一步发挥科技的力量，美国构建了以大学为主导的技术研发推广体系，通过政府拨款、公益基金、市场主体资助等多种资金渠道支持农业技术研发和推广，并通过有效的激励机制、绩效考核机制和成果转化收益机制，确保科技研发和推广人员的稳定性。

4. 完善农村基础设施建设，注重对生态环境的保护

一是重视完善农村基础设施建设。美国农村多以家庭农场为主，因此美国农村基础设施建设的完善在推动美国乡村经济的繁荣和发展中具有重大意义。完善交通系统不仅有利于美国农业经济的发展，也对农产品销往世界其他地区起到了决定性的作用。美国在完善农村网络教育系统时，注重改善学生学习的硬件设施，提供丰富的学习资源，提高教师的专业技能和素质。美国教育系统的完善对农村人口素质的提高具有重大作用，为人才培养奠定了基础。

二是注重对生态环境的保护。"美国秉持'土地是生态环境保护的根本'这一理念，而农民作为土地的拥有者，在保护生态环境这一政策中更是起到关键性作用"。美国对农业科研项目投入大量资金，以此来改善农业耕作技术，注重节水灌田、农场清洁化生产、牲畜饲养标准化，对农业生产的废料进行回收利用，以此保护农村生态环境。美国各农学院在举行讲座时，还十分注重讲解环保知识，以此来提高村民的环保意识。[①]

---

① 刘国新：美国乡村建设经验对我国乡村振兴的启示区域与城市经济．中国市场．2022（8）：39-40.

5. 以企业为主导引领产业发展，建立完备的农村金融体系

一是以企业为主导引领产业发展。美国田纳西州首府纳什维尔是美国乡村音乐的发源地。不仅有乡村音乐名人堂，还有著名的乡村大剧院，是全世界乡村音乐爱好者的圣地。在纳什维尔发展为南方乡村音乐产业中心的过程中，阿卡夫-罗斯出版公司起到了至关重要的作用。阿卡夫-罗斯公司开创性地与 BMI 公司开展合作，创造了由 BMI 提供版税收取服务、由阿卡夫-罗斯公司提供创作资助的模式，促进乡村音乐产业在纳什维尔的发展，同时吸引了雷吉出版公司和希尔出版公司，以及后成立的卡拉唱片公司和胜利公司，为纳什维尔的音乐产业发展奠定了基石，使之从一个南方小城晋升为全美乃至世界的音乐产业中心。位于美国西部的磨坊之星加工企业，拥有 5 家小麦加工厂、3 家食用豆加工厂、12 个谷物储存仓，是全美第 11 大谷物加工企业。农户种植的玉米由企业统一收购运往加拿大出售，农户足不出户就能将玉米卖出优势价格，极大地刺激了周边农场种植玉米的积极性。同时企业为了保证自身的原料质量，会发布原料需求清单，有效引导农场主种植所需品种，与农场主之间形成互利互惠的共生关系，带动所在地区的产业发展。

二是建立完备的农村信贷金融体系。美国农场信贷系统作为合作性金融机构，主要为农场主、牧场主、水产养殖主、农业企业、农业合作社等提供信贷服务，其信贷资金在农场部门贷款余额中的占比长期保持在 41% 左右，排在第一位，美国商业银行贷款在农场部门信贷余额中的占比略低于合作金融机构，排在第二位。但其服务范围远超合作金融机构，包括农业贷款、消费贷款、农村住房贷款、农村小企业贷款和社区贷款等信贷业务。美国针对农场主设计政府贷款，通过商品信贷公司以农产品营销援助贷款的形式发放。在上述政策措施的作用下，美国逐渐建立了以城市为中心、以个性化小镇为聚居区、以大型农场为农业经营主要载体的城乡发展融合格局，有效实现了城市与乡村、工业与农业的均衡发展，城乡

居民收入差距不大且持续保持稳定。

二、德国的做法、成效与经验

(一)德国乡村振兴的基本情况

德国位于欧洲中部,北邻丹麦,西部与荷兰、比利时、卢森堡和法国接壤,南邻瑞士和奥地利,东部与捷克和波兰接壤,国土面积35.7万平方公里,2015年人口约8110万人,是欧洲联盟中人口最多的国家。德国地势北低南高,可分为四个地形区:北德平原、中德山地、西南部莱茵断裂谷地区、南部的巴伐利亚高原和阿尔卑斯山区。德国行政区划分为联邦、州、市镇三级,共有16个州,12229个市镇。德国自然资源较为贫乏,除硬煤、褐煤和盐的储量丰富外,在原料供应和能源方面很大程度上依赖进口,三分之二的初级能源需进口。

德国农业发达,机械化程度很高。2008年共有农业用地1693万公顷,约占德国国土面积的一半,其中农田面积1193.3万公顷。2008年农林渔业产值为195.6亿欧元,占国内生产总值的0.8%。农业就业人口85.5万,占国内总就业人数的2.12%。2013年共有农业用地1669.9万公顷,约占德国国土面积的一半,其中农田面积1187.6万公顷。2013年农林渔业就业人口63.7万,占国内总就业人数的1.5%。

德国的乡村振兴战略是在20世纪50至60年代德国实施的"乡村再发展"战略基础上,以提高乡村生活质量和工作环境为主要目标,基于法律框架下大众参与的振兴规划,其以土地整治为核心,是围绕乡村基础建设、农业发展、人居环境、乡土文化等四方面内容进行的重大乡村战略调整长期方案,同时是在特定发展阶段对于乡村发展方向的再判断、功能的再定位。①

---

① 张延龙:德国乡村振兴战略的发展经验及其启示.中国发展观察.2020(19-20):123-125.

（二）乡村产业振兴：德国的做法、成效与经验

1. 振兴规划法律法规先行，土地整治提升乡村综合功能

一，振兴规划是德国乡村振兴战略有序实施的重要保障。凡实施乡村振兴发展战略的国家，都会出台相应的法律，以法律的形式规定改革发展方向和基本内容。德国振兴规划的法律法规有《德国空间规划法》《土地整理法》和《农业结构预规划》。这些法律法规为振兴规划提供了法律基础，成为德国乡村振兴战略实施的重要条件。德国规划法规规定了乡村居民参与制度。《土地整理法》规定，"乡村居民组成了乡村社区，他们是乡村振兴战略中的主体"。乡村居民参与的实施方式也使得德国乡村振兴战略呈现出本土化的自我更新的特点，表现为振兴规划的目标和内容在村与村之间各不相同，并依据村庄自身特点进行自我规划、自我更新。为了保障乡村振兴规划的实施，德国专门设立了乡村振兴机构，如乡村规划工作组，这一组织由乡村居民组成，负责与政府部门协商，制定振兴规划并付诸实施。

二，土地整治是德国乡村振兴战略的核心。土地是乡村功能实现的载体，要使乡村振兴实现其经济价值、生态价值和文化价值，需对土地进行整治和空间规划。推进策略主要着眼于两个方面：一方面，通过农地自由流转使其连片，提高农业机械化水平和农业规模化效应，进而减少农业从业人口，改变过去乡村对于农业的依赖状态，实现乡村发展的多样目的，如文化价值、生态价值；另一方面，通过对乡村土地的集中整治，逐步实现农业区、工业区、生活区和生态区的分离，提高各个功能区的内在价值，实现乡村的协调有序发展。乡村条件的改善，加之土地和税收优惠政策的推动，一些大企业积极向乡村腹地转移。20世纪70年代初，位于巴伐利亚州的宝马公司将主要生产基地转移到距离慕尼黑120公里之外的一个小镇，为周边100公里的乡村地区提供了25000多个就业机会。

2. "村庄更新"提升乡村生活品质，创新发展推动乡村"再

振兴"

一是以"村庄更新"提升乡村生活品质。经历了工业化驱动的"逆城镇化"阶段后，德国乡村人口结构已由传统的农业人口为主转变为非农业人口为主。把这些人留在乡村，除了就业外，还需要增强乡村绿色生态环境和特色风貌对他们的吸引力。德国先后出台了一系列法规，通过补贴、贷款、担保等方式支持乡村基础设施建设，保护乡村景观和自然环境。经过逐步演变，村庄更新计划已成为"整合性乡村地区发展框架"，旨在以整体推进的方式确保农村能够享受同等的生活条件、交通条件、就业机会。村庄更新计划包括基础设施的改善、农业和就业发展、生态和环境优化、社会和文化保护四方面目标。德国的实践表明，一个村庄的改造一般要经过10~15年的时间才能完成。

二是以创新发展推动乡村"再振兴"。通过实施村庄更新项目，德国大部分乡村形成了特色风貌和生态宜人的生活环境，乡村成为美丽的代名词。但由于乡村人口老龄化和人口数量的减少，使得基本生活服务因缺乏市场规模而供应不足，生活便利性下降又导致人口进一步从乡村流出。特别是医疗服务的不充分使越来越多的老年人卖掉乡村住房到城市居住，现代生活服务设施和就业机会的不足使年轻人越来越难以留在乡村。面对保持乡村活力的新问题，德国又出现乡村"再振兴"的需求。2014年，德国联邦农业与食品部提出了新的农村发展计划，其目标是支持农村创新发展，让农村成为有吸引力、生活宜居、充满活力的地区。该项目包括四大板块：未来导向的创新战略样本和示范项目；13个乡村提升项目；"活力村庄"和"我们的村庄有未来"的竞赛奖励；研发和知识的转移，让乡村能够获得创新资源，并支持乡村发展领域的研究创新。①

---

① 叶兴庆：德国乡村发展经验及对乡村振兴的启示. 中国乡村发现. 2021（3）：140-142.

3. 建立农业经济合作组织，加强农民的教育和培训

一是建立农业经济合作组织。发达国家在进行农业现代化建设的过程中，都不同程度地采用过各种各样的农业合作社的组织方式。农业合作经济组织把家庭小规模生产联接起来形成社会化的大生产，把家庭小范围的经营和整个社会的大市场联系起来，推动了农业现代化进程。农业合作社的出现成为农业发展的必然选择。德国几乎所有农户都是合作社成员，其中不少农户同时参加几个合作社。农业合作社规模逐渐扩大，功能越来越齐全。1975年平均每个合作社成员802人，到1983年，合作社个数减少了27%，合作社成员增加了22%，平均每个合作社成员达到1345人，合作社的销售额也从1975年的553亿马克上升到903亿马克。德国的农业合作社主要是信用合作社，其次是供销合作社和牛奶合作社。在生产领域，有机器协作社、机器合作社、生产者协会、生产者共同体等。

二是加强农民的教育和培训。德国把农业教育作为农业政策的重要组成部分。根据德国的有关法规规定，农业经营者经10年普及教育后，必须经3年农业技术培训，通过考试取得证书，才能从事农业生产和有资格得到欧共体或本国政府的资金补贴。德国政府还充分发挥50多所农村业余大学的作用，并通过举办大量农业学习班、专题讲座及短期进修等多种形式，对农民进行知识和技能的培训，以提高他们自身的素质。为使农业企业经营者适应新形势的需要，保持德国农业的竞争力，德国政府近来又出台了加强农业教育的新计划。该计划强调要全面更新农民所掌握的专业知识和生产技能，培养高级专门人才和更多新型农民，要求他们必须掌握一定的现代农业专门知识，以适应生态农业、有机农业以及正在兴起的基因农业发展的需要。①

---

① 陈新田：论德国农业现代化的经验及其启示．江汉大学学报（社会科学版）．2005（2）：32-35.

4. 建立健全农业生产服务体系，确保规范农产品安全质量

一是制定完备的法律体系，把握农产品安全生产方向。德国先后制定了《物种保护法》《自然资源保护法》《土地资源保护法》《植物保护法》《肥料使用法》《垃圾处理法》和《水资源管理条例》等法律法规，来建立健全农产品安全生产保护体系。德国政府专设了环保警察以加强环保执法。政府组织相关专家建立了详尽的污染物排放标准、环境监测和监管系统，对各种环境要素及其企业的排放物进行检测。检测结果必须公开，便于接受公众监督，同时也可以增强公民的环保意识。

二是制定可持续发展战略，保障农产品安全生产。德国十分重视生态农业的概念，对其要求也相当严格。德国农业政策规定：不仅要有足够的粮食，还要保护和维护生态环境，使自然资源实现可持续使用。法律中对农事操作中各种生产资料的使用方法、种类及其废弃物处理都做了严格的规定和要求，使得农业生产环境要素得到保护。政府利用补贴政策来鼓励土地休耕，将补贴与农业环境保护挂钩，最大限度地保护土壤可持续利用。

三是提高农业从业者的专业知识水平，促进农产品生产良性发展。德国相继出台的《农民职业培训法》和《农业教育培训法》规定，农业生产的相关人员必须经过3年的专业的农业技术培训通过考试后才能正式从事农业生产，并且也有资格得到国家的相关补贴。那些刚毕业的学生，必须经过农业实践获得相关的生产经验，再在农业专科学校学习以后获得资格证书，才能有独立经营农业企业的权利。德国通过这些政策来提高农业生产人员的专业素养。据统计，目前德国有大约7%的农民具有大学文凭，而53%的农民受过2~3.5年的职业培训。

四是农业补贴政策，激励农民从事安全农产品生产。德国对农作物种植、畜禽产品养殖都有补贴。另外，德国政府还补贴给农业保险事业高额经费，主要用于农场主以后的养老保险补贴。德国农

业部每年还设立了生态农业奖，主要是奖励对促进生态农业改善、开发产品技术等有突出贡献的企业。农业生态补偿已经成为德国政府改变农民生产方式的主要手段。这在一定程度上解决了农民的后顾之忧，农民生活物质基础有了保障，就不需要以破坏环境来换取利益最大化，从而使农业生态环境得到保护。①

三、法国的做法、成效与经验

(一)法国乡村振兴的基本情况

法国位于欧洲西部，地势东南高西北低，国土面积为 55 万平方公里，总人口 6700 万人（2019 年）。法国西部属海洋性温带阔叶林气候，南部属亚热带地中海气候，中部和东部属大陆性气候。矿产资源主要为铁矿，次为铝矾土和钾盐矿。能源主要依靠核能，约 78% 的电力靠核能提供。水力和地热资源的开发利用比较充分。森林面积约 1556.5 万公顷，覆盖率 28.6%。

法国是欧洲第一农业大国，农业用地 2866 万公顷，占国土面积的 52%，耕地面积占 33%，农场 43 万个，农产品产量占欧盟总产量的 18%。2019 年，法国饮料、葡萄酒等农业食品贸易额 79 亿欧元，是第三大贸易顺差产品，仅次于香水（化妆品）和运输设备。

法国农渔部负责制定乡村发展政策，起草并实施国家乡村发展计划和土地开发方案，与经济部、团结与卫生部共同制定实施粮食和食品安全政策。国土凝聚力局负责在乡村地区实施教育、工业、网络等各类项目，改善提升社区条件。国土规划和环境部负责制定环境政策和土地规划。内政部负责制定地方政府的组织和财政政策。

20 世纪 50 年代以来，法国先后实施"乡村更新""振兴薄弱

---

① 赵婧：德国农业生产服务体系的经验与借鉴、世界农业 . 2015（4）：135-138.

乡村""卓越乡村""明日小镇"等计划,乡村发生深刻变化,呈现出人口回流、功能产业多样、生态环境优越、乡村文化凸显的显著特点,取得了积极的成效。

(二)乡村产业振兴:法国的做法、成效与经验

法国农业产业发展经历了由弱到强的过程。19世纪50年代之前,法国农业以小农经济为主导,农业整体发展缓慢,农业产品品种较为单一。随着市场经济的发展与工业革命的推动,法国农业也从传统的小农经济转向资本主义商品农业。法国乡村产业的快速发展主要是从20世纪60年代开始,乡村发展理念转变为提高国民福祉,促进城乡、人与自然和谐发展,注重农业可持续性以及农村社会经济的多元化。

1. 重视农业法规立法,强化乡村振兴制度供给

一,农业发展方面。法国首先在《农业指导法》中确立了农业与其他行业在社会经济领域具有平等的关系,农民主体地位和个人利益得到前所未有的关注,在后续颁布的《农业指导补充法》中,进一步确立了农业的优先发展地位。20世纪60年代至今,为响应欧盟号召,法国国民议会对《农业指导法》多次作出补充修改,提出要发展重生态、多功能的可持续型农业。

二,农村发展方面。法国陆续颁布《土地指导法》《乡村整治规划》《乡村地区发展法》等多部法律法规,积极推动乡村土地的均衡化整改和乡村功能的多样化拓展,加大对乡村地区的资金投入,鼓励农民利用当地资源发展特色产业。

三,环境保护方面。通过1999、2000年相继颁布的《可持续发展法》和《环境法典》,法国政府也越来越重视对乡村环境的保护。

四,CAP接轨方面。法国作为欧盟成员国,其国内乡村发展政策必须与欧盟农村法律体系保持一致。2009年法国内阁会议审议通过了《2010—2015年法国农村发展实施条例》,标志着法国农

业农村政策与 CAP 的全面接轨。[①]

2. 统筹规划布局，促进农业产业规模化专业化一体化

一，专业化主要表现在对农作物生产区域的科学布局上划分为三大重要产地。法国按照"平原发展种植业，丘陵发展畜牧业，山地发展果蔬业"的生态适应性要求，进行了产业布局规划，最终形成了以巴黎盆地为中心的粮食生产区、南部山地果蔬区和西部高原畜牧区三大重要产地。

二，规模化主要表现在对家庭农场经营规模的控制。其基本指导思想是"适度促进土地集中经营，合理控制家庭农场规模"。为了避免农业用地被无效分割，政府出台了相关法律，规定农场主过世之后，遗留的土地只能由一个子女继承，而其余共同继承人可获得现金补偿。政府还成立了专门的土地安置公司，从不愿继续从事农业经营生产的人手里收购土地，并转卖给具有一定经营规模的农民。

三，一体化主要表现在将农业与工商、运输、信贷等与农业相关联的部门结合起来，通过资本控股或合同缔结等方式组成利益共同体，并利用集聚效应所带来的先进技术和充足资金带动农业生产结构的优化升级，实现农业与其关联产业的一体化发展。

3. 加强乡村基础设施，促进城乡均衡发展

一，实施乡村更新，基础设施便利化。乡村建设不仅包含完善基本服务设施，还包括乡村生态和居住环境改善。1967 年出台《乡村更新法》，规定在高效率农业的基础上，鼓励发展工业和服务业等非农产业，支持培训、旅游业等活动；成立乡村更新委员会，设立布列塔尼、奥弗涅等 5 个乡村更新区，覆盖 27% 的国土和 13% 的人口。不同区域的乡村更新重点有所区别，比如布列塔尼大区主要侧重小块土地集中、乡村公共设施和道路建设；奥弗涅大区

---

① 汪明煜：法国乡村发展经验及对中国乡村振兴的启示．世界农业．2021（4）：6-72.

主要是复兴畜牧业、旅游业和造林等。

二，设立乡村振兴区，加大扶持力度。1983 年，法国出台《市镇联合发展与规划宪章》，着重对乡村交通、水电、教育等基础设施进行整改，提升乡村居民生活质量。1995 年，颁布《地区整治与发展引导法》，设立优先发展的农村地区，在此范围内，至少满足下列标准中的一项即列为乡村振兴区：总人口下降、劳动力下降或农业劳动力占比超过全国平均水平两倍的农村地区；人口密度小于或等于每平方公里 5 名居民的市镇。该项目一直延续至今，区域划定的标准转变为乡村中人均收入和人口密度低于前一期复兴区中位数的区域。振兴区涉及法国 11688 个市镇 450 万居民。该区域可享受税收优惠，免征 5 年营业税、企业所得税和雇员社保等。

三，城乡融合发展，提高乡村生活品质。法国一方面缩小城乡基础设施和公共服务差距，另一方面加强中等城市和小城市建设，保障乡村人口和流动人口的生活品质。1970 年，制定《农村发展计划》，促进农村地区内部均衡发展；制定《乡村整治规划》，改善乡村地区公共设施，促进非农产业发展和乡村旅游。1972 年和1975 年分别出台《中等城市政策》和《小城市政策》，通过城市美化和城市空间整治，提升生活质量，分散首都或大都市的人口压力。

4. 大力开展农村合作制，鼓励支持企业振兴乡村

一，开展互助合作，实现农民组织化。法国南部为多山或高原地区，不利于开展农作物的规模化种植。1966 年法国成立农业合作社总会（CFCA），帮助农户建立合作组织，提高农业用具使用效率，促进农业技术传播，对加入合作组织的农民给予低息贷款和价格补贴等优惠政策。

二，吸引企业进村，振兴乡村产业。为优化城乡产业布局，促进乡村功能转型和人口有序迁移，协调区域均衡发展，法国鼓励和引导发达工业区的企业落户西部农村地区。规定新办企业享有包括

奖金、投资补贴、减免税在内的国家"开发津贴",企业前 5 年减免营业税、公司税和红利税。凡从巴黎等大城市迁来的 500 平方米以上的工厂,提供 60%迁建补贴,迁来的办事机构、行政管理机构和科研机构等可享受其投资费用 10%~20%的补贴。

三,鼓励工商业发展,振兴乡村产业。1988 年,法国实施"贸易和手工艺重组业务计划(ORAC)",鼓励工匠和贸易商修复房屋,通过开展培训、咨询和其他商业活动,增加就业岗位,活跃当地经济。1989 年,法国设立保护手工艺和商业的部际基金(FISAC),鼓励在农村和市镇及新兴城市附近发展手工业企业,投资在 5 万~10 万法郎的企业可获得 8000 法郎奖金,投资在 10 万~15 万法郎的企业可获得 1.2 万法郎奖金。鼓励发展适合农村需要的农产品、食品加工业和小型加工业,只要能够对落后的农业地区和山区农村做出贡献,就可获得奖金支持。

5. 强化培育乡村人才,提高劳动力综合素质

一,职业教育方面。法国非常注重对农业教育的普及,各类高校对农学专业的招收人数都在逐年上升。数据显示,1975—2015年,学习农业的学生数量增长了近 70%,每年参加培养学员近 50万名。

二,资格认证和优惠政策方面。为了应对乡村人才流失,法国大力发展涉农职业教育,从资格认证和优惠政策两个方面激励农户参与职业教育和培训,并吸引各类人才下乡创业就业。法国政府规定农民要想获得农业经营的资格,就必须接受职业教育,只有取得合格证书才能享受国家的财政补贴和各种优惠贷款。法国专门从事农业技术教育的机构有 1000 家左右,教育内容覆盖农作物栽培、畜牧、农产品加工、物流运输和环境保护等。其中 40%负责农作物栽培和畜牧放养的技能培训,20%负责农产品加工的培训,还有机构负责培养物流运输和环境保护等方面的人才。

6. 注重产学研一体化建设,构建强大农业科研队伍

一，注重"产学研一体化"体系建设。法国农业的发达与农业教育、科研、推广的一体化的机构设置和无缝衔接紧密相关。这种机构设置及其合理布局形成了人才培养、科学研究、技术转化的完美体系，避免了重复，提高了效率，增加了国际竞争力。法国政府教育机构、科研院所、农商会、合作社分工明确，培养目标和服务对象各有不同，可纵向到底、横向到边满足从农业工人、农业技师、农业高级技师、工程师到科研人员各个层次的人才培养需求。

二，构建强大农业科研队伍。法国政府直接给予高达 25 亿欧元的财政预算，并以问题导向、市场导向，组建一支数量庞大、类型多样的农业科研队伍。25 亿欧元中 90% 来源于政府直接拨款，其农业研究课题紧扣市场动向，承接现实农村生产生活，始终追求创新突破。一方面面向市场，发现课题方向，开展创新研究；另一方面开展横向对接，承揽企业项目，为企业排忧解难，既满足了社会经济发展的需要，提升了农业科学研究水平，又助推了农业科研成果向现实生产力的转化。据统计，科技进步在法国农业增产中的贡献率由"二战"后的 25% 提高到 20 世纪 80 年代的 75%，且在农业食品安全中发挥着越来越重要的作用。[①]

[①] 谭金芳：论法国发展现代农业的经验与启示. 河南工业大学学报（社会科学版），2016（2）：8–11.

第二章 模 式 选 择

第一节 区域类模式与综合类模式

一、市域乡村产业振兴：铜陵市的实践成效与思考建议

【基本情况】铜陵市位于安徽省中南部、长江下游，是长江经济带重要节点城市和皖中南中心城市。铜陵市辖 3 区 1 县，土地总面积 3081 平方公里，2015 年末全市总人口 172.3 万人。2021 年实现农林牧渔业总产值 98.29 亿元，增长 8.3%；农村常住居民人均可支配收入 19410 元，增长 13.5%；一产固定资产投资增长 8.22 亿元。

（一）市域乡村产业振兴：铜陵市的实践与成效[①]

1. 优化结构高效发展。一是加快种植业结构调整。合理调整"粮经饲"结构，2021 年铜陵早稻（含再生稻）栽插面积 21.1 万亩，产量 7.91 万吨。夏粮播种面积 124.95 万亩，秋粮播种面积 124.95 万亩、产量 56.79 万吨。全市优质专用水稻占比 94.2%，建设 5000 亩示范片 31 个。二是推进畜牧业转型升级。全年生猪存栏 17 万头、出栏 24 万头，分别增长 13.31% 和 34.9%。家禽存栏 679 万只，累计出栏 853 万只，分别增长 11% 和 4.9%。肉类产量 2.88 万吨，增长 96.4%；禽蛋产量 2.3 万吨，增长 8.5%。三是提

---

① 周志美：铜陵乡村产业振兴实践与思考．当代县域经济．2022（3）：74-77.

升现代渔业发展水平。深入推进稻渔综合种养工程，累计稻渔综合种养面积 12.9 万亩。全年水产品总产量 10.8 万吨，增长 4.2%。指导安徽张林渔业有限公司开展大口黑鲈原种保种和扩繁工作。完成义安区 10 个长江经济带面源污染防治项目建设。

2. 招商引资成效显著。制定出台了《铜陵市现代农业和食品加工产业"链长制"招商工作方案》《开展常态化对标学习沪苏浙农业农村工作方案》等有关活动方案，市领导带队先后赴江苏苏州、安徽滁州、安徽马鞍山、山东菏泽等市开展招商引资活动。引入有机地标（铜陵）数字农业有限公司，建设数字农业产业园区 2 个，规划土地 1000 余亩。2021 年新开工项目 18 个，总投资 27.57 亿元，已到位资金 4.7 亿元。同时，认真编制"十四五"农业农村发展规划，建立了项目库，围绕农业产业强链补链，精准招商、定向招商。同时，县区也因地施策，推进招商工作，取得了一定的成效。

3. 农业产业化推动有力。新认定 1 个农业产业化国家级龙头企业。创建中国美丽休闲乡村、全国"一村一品"示范村各 1 个。安徽省普济圩现代农业集团有限公司、年产 13 万吨食用菌工厂化产业园项目、"仙羽舌"商标分别入选省厅强企、招商引资项目、重点品牌。梧桐花谷入选省级休闲农业和乡村旅游示范园区，张林渔业公司成为全国唯一一个国家级大口黑鲈良种场。推进长三角绿色农产品加工供应基地建设，旭阳粮食联合体等 4 个基地入选全省首批长三角供应示范基地，铜陵白姜入选全省 24 个"一县一业（特）"全产业链示范创建名单，铜陵白姜公司、安徽新梦想公司入选"158"行动农产品加工和冷链物流重点企业。2021 年打造铜陵枞阳县禽业有限责任公司等 6 个基地为长三角绿色农产品生产加工供应示范基地。

4. 新兴动能加速孕育。推进农村电商优化升级，全年上线农村产品网销额 7.6 亿元、增长 20%以上。其中，高生源蜂业等 4 家企业获评年网络销售额超 1000 万元示范企业。2021 年安徽研学旅游大会在铜陵召开。枞阳县成功举办了 2021 油菜花旅游文化节。大通古镇、浮山景区创建 5A 工作加快推进，全市已有 5 家景区申报 3A、11 家乡村民宿申报甲级旅游民宿。新增家庭农场 291 家、新增绿色食品 5 个、新增无公害产品 22 个。义安区开展家庭农场农民合作社高质量发展示范县（区）创建。培育五华家庭农场等 19 家家庭农场为省级示范家庭农场，贵强农机服务专业合作社等 6 家合作社为省级农民合作社示范社。累计建成益农信息社 367 个，提前实现益农信息社建设行政村全覆盖。

（二）市域乡村产业振兴：铜陵市的思考与建议

1. 摸清实情，精准施策。一是要对本地的乡村实际情况摸清吃透。铜陵市有什么特色产品，有哪些产业基础，基础设施条件能否满足产业发展基本需要，产业的发展前景与国家中长期产业政策是否吻合等等。只有对这些问题做到了如指掌，才能制定切合实际的产业发展政策。如铜陵农业大县枞阳县，在产业发展方面，枞阳东部要围绕万华无醛生态秸秆板、绿色大家居智造产业园建链补链强链，重点引进投资强度高、产出效益高、科技含量高、产业关联度高的"四高"项目，全力培育秸秆综合利用及家居智造产业。二是精准选出最适合本地发展的产业。着力在"优、绿、特、强、新、实"六个字上做文章，发挥要素的集聚效应，推动乡村产业发展由粗放分散向集约化规模化转变。要在巩固和发展产业扶贫成果的基础上，遵循市场发展规律，科学研判市场行情，做好脱贫攻坚成果与产业长期发展有效衔接。三是要大力推进农村一二三产业融合发展和政策集成、要素集聚、功能集合、企业集中，加快建设一批现代农业产业园和特色产品基地，形成多主体参与、多要素聚集、多业态发展、多模式推进的融合格局。

2. 集聚要素，优化环境。一是要发挥好农业龙头企业和带头人的重要作用。鼓励龙头企业或带头人通过创建农民专业合作社、家庭农场、田园综合体、现代农业产业园、科技园等载体，带动周边农民增收致富。二是深化农村金融改革与创新。一方面提高土地出让收入用于农业农村的比例，鼓励有条件的地方根据实际需要，按照市场化的方式设立乡村产业振兴基金。另一方面，要整合乡村产业振兴、乡村建设行动、农业产业化等涉农项目资源，发挥财政资金聚集效应。以乡镇或县区为单位统一规划、系统立项，通过项目纽带将村情相近、资源相连、产业相同的村联合起来抱团发展。探索"政府投资、企业运营、村级资产收益、农户务工就业"的财政衔接资金使用新模式。三是优化产业发展的软环境。在行政审批简化、税收政策优惠、科学市场监管等方面优化制度设计和政策供给，加快补齐公共服务设施发展的短板，吸引更多外来企业和社会资本投资乡村产业，为产业可持续发展创造良好的软环境。

3. 改革创新，激发活力。深化农村改革，盘活、激活、放活乡村各类资产资源。一是向"三块地"改革要活力。不断完善农村承包地"三权分置"制度，深化农村闲置宅基地和闲置住宅盘活利用试点，巩固农村集体产权制度改革成果。二是推进农业经营主体改革。选择基础较好地区，创建家庭农场农民合作社高质量发展示范县（区）。持续开展合作社、家庭农场、龙头企业、产业化联合体的示范评选活动，通过示范引领，进一步推动新型农业经营主体的培育与发展。三是探索解决村庄"空心化"改革。总结推广铜官区农村闲置宅基地和闲置住宅盘活利用试点经验。有效盘活农村闲置宅基地和闲置住宅资源，还同步解决了人地分离后的房产、土地管理以及农村人居环境整治、文明创建等方面存在的难点问题。四是工作机制上加大创新力度。用工业化方式促进现代农业发展，比照抓工业"链长制"成功做法，建立健全县（区）乡（镇）村（居）三级乡村产业发展"链长制"，强力推进乡村产业振兴。

4. 绿色理念，永续发展。坚持绿色兴农的发展理念，从思想观念到方式方法，从政策举措到工作安排，从制度设计到科技研发，从资源配置到绩效考评，都要转到绿色导向上来。加快形成推进农业绿色发展的工作合力和良好氛围，为生态文明和美丽乡村建设提供强大支撑。在长三角一体化发展中，铜陵作为绿色农产品生产加工供应区域，生态优势是最大的后发优势。因此，铜陵要在长三角地区旅游发展共同体框架下，深挖铜陵文化资源富矿，做好文旅融合大文章，结合实施乡村振兴，提升旅游通达能力。以安徽供销枞阳农产品综合物流产业园为平台，进一步畅通铜陵与长三角城市间的人流、物流、信息流，在更大范围和更广领域参与长三角旅游互动，铜陵有条件成为长三角地区最佳文旅休闲康养目的地，让乡村产业成为撬动"绿水青山"转化为"金山银山"的"金杠杆"。

5. 优选示范，稳步推进。按照"因地制宜、分类施策、分类推进"的原则，确定铜官区为乡村振兴先行示范区，义安区、郊区、枞阳县为正常推进区。先行示范区对标长三角先进地区，率先突破，做好示范，打造乡村全面振兴的安徽新样板。正常推进区在巩固拓展脱贫攻坚成果的基础上，充分用好现有政策，补好短板，持续发力，力争乡村振兴水平达到或超过全国平均水平。据统计资料显示，铜陵现有白姜种植面积约 5000 亩，总产量约 6000 吨，工商注册登记的白姜加工企业 15 家，产值 2 亿元。枞阳县秸秆收储及"五化"利用总产值达 1.2 亿元，秸秆综合利用率达 93.2%，社会增值效益 4000 万元以上。对于生姜和秸秆这两个已经产生一定品牌效益的农业产业，要把它们作为示范产业予以重点打造，通过开展示范产业建设，形成一套可复制推广的产业发展经验做法，为全市全面推进乡村产业发展作出示范。

6. 加强领导，统筹协调。认真落实五级书记抓乡村振兴的工作要求，把乡村产业振兴作为重要任务，摆上突出位置。建立农业农村局牵头抓总、相关部门协同配合、社会力量积极支持、农民群众广泛参与的推进机制。当前，要以农业农村资源为依托，以农民为主体，通过完善利益联结机制，让农民更多参与并分享乡村产业振兴成果。同时，要加大力度，实施农村实用人才队伍培训工作，提高农业企业家投资创业创新热情。将乡村产业发展纳入县（区）、乡镇党委政府和县（区）相关部门的目标管理考核体系，考核结果与包乡镇、包主体、包基地、包农户的领导干部职级晋升和农技人员职称聘评、工资绩效挂钩，激发各级领导、党员干部投身乡村振兴实践的热情和干劲。

二、县域乡村产业振兴：巫山县的主要做法与政策建议

【巫山县基本县情】巫山县位于重庆市东部，处三峡库区腹心，素有"渝东北门户"之称。总面积2958平方公里，总人口65万，辖26个乡镇（街道）、340个村（居）。是"中国特色农产品优势区""中国脆李之乡""中国庙党之乡""中国红叶之乡""全国森林康养基地试点建设单位"。

2021年，巫山县全年实现地区生产总值208.8亿元，比上年增长9.4%，其中：第一产业增加值35.6亿元，增长8.0%；第二产业增加值64.1亿元，增长9.7%；第三产业增加值109.2万元，增长9.8%。

（一）巫山县域乡村产业振兴：面临的问题[①]

1. 村庄规划布局无序化。由于没有专门制定村庄规划，村庄无序建设，土地利用粗放，导致村庄功能难以完善。有的村庄进行了规划，但效果不佳，缺乏科学的论证和市场理念，开发建设上随意性较强，布局不合理等问题层出不穷。部分地方在进行农村土地利用规划调整时，没有结合具体实际，部分荒山变成了耕地，严重影响乡村振兴发展等等。现在老百姓有了经济基础，想改善居住条

---

① 王立平：重庆市巫山县以产业兴旺助力乡村振兴的探索实践. 重庆行政. 2019（3）：24-26.

件，实现"开门就是大自然，关门全是现代化"，但是禁建控建的规定使得农民自主修建住房的愿望落空，只能等着拆迁和集中居住这一条路。对于一些废弃的厂房和宅基地，土地复垦以后，腾出来的建设用地指标均由上级政府统筹，基本上转移到城镇使用，乡村一级几乎用不上。村庄规划布局无序化严重制约了产业振兴的发展。

2. 产业发展单一盲目化。目前，大多数种植产业只是对农作物进行简单种植，没有深加工，无法形成产业链条，产业结构单一，产品附加值不高，未能融入科普教育、生态观光、休闲度假、电子商务等，更没有从"三产"融合的角度去考虑发展产业。业态单一、品种雷同、无法进行有效产业融合等现象是当前全市农村产业存在的普遍问题。有的地方不进行科学论证，盲目跟风，看到近邻种植什么，自己就跟着种植什么，对市场、技术等一无所知；有的地方盲目投资乡村休闲产业，产品个性不足，缺乏文化品味及创新性，导致质量不高，缺乏竞争力。

3. 优秀人才流失空虚化。长期以来，城乡发展不均衡，农村劳动力不断流向城市，资源向城市聚集进一步加大了城市的吸引力，农村则因为资源匮乏而难以留住人才。乡村振兴需要人才做支撑，但是优秀人才不愿回乡，使得乡村发展缺少活力和后劲。由于支持乡村人才回归的政策举措制度化、规范化不够，各类人才想回回不来，即使回来也很难留住，留住的人才也留不长久。从目前情况来看，农村常住人口中，老人、妇女、儿童居多，大多数青壮年劳动力选择外出务工经商。据不完全统计，重庆市巫山县全年有20万人在外创业，占常住人口的30%，优秀人才流失，人才空虚化问题制约着产业振兴的发展。

(二)巫山县域乡村产业振兴：主要做法

1. 规划引领，指导产业有序发展。巫山县认真践行"绿水青山就是金山银山"的发展理念，坚定不移走深走实"生态产业化、产业生态化"发展道路，持续发展"1+3+2"现代山地特色高效农业特色产业，根据高、中、低山地立体气候条件，按照因地制宜的原则，打造高、中、低山经济带，到 2020 年山羊年出栏 100 万只，脆李栽植 25 万亩、中药材 20 万亩、柑橘 15 万亩、烤烟 8 万亩、干果 15 万亩的规模。持续巩固"县有主导产业、乡镇有支柱产业、村有特色产业、户有骨干产业"的特色重庆市巫山县以产业振兴助力乡村振兴的探索实践产业发展局面。

2. 创新模式，加大产业融合发展。一是创新经营模式。采取"龙头企业+基地+农户（贫困户）""合作社+大户+农户（贫困户）"等方式，实行大户带动，产业联动，实现产业做优做强。二是股权扶贫带动创新。通过土地租赁、作价入股、经营权托管、订单农业、技术承包服务、就地务工等方式建立利益联结机制。巫山县官渡镇天灯村，依托巫山县昌茂农业开发有限公司，通过实施花椒加工项目，由县扶贫办按照有关文件要求以财政扶贫资金 70 万元作为股本金注入昌茂农业开发有限公司，用于企业发展，按照约定，天灯村集体经济组织持股 50%（35 万元），昌茂农业开发有限公司持股 50%（35 万元），在项目存续期内（5 年），天灯村集体每年按照所持股金的 7.5% 享受固定分红，每年可分红 2.25 万元，其中 40% 用于村内贫困户分红，10% 用于村集体公益事业。项目到期后，集体经济组织所持股份全额退出，纳入村集体经济组织统一管理。三是农旅融合发展创新。以乡村旅游为结合点，打造农家乐，开发乡村民宿，研发巫山庙党、贡米等旅游特色产品。通过举办长江三峡巫山国际红叶节、菜花节、李花节、采摘节等活动，吸引人气，增加财气。四是全程社会化服务管理创新。以村为单位组建专业合作社，农户就近加入合作社，由合作社申报 100 元/亩的脆李管护资金，采取政府补助一部分、农民自筹一部分的方式，统一开展修枝、整型、施肥、除草等产业管护，全面提高了脆李管护水平和产品质量。

3. 健全体系，保障产业健康发展。一是着力构建组织机构，为产业发展贴心服务。成立果业发展局、中药材产业办、烤烟生产办公室、山羊产业办公室，优化发展产业布局，兑现产业奖励政策，提高产业发展效能。二是着力构建政策体系，为产业发展保驾护航。严格对标对表中央、市委工作部署，出台《关于实施乡村振兴战略的意见》《巫山县实施乡村振兴战略行动计划》《聚集发展难题精准实施五个振兴的实施意见》《产业振兴实施方案》《人才振兴实施方案》《文化振兴实施方案》《生态振兴实施方案》《组织振兴实施方案》乡村振兴战略"1+2+5"政策体系和《关于脆李产业发展的实施意见》《关于山羊产业发展的实施意见》《关于中药材产业发展的实施意见》《关于烤烟产业发展的实施意见》《关于柑橘产业发展的实施意见》5个配套产业政策体系，为群众发展产业提供坚实保障。三是着力构建市场体系，为产品营销打通渠道。大力发展农村电商平台，淘实惠电商平台等实现村（社）全覆盖。与京东、顺丰速运、中国邮政等合作建成脆李专业销售体系，助推巫山脆李"快捷便销"。巫山脆李成功入选央视"国家品牌计划——广告精准扶贫"项目，在中央电视台各大频道持续滚动播放。着力延长产业链条，引进特色产业深加工企业，实行鲜销、加工一体化。

（三）巫山县域乡村产业振兴：对策建议

1. 科学编制乡村规划。由县级统筹制定乡村产业发展规划，根据地域特点和气候条件，因地制宜规划经济效益好、产业发展前景大的优势产业。根据村基础设施和功能配套科学做好村庄建设规划，做到与城镇规划相衔接，推动基础设施、公共服务全覆盖，突出农业生产、农村居住、生态环境保护和农耕文明传承等功能。要因地制宜立足长远，科学做好乡村土地利用总体规划，保持土地利用的可持续和乡村建设的科学性。始终做到产业发展规划、村庄建设规划和村土地利用总体规划有机统一、和谐共生，为乡村产业振兴把好舵，指好向。

2. 推动三产融合发展。实现一二三产业融合发展是乡村产业发展的趋势，要尊重自然规律，在保持传统农业解决人们衣食问题功能的基础上，更加突出乡村的旅游休闲、生态修复、产业发展功能。一是大力发展现代农业"产业园""科技园""创业园"等载体，推进特色农业发展。依托乡村农业禀赋和农产品资源优势，实施农产品加工业提升行动，发展特色农产品初加工、精深加工、主食加工，打造产加销一体的全产业链企业集群。二是大力开发乡村旅游，充分利用山水自然田园风光、农业劳作生产、民俗风情、民居等乡村要素，盘活农村闲置房屋、集体建设用地、"四荒地"、森林、水面等资源，开展休闲农业与乡村旅游，建设观光园、采摘园，开发建设特色民宿，推出特色餐饮、特色商品，拓宽农业增收途径，实现"农区变景区、田园变公园、农房变客房、劳动变运动，农产品变旅游商品"。三是推进农业与文化、健康养生、传统手工业等产业深度融合，积极培育养眼、养心、养肺、养神的新产品、新服务、新业态，培育乡村经济新增长点，推进乡村产业快速健康发展。

3. 创新乡村人才激励机制。实施乡村产业振兴，不仅要解决乡村人才流失问题，力争留住本地人才，还应做好人才引进及人才培育等工作，把带头的人扶起来、投资的人请进来、创业的人招回来、城里的人引下来，全方位、多角度为乡村产业振兴提供懂农业、懂管理、懂技术的高素质人才。一是制订激励乡村人才政策机制。解决乡村人才的待遇问题，在公务员招考中择优定向招考村干部和本土人才，让乡村干部有盼头。二是通过加大政策资金支持、增进故土情结等措施，积极引导支持城镇居民下乡和外出务工返乡人员创业，吸引更多的人才投身"三农"事业。三是畅通智力、技术、管理下乡通道，建立动员激励机制，吸引支持企业家、党政干部、专家学者等，通过下乡担任志愿者、投资兴业、包村包项目等方式服务乡村产业振兴。四是扶持培养一批产业发展经营管理人才、创业者、农业职业经理人、经纪人、乡村工匠、新型经营主体带头人，使各类人才在乡村土地上施展才华，成为乡村振兴的生力军，为农村新产业、新业态的兴起发展注入新鲜活力。

三、综合类模式乡村产业振兴：吴江区的特色高效农旅产业

【基本情况】吴江区位于江苏省苏州市境内，全区总面积为1192平方公里，总人口80万。下辖7个镇和4个街道，拥有1个国家级开发区、2个省级高新区、1个省级旅游度假区。吴江素有"鱼米之乡""丝绸之府"的美誉，区内的同里古镇、震泽古镇、垂虹桥、退思园都是有名的旅游景区。吴江区位优势独特，既是苏、浙、沪两省一市的地理交界处，又是长三角区域一体化发展国家战略的中心区域。吴江区不仅工业发达，高效农业产业也特别发达。

（一）种植业：水稻与小果品①

1. 粮食适度规模经营，延链增值。（1）吴江水稻种植面积约17万亩，适度规模经营比例约90%。700家种粮大户种植约15万亩水稻，每户平均种植面积约220亩，按稻麦两熟亩年效益500~600元计算，每个大户年收益11万~13万元。八成以上的种粮大户收益基本处于这个水平。少数大户提供农机社会化服务，发展大米深加工业，延长产业链条，收益成倍增加，亩均效益可达1000~1500元。（2）案例及启示：震泽镇瑞粒家庭农场主沈财林，于2017年新增投资400多万元，配备温烘干机6台套、碾米机1台、"中拖"5台、高速插秧机6台、联合收割机3台，注册"瑞粒"优质大米品牌，建成了集农机服务、粮食生产、优质稻米加工销售于一体的田间农机综合服务体，年收益超过100万元。目前，吴江

① 穆兰芳：吴江高效乡村产业案例及经验启示．江苏农村经济．2020（3）：：42-44.

有类似的田间农机综合服务体 10 个。发展乡村产业不一定要追求高大上，应该立足本地实际，走适度规模经营和产业融合发展之路，基础产业也可以有一番作为。

2. 特色优质果品，小果品大产业。（1）吴江的果品种植面积不大，约有 1.2 万亩，但品种较多，主要有太湖蜜桔、草莓、葡萄、西瓜、翠冠梨、桃子等。种植果品可以发展观光采摘，带动乡村的人气，进而带动消费，从这个角度讲，可以说是小果品、大产业。（2）案例及启示：横扇街道小龙果品合作社周小龙，1989 年开始种植柑桔，面积近 50 亩。经过反复探索和总结，他把主要精力放在提高果品品质上，通过优选品种、改良土壤、配方施肥、合理剪枝、生态防治、综合种养，营造果园小生态，有效地提升了柑桔的品质和口感。合作社的"王焰牌太湖蜜桔"获得市民喜爱的"十佳"地产优质果品金奖，每公斤柑桔卖到 2.5~3 元，虽然比周边的价格高一倍，但还是受到市民的普遍欢迎。后来，又发展果树苗销售、果品观光采摘和林下综合种养，亩均综合效益近万元，年收入约 50 万元。发展特色优质果品，可以小而精、小而深，提升品质和加强品牌建设是特色产业的突围之路。

（二）养殖业与种植业：虾蟹混养与综合种养

1. 虾蟹混养，生态经济效益双高。（1）水产养殖是吴江的传统产业，近年来因生态环保等因素限制，池塘养殖面积压缩至 12 万亩左右，主要开展特种养殖。其中加州鲈鱼 4 万亩、虾蟹混养 3 万亩、青虾 3 万亩和螃蟹 1 万亩。虾蟹混养技术成熟，环境友好，收益相对较高，是政府鼓励发展的一种生态养殖模式。（2）案例及启示：横扇街道双湾村水产养殖户赵雪南发展虾蟹混养面积 62 亩，由于管理科学和采用电商销售，获得产量和效益的双丰收。2019年，池塘亩产河蟹 110 公斤、青虾 50 公斤、鳜鱼 7.5 公斤，实现亩均产值 1.61 万元、亩均效益 9100 元。发展要紧跟时代要求，顺势而为，乘势而上，依靠技术和模式的创新，也能给传统产业转型插上腾飞的翅膀。

2. 稻田综合种养，叫响绿色品牌。(1)稻田综合种养是各级农业农村部门主推的技术，找到了种植业和养殖业的结合点，找到了推进农业供给侧结构性改革的突破口，实现了稳粮、优质、高效、生态的发展目标。吴江稻田综合种养北联村貌起步晚但发展快，从2016年的200亩，增加到现在的5000亩，主要是稻田养小龙虾、青虾、螃蟹、鸭子等品种，新的模式还在不断出现。(2)案例及启示：金家坝承恩水产负责人金香是吴江稻田综合种养的带头人，最早探索稻田养殖小龙虾，主要销售龙虾种苗、商品龙虾和优质稻米，并提供技术服务，亩均效益近5000元。由于综合种养大米品质有保障，授权使用"吴江大米"区域公用品牌，每公斤大米卖到12元。生态循环农业能提供更加优质的农产品，不断满足消费者对农产品消费升级的需求，是现代农业绿色发展的方向之一。

(三)销售业与流通业：农产品电商销售与冷链配送

1. 农产品电商销售，一"键"通天下。(1)互联网改变世界，也正改变农业产业链条的各个环节。利用互联网销售农产品，好处众多：一是减少流通中间环节，价格有优势；二是农产品新鲜，质量有保障；三是实现了买全国卖全国，只要运营得好客户不用愁。吴江对全区新型职业农民开展农产品电子商务培训，深入推进信息进村入户，完成村级信息服务站建设，切实增强电子商务、培训体验服务等功能。2019年，吴江农产品电商销售额约3亿元。(2)案例及启示：朱毛根水产合作社在苏州市较为知名，效益也好。合作社有两个人作用比较大，一个是创始人朱毛根打基础，发展养殖业；一个是合伙人李洪伟，拓展电商销售领域。李洪伟2007年从宁波大学水产养殖专业毕业后，加入朱毛根水产合作社。依托800多亩水产养殖基地，2010年开始网上销售，在淘宝注册"伊乐草"旗舰店，销售大闸蟹和小龙虾，排名进入全网大闸蟹类综合销售30强。2019年，电商销售额达500万元，利润68万元。干事创业，关键在人。乡村振兴，关键在人。农业产业迫切需要人才，只要肯放下架子，沉下身子，刻苦钻研，踏实干事，在农村也会找到自己的舞台。

2. 农产品冷链配送，便民又增效。(1)农产品冷链配送是在农产品的储藏和运输环节，始终处于规定的低温下，以保证农产品质量安全。吴江积极发展农产品冷链配送业，加大冷库、保鲜库等设施建设，让市民吃上放心菜。(2)案例及启示：同里园区引进培育的三港配送、江澜农业、骏瑞配送、润汇农业4家农产品冷链配送企业，依托同里的省级现代农业产业园和省级万亩蔬菜基地，发展农校对接、农企对接、农超对接，以及与机关食堂对接，形成了集聚效应。特点简要归纳为"678"，即为苏州市约60万学生提供食堂原材料供应，份额约占苏州市场的70%，年销售额超8亿元，不仅带动了当地农产品销售，还为农民提供了工作岗位，经济效益和社会效益明显。瞄准新方向，厚植基础、联农带农、抱团发展，形成产业集群，可提高影响力和竞争力，助推农业企业做大做强。

(四)文旅业与休闲业：乡村民宿与田园小综合体

1. 乡村民宿，注重体验前景美好。(1)乡村民宿是指利用住宅空闲房间，结合当地人文、自然景观、生态资源及农林渔牧生产活动，为旅客提供个性化的小型住宿场所。政府加大乡村民宿经营扶持，市区两级财政补助民宿投资额的45%，最高不超过150万元。2019年，吴江有两家民宿获评苏州市级精品民宿。(2)案例及启示：肖甸湖是国家级湿地，也是省级森林公园，空气清新，景色优美，自然条件好。在政府的引导下，近几年周边发展起来6家民宿和农庄，提供住宿和餐饮服务，每家提供床位10张左右，从业人员2~3人，年效益约10万元。虽然效益不算高，但前景很好。另外太湖新城的南厍，依托太湖古村落资源，民宿也发展得不错，节假日期间，"白相里"民宿一房难求。发展乡村民宿，一定要依托当地特色资源，尽可能充实乡村文化体验，塑造自然平实的经营风格，带来与酒店完全不一样的体验。

2. 田园小综合体，一站式服务多。（1）田园综合体作为乡村新型产业发展的亮点，是集现代农业、休闲旅游为一体的乡村综合发展模式。苏州市根据实际情况，于 2018 年提出发展"田园小综合体"，以农业产业为根、生态为基、文化为魂，一站式满足吃喝玩乐住所有的需求，功能上和城市的商业综合体相近。目前吴江共有田园小综合体 10 家，还处于发展起步阶段。（2）案例及启示：太湖雪蚕桑园位于震泽镇，规模约 300 亩，于 2018 年被评为苏州市高标准田园小综合体，是全国乡村休闲旅游 4 星级示范单位。太湖雪以蚕桑为主题，农商文旅融合发展，业态包括果蔬采摘、野炊烧烤、亲子乐园、素质拓展、农事婚庆、商务政务会议、丝绸文创产品销售等。每年接待来自世界各地的游客超 20 万人次，成为中国丝绸小镇震泽的会客厅。发展田园综合体不仅要基础好、产业强、环境美，还要有地方特色、文化内涵和丰富的业态，更要依靠团队精心运营，这样的综合体才会充满活力和吸引力。

第二节　行业类模式与专项类模式

一、行业类模式乡村振兴：嘉兴秀洲区的文旅产业

【基本情况】嘉兴市秀洲区位于浙江省北部，全区总面积547.7 平方公里，户籍人口 39.6 万，常住人口 60.7 万。下辖 1 个国家高新区、1 个省级经济技术开发区、1 个省级运河文化旅游度假区和 5 个镇、4 个街道。2017 年全年实现地区生产总值 503 亿元，增长 8.2%。2015 年，全年共接待国内旅游者 167.53 万人次，其中过夜游客 117.91 万人次，占国内旅游人数的 70.4%，实现国内旅游收入 21.59 亿元。

嘉兴市秀洲区优化资源，以"互联网+"为主的农旅文化产业

为主线，打造了一批嘉兴慧谷、江南传媒、新塍水乡影视等文化创意产业园，并在美丽乡村建设上发展田园综合体模式，探索嘉兴乡村振兴战略的可持续发展道路。

(一)行业类模式乡村产业振兴：秀洲区文旅产业的基本现状与主要瓶颈①

1. 基本现状。嘉兴市秀洲区文旅产业发展的基本现状主要体现在3个方面：

(1)韵秀乡愁文化，实践创新。秀洲区最早以农村文化礼堂为载体，农民是中国乡村发展的关键因素，深入基层农民，定期举办展示农民自己的文化传承与繁荣景象的文化活动。好人好事、名人名事、农民画、地域农产品、创新型企业，通过文化礼堂的活动，平台搭建文化创新园，促进文化实践创新。

(2)韵秀农耕文化，科技创新。秀洲区全面推进"公司+基地+标准化+农户"的生产经营模式建设。在装备化方面，大力推广新型实用农用机械，农机农艺相融合。强化先进种植养殖技术、产品加工技术，推进全区农业品牌化创建。聚集资金、科技、文化、人才等作为要素资源，促进创业园农科项目与文创产品科技创新。

(3)韵秀农旅文化，产业创新。秀洲以"美丽乡村、美丽田园、美丽庭院、美丽产业"为村庄建设，展现秀洲韵美乡村，发展精品项目。以"旅游+"为载体，全面培育多元旅游产品，以产业为脉络，深入乡村振兴三大产业融合，通过举办一系列乡村精品旅游活动，找到乡村旅游的突破口，全面总动员"农旅文融合"，促进文化产业创新。

2. 主要瓶颈。嘉兴市秀洲区文旅产业发展的瓶颈主要体现在4个方面：

乡村振兴，文化是魂，产业是融，嘉兴秀洲区文化产业发展势

---

① 周莲洁：文旅产业助力乡村振兴的浙江经验与推广建议．商讯．2020（11）：22-23.

头良好，其中也出现了一些问题：

（1）现代农业原动力不足。在乡村振兴战略发展中，把增收增益的第三产业过于强调投入出成效，绿色观光产业和田园综合体都需要三农经济作基础，只有融入科技创新，依靠三大产业的联动效应，才能实现乡村振兴中文化产业的可持续发展。

（2）新兴业态创新力不足。江南地区自然风貌、风土人情大同小异，乡村振兴文化产业发展没有特色产业，新业态创新性不强，乡村振兴文化产业的创新园复制性明显，一村一品，一农一业，专业化、文化性、创新力不足。

（3）互联网+文化产业平台建设不到位。打造文化"众创空间"等新型创业服务平台、农村金融平台发展不健全，知识产权保护不力，文化创新团队和专业人才匮乏。

（4）基层文化人才队伍建设不充分。村权限过于大，文化传承人断层，村委基层人才队伍薄弱，培养发展力度不大，人才下乡下基层摆架势，亲切性、活跃性、丰富性比较欠佳。

（二）行业类模式乡村产业振兴：秀洲区文旅产业的基本经验与对策建议

1. 乡村振兴产业集聚优先与特色文化产业协同发展

嘉兴秀洲区乡村振兴以文化旅游产业为核心竞争力的区域经济发展模式，其根本是以特色文化为内涵、以资源整合打造出特色产品，倡导经济与文化同行，促进产业多元化发展。

（1）深度挖掘文旅资源，重新认识乡村价值。乡村文化是中华优秀传统文化的发源地，在发展进程中，我们很多时候可能更注重的是经济价值，而忽略文化价值。

（2）构建特色文化旅游小镇。推动区域经济发展与创新模式。特色小镇的根本是以特色文化为内涵资源整合打造出特色产品，以乡村特色文化产业为中心，"民、政、企"多方互利互惠。

（3）加快发展转型，盘活地方文化产业。开发文化资源转换创新模式，依托优势乡村文化资源，根据资源特点，发展文化产品及文化延伸品，实现产业化传播与生产方式，文化发展要以本土资源为出发点，在继承的基础上再创新发展。

2. 渗透乡土人文振兴与生态文明建设

美丽乡村、特色产业、乡愁文化、生态建设的科学规划，在发展乡村振兴的过程中，坚持文化导向，通过文化渗透实现乡土人文振兴与生态文明建设，实现乡村可持续发展。

(1)坚持以生态文明为重点，处理好生产、生态与资源开发利用的关系。坚持新发展观，产业开发模式发挥自身优势，发展本地特色产业，在产业发展模式，引入"互联网+"，渗透乡土人文振兴。

(2)优化"最后一公里"乡村人居环境和完善农村公共基础设施。科学规划城镇基础设施向农村延伸，解决优化"最后一公里"乡村人居环境，把乡村建设成为生态宜居、富裕繁荣、和谐幸福的美丽家园。

(3)激活地方乡村文化产业，科学规划乡土人文振兴与生态文明建设。破除行政化，渗透地方乡土人化，挖掘文化资源，发展现代教育、科技农业、休闲农场、乡村民宿、创客空间等，共建乡土人文振兴与生态文明。

3. 搭建文化展示、交易和融资等信息化服务平台

国家"一带一路"倡议提出，加强文化企业对外交流和合作项目，扩大对外文化贸易，通过搭建文化产业展示、交易和融资等平台，发展文化消费新业态，创新文化产业发展。

(1)鼓励文化品牌建设，培育文化产业特色展会。支持鼓励民间传承人、乡村文化礼堂、文化企业等，开展文化品牌建设，利用互联网+文化产业特色展会，繁荣文化消费市场。

(2)鼓励文化产业输出，增强文化衍生业态创新。组建专业化的文化创新团队，鼓励文化产品与服务输出，加强文化企业对外交

流，增强更多文化衍生业态创新发展，提升特色文化产业的国际影响力。

（3）鼓励民营企业和社会资本参与平台建设。在乡村振兴的文化产业发展中，资本元素是加速器，对用文化产业博览会、服务贸易交易会、投融资项目洽谈会，汇聚多方资源，拓宽多元化平台渠道，更有利于做大做强文化产业发展。

二、行业类乡村产业振兴：新平县的水果产业

【基本情况】新平县位于云南省中部偏西南，地处哀牢山中段东麓。全县总面积4223平方公里，总人口27万人（2012年），新平县辖2街道4镇6乡。新平县属温带气候区，局部气候受海拔影响，形成河谷高温区、半山暖温区、高山寒温区三个气候类型。

新平县在水果产业区域规划战略布局中，主要以"两山一谷"和"两线"周边为主。"两山"即哀牢山和磨盘山，"一谷"即红河谷，"两线"即大新公路和水墨公路沿线周边。"两山"发展具有地方特色的者竜皱皮黄果、桃、梨等优质温带水果，"一峡谷"发展以柑橘、杞果、香蕉、荔枝等热带水果为主，"两线"周边以建设旅游观光果园为主。根据玉溪市政府农业生产规划，新平县的水果产业已形成了以柑橘为主的特色优势水果产业，在漠沙、戛洒、水塘、者竜乡（镇）沿红河谷一带形成了一条新兴的绿色经济带。

（一）行业类乡村产业振兴：新平县水果产业的基本现状[①]

1. 水果产业规模发展现状。（1）新平县在水果产业的发展中，以建设标准化果园为重点，大力发展水果龙头企业、农民专业合作社和家庭农场等新型经营主体，加快了水果产业向现代农业发展的步伐。2019年末，全县从事水果产业新型经营主体278个，其中

[①] 李进有：新平县水果产业现状及乡村农产品振兴. 云南农业. 2020（11）：32-34.

柑橘 210 个，种植水果面积达 7761 hm^2，占全县水果总面积的 55.48%。省级龙头企业 2 个，市级龙头企业 5 个，水果农业合作社 33 个，水果家庭农场 15 个。(2)在水果产业规模发展过程中，全县水果标准化建园面积 3.33 hm^2 及以上的有 358 户，面积 8665 hm^2，占水果总面积的 62%。已经逐渐形成现代化水果产业发展模式。(3)截至 2019 年末，全县"三品一标"认证 22 家企业 47 个产品，其中有 17 家企业 38 个水果产品获得了中国绿色食品认证，面积 2132 hm^2，产量 94935 t，产值 55175 万元；1 家企业 1 个产品获得无公害农产品认证，面积 40 hm^2，产量 280 t，产值 150 万元；有机食品认证 4 家 5 个产品，面积 394.67 hm^2，产量 6050 t，产值 5825 万元；注册了"新平柑橘""新平杧果""新平荔枝"3 个地理标志证明商标，将作为新平水果的首批区域性公共品牌进行推广使用。

2. 水果产业发展产量效益研究。2019 年末，新平县完成水果种植面积 1.4 万 hm^2，比上年增加 1186 hm^2，同比增长 8.88%。挂果面积：柑橘占 5354 hm^2，产量 12767 万 kg，产值 52343 万元；香蕉占 1920 hm^2，产量 4146 万 kg，产值 11609 万元；杧果占 1700 hm^2，产量 777 万 kg，完成产值 3886 万元；桃子占 860 hm^2，产量 633 万 kg，完成产值 2533.68 万元；荔枝占 333.33 hm^2，产量 120.96 万 kg，完成产值 1451.52 万元；其他水果占 1000 hm^2，产量 718.85 万 kg，完成产值 4123.67 万元。

3. 水果产业销售规模发展现状。随着物联网的发展，新平县委、县政府通过农民电商网络培训，利用互联网，如拼多多、闲鱼助农等平台，将水果销售模式由原来的散装地摊和竹篮装箱混合销售逐步向精包装、深加工和电商平台营销发展，提高了果品的市场占有率和竞争力。近年来由于政府大力推广优质品牌战略，截至 2019 年县域内建成标准柑橘选果生产线 23 条，其中，高原王子、云南果速公司、东绿公司、瑞丰农业等企业已经具备果实筛选能力。通过购建果品贮藏、包装、深加工商品化处理生产设备，加强了对果品的清洗、分级、打蜡、包装、贮藏、深加工处理工作，产品质量得到极大提高，远销北京、上海、杭州等省外市场乃至国外市场。

(二)行业类乡村产业振兴：新平县水果产业的主要问题

1. 果园基础设施建设滞后，新技术推广受阻。果园基础设施比较薄弱，原始土地条件较差，果园沟渠不配套，设施简陋，抗御自然灾害能力弱，加之散户果农管理水平参差不齐，先进技术推广应用受到制约，阻碍了优质果品的生产。

2. 果园病虫害防治形势严峻。多数果园虽然基本掌握病虫害发生的规律，也能对症下药，但是农药的使用量及防治时期的关键点有待提高，这些因素造成了果园农药使用量及人工费用的增加，对绿色防控的植保指标有所偏离，也给产品今后销售带来隐患。

3. 采后处理技术薄弱。虽然全县有世界一流的水果分选生产线，但是分选生产线还是以传统大小分选为主，高端近红外分选生产线不能满足全县柑橘产业发展需要。全县绝大部分分选生产线没有配备冷库，在运输及临时存放过程中出现损失，同时也严重影响了果品品质。如何把商品化分选至市场这一环节的损失降下来是今后需要攻克的一大难题。

4. 品牌意识不强。品牌意识普遍不强，没有真正形成自己的品牌，全县涌现了"褚橙""高原王子""潘橙"等水果品牌，但由于散户多，管理上存在差异，造成品质参差不齐。不但没按生产标准生产，还存在采青的现象，没有真正把产品转化为商品，更没有把产品优势转化为品牌优势、经济优势。

5. 产业发展资金投入不足。近几年，尽管各级各有关部门千方百计筹措资金，加大对水果产业的投入，但投入力度与发展速度很不协调，投入乏力与产业发展需求大的矛盾仍然突出。

(三)行业类乡村产业振兴：新平县水果产业的对策建议

1. 加大政策扶持力度，保障产业持续发展。新平县委、县政府高度重视产业发展，把现代高原特色农业产业作为全县"十三五"时期发展的七大重点产业之一，制定了《新平彝族傣族自治县"十三五"高原特色农业发展规划》《新平彝族傣族自治县柑橘产业发展规划（2013—2025年）》《新平彝族傣族自治县杜果产业发展规划（2019—2025年）》《关于加快推进重点产业发展的意见》，成立了新平县现代高原特色农业产业发展领导小组，切实加强产业发展组织领导。县政府5年相继出台了柑橘产业发展实施意见和产业扶持政策。2017—2019年连续3年实施了省级农业生产发展专项——经济作物生产（水果强县）项目，共投入资金910万元。

2. 加大引进、推广新品种的力度，建立统一高标准生产体系。坚持以良种推广为突破口，不断深化科学技术的推广运用，结合实际，大力引进优良品种进行试验示范。一是建设无病毒优质新品种资源保存圃1个，解决了品种高接换种，有效避免因柑橘枝条来源不明，黄龙病、衰退病、溃疡病等有病枝条接入健康果园带来的重大隐患；二是引进新品种试验示范，近几年，结合全县实际共引入水果新品种37个，其中柑橘新品种试种观察21个，杜果新品种试种观察16个；三是在低中高海拔进行多点区域试验示范，目前共筛选出了7个优良品种，其中丰产稳产优质柑橘新品种3个，恢复本地柑橘优势品种2个，选育冰糖橙芽变品种2个，为下一步优良品种的推广提供依据。

3. 强化农户技术培训，提高果农种植技术水平。针对新平县水果产业发展中存在科技薄弱的实际情况，每年根据不同生产季节，分别组织水果种植企业、种植大户和乡（镇）相关科技人员等，聘请国家水果产业体系岗位、中柑所的水果专家对果园标准化建园、规范化管理、主要病虫害防治等内容进行室内讲授和实地指导。

4. 搭建宣传推介平台，拓宽销售渠道。新平县委、县政府应增加技能培训活动的次数，如冰糖橙技能大赛、早熟温州柑技能大赛、沃柑技能大赛等。每年支持县内水果生产企业积极参与农博会、昆交会等各类展会，引入"每日一淘""慧德生活""誉福园"等电商销售平台推介新平水果，提高新平水果的市场影响力。

5. 加快多功能果园建设，创新农业发展新模式。随着人们生活水平的提高，城乡居民对生态旅游、休闲观光农业旅游的需求日益增长，新平县应革新农业产业发展理念，深入发掘农业新功能。逐步建立集生态、旅游、观光、休闲于一体的果园，走立体开发之路。目前全县建设了以果业生产、农耕体验、文化娱乐、文化展示、生态环保于一体的"褚橙庄园""桔荔庄园""猫哆哩庄园"3 个休闲观光果园。庄园经济的发展，革新了新平农业产业发展理念，实现了产业融合，培育出新兴产业，促进了现代农业的发展。

三、专项类模式乡村产业振兴：漳平市的茶叶产业

【基本情况】漳平市位于福建省西南部，全市人口 29.7 万人、国土面积 2975 平方公里，辖 11 镇 3 乡 2 个街道办事处 176 个行政村 15 个社区。

茶产业是漳平市高效优势特色产业，漳平市 16 个乡镇（街道）都有种植茶树，漳平水仙茶已有百年历史，永福高山茶也有 20 多年历史，是闽台交流合作的纽带和重要元素。

（一）漳平市茶叶产业振兴：主要做法①

近年来，漳平市茶叶产业振兴取得了明显成效：一是，茶产业效益日益凸显。随着漳平市茶产业可持续健康发展，产业效益日渐突出，促进农民增收作用不断增强。至 2020 年，全市茶园总面积 8000 公顷，产量 1.3 万吨，产值 9.3 亿元。较 2015 年，产值增加

---

① 邓冰斌：福建漳平茶产业发展助力乡村振兴的经验启示．中国茶叶加工．2021（1）：69~71.

2.2亿元，累计增长31%。目前，漳平市茶园平均亩产值达到8237元，远高于全国平均水平。二是，产业兴旺收入增加。2015年漳平市农村居民可支配收入13385元，2020年达到20233元，增长51.2%，近年来，漳平市城乡居民收入差距持续缩小，由2015年的2.01∶1缩小到2020年的1.91∶1，通过产业发展带动农民增收效果显著。全市不仅有15个贫困村和2个扶贫开发重点乡镇摘帽，还使区域性乡村振兴有了坚实基础。

漳平市推进茶叶产业振兴的做法（或措施）主要有：

1. 加强政策扶持。为进一步巩固提升漳平市茶产业发展优势，促进茶产业转型升级，提高市场综合竞争力，市委、市政府先后出台了《漳平市人民政府关于印发漳平水仙茶、漳平毛蟹产业发展规划（2016—2020年）的通知》（漳政综〔2016〕177号）、《漳平水仙茶产业高质量发展三年提升行动方案（2021—2023年）》《漳平水仙茶产业高质量发展五条措施》《漳平水仙茶科技帮扶行动方案》，市扶贫办出台《漳平市激励性扶贫实施方案》，部分产茶乡镇也分别出台了《新桥镇推广种植水仙茶奖励补助实施方案》（新政〔2020〕42号）、《吾祠乡推广种植水仙茶奖励补助实施方案》（吾政〔2020〕34号）以及《溪南镇推广种植水仙茶奖励补助实施方案》（漳溪政〔2020〕41号）等一系列优惠政策。

2. 强基础保安全。近年来漳平市借助项目带动，持续开展标准化生态茶园建设，共建成高标准生态茶园5306公顷（7.96万亩），实施标准化、清洁化茶叶加工厂改造建设77家，在南洋镇8个村、双洋镇中村建立茶叶集中加工区。全市无公害食品认证企业1家、绿色食品认证企业15家、有机食品认证企业4家。有效期内SC认证企业19家，加入福建省茶叶质量安全可追溯体系建设平台632家，加入福建省农资监管平台100家，实现全生产过程可追溯，保障茶叶农产品质量安全。

3. 培育新型主体。鼓励企业争创市级、省级、国家级示范家庭农场、示范社、龙头企业。全市注册茶叶企业有198家，茶叶专业合作社56家（其中市级、地市级、省级、国家级示范社分别为14家、14家、8家、2家，省级规范社2家，省级规范名录9家），涉茶类的专业合作社联合社1家，涉茶的家庭农场641家（其中市级、地市级、省级示范场分别40家、16家、9家，企业家庭农场2家）。加工厂有2574家（户），其中规模以上企业15家，龙岩市级龙头企业11家（总产值2000万元以上），省级农业产业化龙头企业3家，为产业发展奠定良好基础。

4. 强化标准引领。近年来，漳平市高度重视标准引领工作，现已拥有国家标准、行业标准、地方标准、团体标准和企业标准的茶叶标准体系，参与制修订的国家标准《台式乌龙茶》（GB/T 39563—2020）、《台式乌龙茶加工技术规范》（GB/T 39562—2020），行业标准《漳平水仙茶》（GH/T 1241—2019），地方标准《台式乌龙茶茶树品种》（DB35/T 1907—2020）、《台式乌龙茶茶树栽培管理技术与规范》（DB35/T1908—2020），团体标准《漳平水仙茶》（T/ZPCX001—2017）等已通过审定并发布，参与起草的省地方标准《漳平水仙茶加工技术规范》已通过审定待发布。各项标准的制定提升了漳平市茶叶生产管理水平，提高了茶产业的标准化、市场化程度。

5. 争创品牌。随着产业的发展，品牌意识逐步增强，通过不断打造，已取得省名牌产品3个、省名牌农产品4个，中国驰名商标1个，注册一般商标43个以上。取得了"中国名茶之乡""全国重点产茶县""全国十大生态产茶县"等荣誉称号，获得"全国绿色食品原料（茶叶）标准化生产基地""全国乌龙茶加工示范基地""全国农业（水仙茶）标准化基地""全国农村产业融合发展试点示范县""全国休闲农业与乡村旅游示范点""国家级农业科技园区"等授牌。这些名片极大地丰富了漳平茶文化内涵，提升了漳平茶叶品牌价值。

6. 创建产业带动模式。(1)"政府+农户"。漳平市素有"九山半水半分田"之称，是我国南方48个重点林区之一，森林覆盖率达77.9%，依托良好生态环境大力发展茶产业。同时政府出台茶产业相关发展补助措施，通过补助育苗基地、为农户提供免费水仙茶苗、补助标准化厂房建设、引导农户适度经营、带领种植大户外出参展等方式，推动产业快速发展，调动了茶农的种植积极性。另外，借鉴其他茶类发展经验，为农技站配备专业技术人员，给予技术培训及施肥、绿色防控等技术指导，提高茶园管理水平。通过政府引导，在保护当地生态环境的同时，提高了茶农的种茶收益。(2)"龙头企业+基地+专业户"。在茶产业的发展过程中，龙头企业的带动作用非常重要，处于漳平水仙茶核心产区的南洋镇，在探索构建茶产业扶贫模式的过程中，结合自身产业发展情况，探索出了"龙头企业+基地+贫困户"模式，如福建大用生态农业综合发展有限公司、漳平市九鹏茶叶有限公司等龙头企业在茶叶种植、茶园除草、施肥、茶叶采摘、加工过程中为农户提供工作岗位，解决龙头企业部分用工紧缺问题的同时，也提高了农民参与生产的积极性。政府还配备专业技术人员为茶农提供生产技术培训，通过学习种茶、制茶技术，带动农户从事茶叶生产，从而增加茶农收入，实现小康生活。

(二)漳平市茶叶产业振兴：对策建议

漳平市茶叶产业存在的问题主要有：一是漳平市漳平水仙茶生产主要以南洋镇和双洋镇为主，茶园种植仍以散户为主，相对连片或集中连片很少，茶园管理水平较一般，茶园基础设施较薄弱。二是全市茶叶生产模式还是以小加工作坊为主，规模企业数量少，缺少有影响力的龙头企业示范带动。三是目前已拥有区域公用品牌"漳平水仙茶"，开展品牌推介主要靠政府推动，企业争创著名品牌意识不强，品牌影响力不足。漳平市茶叶产业振兴发展对策主要有：

1. 坚持绿色发展。进一步落实福建省政府办公厅出台的《关于推进绿色发展质量兴茶的八条措施》，全力抓好生态茶园建设，巩固全国绿色原料（茶叶）标准化生产基地、全国乌龙茶（永福高山茶）加工示范基地、国家级漳平市水仙茶综合生产标准化示范基地、国家级海峡两岸科技产业合作基地和农产品地理标志基地成果，为产业发展打牢基础。坚持把茶产业作为绿色产业、富民产业、朝阳产业来重点打造，着力将生态优势变为经济优势，推进生态建设与产业发展良性互动，实现经济社会发展与生态文明建设"双赢"。

2. 培育壮大龙头。按照"做大做优做强"的原则，重点支持企业技术改造及人才引进，扶持茶叶加工带动型企业、科技创新型企业成长，打造茶庄园，积极培育线上商贸企业。鼓励支持茶叶企业采取合资合作、兼并重组、股份制等方式，壮大龙头企业规模实力，实现茶企强强联合、抱团发展。

3. 创新品牌推介。一要持续宣传造势，继续借助央视和地方电视台有关栏目以及新媒体等平台宣传漳平茶叶，有重点地组团参加各地茶博会、农展会等，以展示宣传漳平茶叶，打造漳平茶叶品牌。二要创新推介方式，加强与央视等国内知名媒体合作，通过拍摄漳平茶专题片、电影和动漫，聘请名人创作茶叶歌曲，编写漳平茶志。借名人效应、冠名体育赛事等形式推广；在茶叶消费区开展专项洽谈会、经销商对接会、品茗推介会、茶叶高峰论坛。三要挖掘漳平茶叶文化。漳平产茶历史悠久，茶文化底蕴深厚，要通过加大对漳平涉茶民俗风情、茶史、茶文化的挖掘与研究，开展茶文化学术交流，丰富漳平茶文化内涵，提升漳平茶叶品牌价值。

4. 加强产业融合。随着近年来旅游产业的蓬勃发展，具有地方特色及独特自然资源的景点受到老百姓的广泛青睐，青山与茶园作为独特的资源优势，具有发展旅游产业得天独厚的优势。通过精心打造茶旅结合线路，不断完善旅游基础设施，逐步形成茶文化旅游产业链。鼓励有条件的茶企开发集茶叶采摘、加工、茶艺表演和旅游购茶为一体的特色茶庄园旅游、生态观光游和休闲体验游，深度融合茶产业与旅游产业，推动乡村多个产业融合发展。

5. 巩固脱贫成果。党中央国务院提出要实现脱贫攻坚与乡村振兴有效衔接，对脱贫县从脱贫之日起设立 5 年过渡期，保持主要帮扶政策总体稳定，防止贫困户返贫。同时，漳平应利用自身优势，大力推进基础设施建设，培育龙头企业，带动当地相关产业的发展，推动产业融合发展，加快构建现代产业体系，不断延伸产业链条，促进茶产业蓬勃发展，吸引当地百姓就近就业，推动乡村产业振兴，助力乡村振兴战略目标的实现。

四、专项类模式乡村产业振兴：眉县的猕猴桃产业

【基本情况】眉县位于陕西省宝鸡市东南部。地形南北高中间低，全县呈现"七河九原一面坡，六山一水三分田"。全县总面积863 平方公里，其中农耕地 374668 亩，全县辖 8 镇 123 个行政村。总人口 328327 人（2016 年）。眉县为暖温带大陆性半湿润气候，年平均气温 12.9 ℃，无霜期 218 d，日照时长 2015 h；气温春夏升温快，秋季昼夜温差大，雨量适中；土壤肥沃，有机质含量较高。

眉县是中国猕猴桃之乡。眉县自然条件较适合猕猴桃的生长发育，是猕猴桃最佳优生区之一。果子清甜可口，果肉细腻，营养丰富。猕猴桃产业发展颇具规模，截至 2021 年，眉县全县种植猕猴桃 2.01 万 hm^2，约占耕地面积的 85%。

（一）眉县猕猴桃产业振兴：基本现状[①]

1. 在眉县政府制定的"毫不放松粮食生产，积极发展多种经营"的农业指导方针下，眉县农、林、牧、副、渔等多种大农业类型全面发展，农业产业结构不断升级、优化，具有"因地制宜"

---

① 孙姝博：眉县猕猴桃乡村振兴产业发展模式研究．南方农机．2022（4）：106-108.

和"集约经营"两大特点。眉县以猕猴桃产业为特色农业产业，是全国猕猴桃标准化生产示范区和全国优质猕猴桃生产基地。通过多年来不断的试验、引进、推广，眉县猕猴桃品种质量与结构不断优化，包含以徐香、翠香为代表的绿肉猕猴桃，以红阳、楚红为代表的红肉猕猴桃和以华优、早金为代表的黄肉猕猴桃，丰富多样，品质优良。眉县猕猴桃拥有"国家生态原产地保护产品""消费者最喜爱的 100 个中国农产品区域公共品牌""最具投资价值的中国农产品区域公用品牌"等荣誉。

2. 截至 2021 年，眉县全县种植猕猴桃 2.01 万公顷，约占耕地面积的 85%，年产量可达到 50 万吨，且种植规模呈不断上升趋势。眉县猕猴桃种植面积占全国的 18%，其产量占全国的 29%，产值近 128.33 亿元。眉县全域近 95%的农民以猕猴桃种植为主要经营产业，猕猴桃产业经营收入占全县农民总体收入的 87%。眉县建有猕猴桃贮藏冷库 3900 座，有猕猴桃专业合作社 183 户，加工营销产业 11 户，中介服务机构约 300 个，并注册多个猕猴桃销售品牌。猕猴桃产业逐渐品牌化、规模化、标准化、产业化，是支撑眉县乡村振兴、经济提升的主导产业，也是农民增收的主要来源。

3. 为了充分发挥眉县猕猴桃的品牌效应，眉县政府出台《眉县猕猴桃区域公共品牌战略规划》，为猕猴桃的品牌推广制定合理方案，打造"眉县招牌，陕西名牌，国家品牌"。眉县政府通过举办"中国·陕西（眉县）猕猴桃产业发展大会"、拍摄猕猴桃故事电影、建立猕猴桃企业微信、召开猕猴桃专场推介会、扩大猕猴桃宣传途径和加大宣传力度等方式，极大地提高了眉县猕猴桃品牌影响力，消费市场逐步扩张，不仅在北京、上海、广州等国内主要城市设立品牌形象店，还远销海外，商业版图逐步形成、扩大。

（二）眉县猕猴桃产业振兴：主要模式

1. 现代农业科技产业模式。（1）眉县猕猴桃产业充分践行

"科技兴农"农业发展战略措施，因地制宜，将先进的现代农业科技与传统农业耕作方式相结合，通过推广机械深耕技术、改进栽培方法、选取适用良种等方法，充分根据眉县猕猴桃生长、培育实际，保证果实质量。农业技术人员不断进行技术攻关，实行果园的综合治理和规模化栽培，完善果业基础设施建设。政府和企业注重普及农业技术教育，提高果农的科学栽种技术水平。(2)眉县政府和企业通过编写有关技术规范，如《猕猴桃丰产稳产优质高效技术要点》《眉县猕猴桃标准化生产技术规程》等，并颁布《陕西省猕猴桃标准综合体》，大力推广宣传关键技术。眉县猕猴桃企业与高校西北农林科技大学密切合作，建立猕猴桃试验站、科研基地和研究院等，充分掌握猕猴桃培育优势种的有关技术，并推广全县，提高生产力水平和科技含量，形成高新技术集中的现代农业科技产业模式。

2. 互联网电商产业模式。(1)随着农村基础设施的不断完善，农业物流服务点增加，网络宽带普及，淘宝、京东、拼多多等电商平台不断壮大完善，推动眉县猕猴桃销售进入互联网电商时代。互联网科技园、物流园的建立，物流公司运输速度的大幅提升，百余家电子商务网点的入驻，很好地辅助了猕猴桃线上销售的发展，产品销售遍及全国各大城市，必能走出国门，进入国际市场。(2)厂家直销的"线上线下一体化"运营模式，非常符合大中城市的消费观和消费需求。微信、QQ等即时通信社交媒体的普及，也使猕猴桃销售引进微商渠道，实现点对点、点对群体的细致化线上销售服务，拓展了猕猴桃的销售市场和受众。优质的猕猴桃品牌可以通过互联网电商销售节约门店成本，实现"果园——顾客"的直接销售，减少了中间客商成本，直接提高果农收入。(3)近年来，直播作为互联网电商销售的新形式，通过直播销售眉县猕猴桃可以实现短时间内的产品大规模销售。眉县企业通过雇佣优秀网络直播主播和培养果农直播销售能力两种主要途径，紧跟互联网销售潮流，拓宽猕猴桃销售渠道。直播带货也成为新型果农脱贫新引擎，为乡村振兴助力。眉县还举办眉县猕猴桃直播电商销售大赛，激励果农提升直播业务能力，更大限度地增加直播销售收入。

3. 龙头企业模式。通过发展大型猕猴桃果业实业，引进多家优秀猕猴桃精加工企业，形成以大型龙头企业为引领的乡村振兴产业发展模式，并逐渐完善产业链条，实现生产、加工、储藏、销售的完整产业销售路径。而眉县散户经营相对缺少有效监管和核心技术，在管理上存在制度不完善的情况，也无法制定统一的生产标准。猕猴桃产业在摸索中前进，逐步崛起一批优秀的大型龙头企业，如陕西齐峰果业有限公司，起到行业领头人和风向标的作用，有足够的实力进行高科技研究与开发，有组织、有纪律地进行行业管理，在龙头企业和果农之间建立合作纽带，互相扶持，共同承担风险，直面挑战，将眉县猕猴桃产业发展壮大。

(三) 眉县猕猴桃产业振兴：存在问题与政策建议

1. 眉县猕猴桃产业振兴存在的问题主要有 3 个方面：

(1) 猕猴桃产出受季节性气候变化影响大。猕猴桃作为一种质地较软的水果，在果实成熟季受气候突然变化影响较大。尤其是遭遇多雨、暴雨天气时，会直接影响果实产出。雨水不仅影响猕猴桃果实甜度，导致果实甜度下降，而且雨水极多的年份还会使猕猴桃减产，影响果农收入。因此猕猴桃果业的收益与气候紧密相关，并存在不稳定性。雨水较多的年份，果农往往会在果实尚未成熟或滞销时直接低价出售，从而导致收入减少。

(2) 网络途径售卖猕猴桃没有统一标准。眉县猕猴桃的线上销售缺乏统一标准，尤其是近年来果农以直播方式卖货，缺少第三方监管，往往缺乏品牌意识和长远目标。以次充好，或者出售尚未成熟的果实，导致市面上流通的眉县猕猴桃品质良莠不齐，口碑受到极大影响。

(3) 劳动力后续力量不足，缺乏新型技术人才。随着城市化日益发展，眉县周边西安、咸阳、宝鸡等大城市的迅速扩大，县里大量劳动力被吸引离开乡镇，前往城市谋求学业、工作、生活等多方面的提升，导致乡镇发展走向缓慢，县域人口以留守老人和儿童居多，猕猴桃产业劳动力缺乏，直接影响产业规模与正常生产。人口的结构性短缺会导致劳动力成本上升，增加猕猴桃企业运营成本，企业负担加重。此外，由于教育资源的局限性，乡镇劳动力的文化程度相对较低。而猕猴桃企业的扩大和线上形式的开展，对农业、电商、贸易、物流等方面的高学历技术人才需求很大。劳动力的技术含量直接制约猕猴桃产业结构性优化升级，是眉县猕猴桃产业发展的重要限制性因素。

2. 眉县猕猴桃产业振兴的对策建议主要有 3 个方面：

(1)建立统一的符合市场化需求的行业标准。若想摆脱生产、销售产品质量参差不齐的状况，眉县猕猴桃产业应团结一心，建立统一的行业标准，以符合市场需要为准则，积极参考其他县区、其他水果甚至国际上相关行业的标准，形成一整套完善合理的严格化行业经营、生产标准，并对已有标准《眉县猕猴桃标准化生产技术规程》等进行修订、完善，规范行业行为。对违反行业准则的行为进行处罚，以此保证眉县猕猴桃产业的良性运行和长远发展。与此同时，要充分发挥龙头企业的模范带头作用和组织带动作用，把果农的利益集中起来、统一起来，共同承担自然和信息化社会迅猛发展带来的风险与挑战，提高眉县猕猴桃产业抗击风险、共同致富的能力。

(2)通过科技普及和教育投资提高劳动力素质。眉县政府、猕猴桃产业机构可以通过对果农、员工进行专业科技培训和公益性的知识普及讲座等形式，将先进的猕猴桃培育技术传授给劳动力，提高劳动者素质。同时，增加本地猕猴桃企业与国内外优秀猕猴桃企业、国内外农业科学强势高校的交流合作和技术指导，接收猕猴桃领域的最新信息和技术，为产业创新生产提供不竭动力。另外，加大猕猴桃培育技术深入浅出宣传，印发相关宣传册，用浅显易懂、图文结合的宣传方式，向现有劳动力普及科学的果实培育方法。

（3）推行人才优惠政策。眉县政府和企业应推行有关人才优惠政策，如提供车房补助、人才公寓、安家费等，以引进优秀的行业人才、高校毕业生、资深猕猴桃产业从业者；向科技人才提供科技研发经费，建立实验室和试验基地，为科技研发提供良好的孵化条件等福利政策。通过高科技人才的加入，为猕猴桃产业发展提供技术研发引擎，促进产业优化和转型升级。

参考文献

张勇主编:《乡村振兴战略规划(2018—2022)》辅导读本.北京:中国计划出版社.2018.

中国政策研究网编辑组:乡村振兴政策解读与经验集萃.北京:中国言实出版社.2019.

周立主编:河南农业农村发展报告(2019):高质量推进乡村产业振兴.北京:社会科学文献出版社.2019.

代彦辉等著:乡村振兴战略理论与实践读本.北京:中国农业科学技术出版社.2020.

金江军编著:乡村振兴战略与数字经济读本.北京:中共中央党校出版社.2019.

田剑英著:乡村振兴战略背景下新型农业经营主体的金融支持.北京:中国财政金融出版社.2019.

丁毅著:乡村振兴战略背景下农村金融发展质量提升与政策优化研究.北京:中国农业出版社.2021.

蒋辉等著:乡村产业振兴研究.北京:社会科学文献出版社.2021.

吴维海:新时代乡村振兴战略规划与案例.北京:中国金融出版社.2018.

蒲实等著:乡村振兴战略导读.北京:国家行政学院出版社.2021.

康芳等著:乡村振兴战略规划与实施.北京:中国农业出版社.2021.

袁建伟等著:乡村振兴战略下的产业发展与机制创新研究.杭州:浙江工商大学出版社.2020.

蒋远胜主编:农村金融改革与乡村振兴.成都:西南财经大学出版社.2020.

周其令主编:金融服务乡村振兴研究:以黔南农信为例.成都:四川大学出版社.2020.

杨国庆著:财政金融支持乡村振兴战略研究.成都:西南财经大学出版社.2020.

苏东水主编:产业经济学(第五版).北京:高等教育出版社.2021.

唐小华主编:产业经济学教程.北京:经济管理出版社.2007.

张小梅主编:产业经济学.成都:电子科技大学出版社.2017.

赵玉林主编:产业经济学原理及案例.北京:中国人民大学出版社.2017.

编写组:区域经济学.北京:高等教育出版社.2018.

丁任重主编:区域经济学.北京:人民出版社.2017.

孙久文主编:区域经济学.北京:首都经济贸易大学出版社.2017.

孙翠兰主编:区域经济学教程.北京:北京大学出版社.2008.

武友德编著:区域经济学导论.北京:中国社会科学出版社.2004.

吴传清主编:区域经济学原理.武汉:武汉大学出版社.2008.

孙久文著:区域经济规划.北京:商务印书馆.2004.

人民网、新华网、国家发改委网站、农业农村部网站.

国家图书馆、百度百科、中国知识网.

后　记

　　乡村产业振兴是推进新时代乡村全面振兴的重要抓手。研究乡村产业振兴基于两个方面原因，或具有两个方面的必要性：

　　一方面，乡村产业振兴是乡村振兴战略的重要内容，也是贯彻落实乡村振兴战略的重要抓手。2018 年中共中央、国务院《乡村振兴战略规划（2018—2022 年）》明确指出：党的十九大提出实施乡村振兴战略，是以习近平同志为核心的党中央着眼党和国家事业全局，深刻把握现代化建设规律和城乡关系变化特征，顺应亿万农民对美好生活的向往，对"三农"工作作出的重大决策部署，是决胜全面建成小康社会、全面建设社会主义现代化国家的重大历史任务，是新时代做好"三农"工作的总抓手。

　　另一方面，乡村产业振兴是乡村全面振兴的主要内容，乡村产业振兴与否事关乡村振兴战略的成败。2019 年《国务院关于促进乡村产业振兴的指导意见》进一步强调：产业兴旺是乡村振兴的重要基础，是解决农村一切问题的前提。乡村产业根植于县域，以农业农村资源为依托，以农民为主体，以农村一二三产业融合发展为路径，地域特色鲜明，创新创业活跃，业态类型丰富，利益联结紧密，是提升农业、繁荣农村、富裕农民的产业。近年来，我国农村创新创业环境不断改善，新产业新业态大量涌现，乡村产业发展取得了积极成效，但也存在产业门类不全、产业链条较短、要素活力不足和质量效益不高等问题，亟需加强引导和扶持。

　　根据上述两个方面原因或两个方面的必要性，我们选择了"现阶段中国乡村产业振兴发展研究"这个研究课题，开展一系列研究工作。截至目前，我们拿出了第一个研究成果《乡村产业振兴概论》，其他研究工作正在陆续进行，届时将陆续拿出相关研究成果。

《乡村产业振兴概论》一书是在认真学习中共中央、国务院、相关国家部委以及地方政府有关乡村产业振兴重要文件的基础上，结合国内外关于区域经济基本理论、产业经济基本理论以及乡村产业振兴基本理论等基本要点，由此而撰写的一般理论与实践相结合的概论性著作。《乡村产业振兴概论》一书的特点主要体现在知识性、学术性、指导性、应用性等几个方面。既可供党政机关及其相关人员推动、促进乡村产业振兴工作参考借鉴，同时也是大专院校及其科研院所研究、探讨乡村产业振兴工作的学习参考书。

本书的编写与出版先后得到了国家相关部委办局及科研院所的专家领导以及"江苏上京新材股份有限公司、上海树育人文化发展集团有限公司"等企业、企业家及其有关省市县商会的大力支持，再次深表感谢。

作者 北京 2022 年夏